NATIONAL GEOGRAPHIC

國家地理
終極蜜月之旅

Ultimate Journeys
for Two

NATIONAL GEOGRAPHIC

國家地理

終極 蜜月之旅

Ultimate Journeys
for Two

作者——麥克與安·霍華德Mike & Anne Howard

翻譯——林怡德、孫曉卿

Boulder Media 大石文化

目錄

封面圖片：日落餘暉中的尚比亞尚比西河、太陽即將落下維多利亞瀑布。
本頁圖片從上到下：肯亞桑布魯的格列威斑馬；泰國清邁的僧侶；巴西卡諾格布拉達的漁夫；菲律賓的科隆灣；紐西蘭的法蘭士約瑟夫冰川；玻利維亞波托西省的石樹。

從上到下：中國峨嵋山步道上的佛教藝術；貝里斯庫爾刻島上色彩亮麗的平房式住宅；南極洲艾秋群島上胖嘟嘟的巴布亞企鵝；多明尼加共和國沙馬納的高空滑索；智利亞他加馬沙漠中布滿鹽的月谷；澳洲大堡礁潛水。

肯亞的迪亞尼海灘。

> 「旅行不只是觀光，而是持續為生活的觀念帶來深入而永久的改變。」
>
> ——美國史學家瑪麗・瑞特・畢爾德（Mary Ritter Beard）

前言

我們正要前往全世界最深的峽谷之一，在安地斯山上緊挨著彎曲的山路邊緣，好讓路給牛群，這時路中間出現了一大群狂歡慶祝的祕魯長者。我們緩慢前進，心想他們應該會靠向路邊，結果一位穿著傳統祕魯繡花裙的婦人過來敲我們的車窗。「下來跳舞吧！」她微笑著用西班牙文說，「不跳舞就不給過喔！」麥可和我對看了一眼，同時打開車門。人群歡聲喝采，樂隊演奏木製樂器的聲音也變大了。她牽起我們的手，拉著我們加入一圈正在跳旋轉舞的婦女，我們跟著一起不停旋轉、踢腿、扭屁股，後來一位侍酒師帶著陶罐現身，給大家倒了滿滿的玉米釀成的契恰酒（chicha），我們興高采烈地喊了「乾杯！」，繼續跟我們的新朋友開心地手挽著手跳舞到天黑，最後沒有去到那座有名的峽谷。

一切的開始

剛開始規畫蜜月旅行的時候，我們拿出一張紙，寫下我們夢想中的旅程：巴塔哥尼亞攀冰、馬丘比丘健行、大堡礁潛水、牛羚大遷徙期間遊賞野生動物，結果一張紙根本寫不下。想去的地方實在太多了，於是麥可問我：「要不然我們每個都去怎麼樣？」這個想法實在太天馬行空了，我只笑了兩聲回應。「我是說真的」，他說，「我們身體健康，有一點積蓄，有彼此可以作伴，還有什麼

我們在祕魯的艾科馬村街上巧遇慶祝的人群,和新朋友一起狂歡跳舞。

時候比現在更適合去探索世界?」那天晚上,我們的「蜜月長征」環遊世界蜜月旅行計畫就正式啟動了。

接下來的 16 個月,我們瘋狂地存錢、研究、準備,然後在 2012 年 1 月 22 日,跟我們的房子、工作、親朋好友道別,搭上從紐約市前往亞馬遜叢林的單程飛機,踏上未知的旅程。在登機門等待時,我們腦中湧現了各式各樣恐懼的念頭,我們的工作怎麼辦?存款怎麼辦?要是生病了、被搶了,或是更糟糕的,受不了每天 24 小時膩在一起怎麼辦?有太多想法都在叫我們待在家裡算了。不過走遍了七大洲,連續旅行了五年之後,我們有無數的理由可以認為這是我們做過最好的決定。

我們曾經和寮國的巫醫喝茶,在紐西蘭馬爾波羅產區開葡萄採收機,在柯薩族的成年禮儀式上打鼓,在日本金澤和一位藝妓交朋友,在苗族村落臨時給村民上英文課,被陌生人的善心深深感動。這些都不在原本的計畫之中,但我們最難忘的幾個經驗卻是來自這些地方。

旅行的第一步就是走出去,兩週或兩個月都好,即使到不了全世界最深的峽谷,一路上也會無比精采。

兩個人的冒險

坊間有許多關於浪漫旅行的書籍,介紹最高級的燭光晚餐、情侶按摩,或是最舒適的住宿。不是說我們不喜歡這些,但創造美好的回憶比住在奢華的飯店中還值得。當你發現了無人煙的沙灘、爬滿藤蔓的寺廟、森林深處的瀑布,周遭除了你們兩個以外沒有別人……這種感覺比枕頭上的巧克力還甜蜜。

本書介紹的路線也適合一個人去,但已經有

太多類似的書籍。這本書的重點是兩個人、對於旅行的熱愛與對彼此的關懷。期望藉由行動提升關係，讓旅行成為生活的一部分。

與人分享無法言喻的旅行經驗時，你會掉進回憶中。雖然無法用言語精準表達當時的感受，但可以透過聲音、氣味或一個眼神讓人馬上理解。即使當下的狀況很混亂，回想起來卻十分有趣。就像那次巴士在莫三比克拋錨，我們當街攔了一輛卡車坐在一堆香蕉上面。在肯亞山轉錯彎，被武裝巡查員請出去。或是在挪威受邀晚餐，桌上卻只有羊頭和眼珠（感謝老天，幸好還有蒸餾酒可以喝）。當我們回頭看，這些旅程中的小事件會讓記憶中的日落變得更壯麗、紅酒更香醇、兩人的距離更貼近。打開你的好奇心、實現夢想、讚頌生命──這是屬於你們兩個人的終極之旅。

打開心胸和視野

我們不斷旅行，永遠都想探索更多。但我們想跟你說，即使踏遍世界各個角落、看遍各種美景，在小巷中漫無目的地閒逛、與水果攤販聊天、在路邊加入排球比賽，或在當地人家中享用晚餐，這些融入當地的生活勝過任何美景。

去長城路途上遇到的一對北京來的夫妻、在維多利亞瀑布遇到的拉斯塔法里教徒，旅途中遇到的人讓這些地方變得更特別，讓我們感到溫暖，不過我們不會把這些都歸功於運氣。我們總是會先學習當地語言，以便和旅程中遇到的人交談（如果你能告訴一位土耳其阿嬤她的食物很lezzetli，也就是土耳其文很好吃的意思，你就有可能交到一輩子的朋友）。我們認真和當地人交流，跟隨口腹之慾前進，用開闊的心胸和笑容擁抱各種可能性。

我們用地圖、照片和各國鈔票標記最初的環球蜜月旅行路線。

計畫少一點，收穫多一些

預留一些時間和空間給意想不到的驚喜。你一定不想錯過草原上的慶典、河岸邊的宗教儀式，或是市鎮廣場的烤豬。當時間有限，你一定會想把行程塞滿。雖然計畫是必須的，但給自己一點時間適應當地節奏，放鬆融入當地生活，意想不到的事件可能會變成最珍貴的回憶。

與馬賽戰士一起搭乘巴士、在市場小攤吃墨西哥安吉拉捲、夜宿佛寺，這些難得的經驗幾乎不用花半毛錢。拋開物質的享受，跟著當地人一起生活，這不僅經濟實惠，還可以得到更真實的生活體驗。

這種隨性的方式可能對某些人來說有點冒險，但在這趟長途蜜月之旅上，我們沒有生重大疾病、被搶或受傷。一路上嚐遍各種街頭小吃、搭載雞的巴士、住路邊的便宜旅館，證明世界也沒有想像中可怕。當然待在家裡比較安全，但錯過這些讓生命更美好的體驗才是更大的損失。

這是通往查爾騰的道路，也是巴塔哥尼亞著名的菲茨羅伊峰的所在地。

這本書中有什麼呢？

每當有人問我們最喜歡哪個景點，我們都會反問：「你最喜歡什麼樣的地方？」我們去過超過 500 個點，每個都有它自己的魅力，但你若能告訴我們你喜歡山還是海，我們就能給你一個理想的答案。同樣地，我們也是根據這個邏輯撰寫這本書，希望你可以依照喜好找尋喜歡的地點，開發出新的冒險旅程。我們不在書裡介紹大城市，因為你一定也知道這些地方。雖然我們也介紹了一些著名的景點，例如柬埔寨的吳哥窟和祕魯的聖谷，但我們分享的卻是不同凡響的旅遊方式。（你看過滿是冰柱的尼加拉瀑布嗎？知道通往馬丘比丘的印加小路不止一條嗎？）

為了確保本書介紹的景點和提供的建議適合夫妻或情侶去，我們找了 11 對曾經環遊世界的夫妻或情侶檔，加入他們最喜歡的幾個地點和旅行建議。每個章節都有一部分是「夫妻／情侶冒險地點」。我們去過幾千個地方，納入本書的絕

我們在肯亞桑布魯遇到大象家族。

跟我們在紐澤西州荷波肯的公寓說再見。

對都是一時之選。

　　針對公路旅行我們會尋求 2people1life 的麗莎‧岡特（Lisa Gant）和艾歷克斯‧培林（Alex Pelling）的建議。這對夫妻開車去過 70 個國家，開了 24 萬公里。其他還包括勇敢的千禧世代夫妻伊萊娜‧卡羅素（Elayna Carausu）和萊利‧懷特倫（Riley Whitelum），他們經營熱門的 YouTube 頻道 Sailing La Vagabonde，還有旅遊部落格 Travel Past 50 的克莉絲汀‧漢寧（Kristin Henning）和湯姆‧巴特（Tom Bartel）。每對夫妻都來自不同的背景，像是有得獎的加拿大旅遊作家、代人看管房屋換取住宿的澳洲夫妻和來自美國的 TEDx 講者。我們盡可能納入各種夫妻豐富的旅遊經驗。

　　這不是一般的旅遊書。我們盡可能介紹各景點最具吸引力的地方，包含各種不經意的小發現、親身體驗過且真的覺得有趣的活動，還有連我們都很想回去再做一次的事。我們與讀者分享的是旅遊達人的建議、好玩的小事實和照片後的故事，你會看到我們忙著轉交通工具、一些好笑的事情、感人的時刻和旅途中真實生活的樣貌。

旅程開始

這本書介紹的活動和地點都很不一樣，大多數地方都不是很近，有些活動更會讓你腸胃翻攪。這本書不是設計給一般的旅客，不過你們也不是一般的夫妻。你們大膽、好奇、勇於挑戰。為了獎勵無畏的精神，我們也介紹了一些最奢華享受的行程。我們追求的是幸福的平衡，要能放鬆又充電。我們說故事，也與讀者分享我們的祕密，藉此激發你們規畫自己的旅程。希望有一天也能聽到你們的冒險之旅。

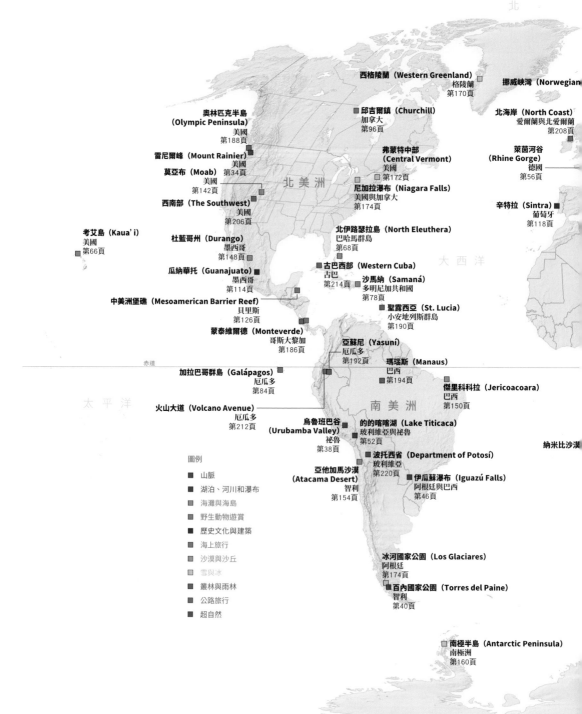

北

西格陵蘭（Western Greenland）
格陵蘭
第170頁

挪威峽灣（Norwegian

邱吉爾鎮（Churchill）
加拿大
第96頁

北海岸（North Coast）
愛爾蘭與北愛爾蘭
第208頁

奧林匹克半島
(Olympic Peninsula)
美國
第188頁

弗蒙特中部
(Central Vermont)
美國
第172頁

萊茵河谷
(Rhine Gorge)
德國
第56頁

雷尼爾峰（Mount Rainier）
美國
第34頁

尼加拉瀑布（Niagara Falls）
美國與加拿大
第174頁

莫亞布（Moab）
美國
第142頁

辛特拉（Sintra）
葡萄牙
第118頁

北美洲

西南部（The Southwest）
美國
第206頁

北伊路瑟拉島（North Eleuthera）
巴哈馬群島
第68頁

考艾島（Kaua'i）
美國
第66頁

杜藍哥州（Durango）
墨西哥
第148頁

大西洋

瓜納華托（Guanajuato）
墨西哥
第114頁

古巴西部（Western Cuba）
古巴
第214頁

沙馬納（Samaná）
多明尼加共和國
第78頁

聖露西亞（St. Lucia）
小安地列斯群島
第190頁

中美洲堡礁（Mesoamerican Barrier Reef）
貝里斯
第126頁

蒙泰維爾德（Monteverde）
哥斯大黎加
第186頁

亞蘇尼（Yasuní）
厄瓜多
第192頁

瑪瑙斯（Manaus）
巴西
第194頁

赤道

加拉巴哥群島（Galápagos）
厄瓜多
第84頁

南美洲

傑里科科拉（Jericoacoara）
巴西
第150頁

太平洋

火山大道（Volcano Avenue）
厄瓜多
第212頁

烏魯班巴谷
(Urubamba Valley)
祕魯
第38頁

的的喀喀湖（Lake Titicaca）
玻利維亞與祕魯
第52頁

納米比沙漠

波托西省（Department of Potosí）
玻利維亞
第220頁

亞他加馬沙漠
(Atacama Desert)
智利
第154頁

伊瓜蘇瀑布（Iguazú Falls）
阿根廷與巴西
第46頁

圖例

■ 山脈
■ 湖泊、河川和瀑布
■ 海灘與海島
■ 野生動物遊賞
■ 歷史文化與建築
■ 海上旅行
■ 沙漠與沙丘
■ 雪與冰
■ 叢林與雨林
■ 公路旅行
■ 超自然

冰河國家公園（Los Glaciares）
阿根廷
第174頁

百內國家公園（Torres del Paine）
智利
第40頁

南極半島（Antarctic Peninsula）
南極洲
第160頁

海

（Tromsø）

亞　洲

喬治亞中部（Central Georgia）
喬治亞
第210頁

拉達克（Ladakh）
印度
第230頁

峨嵋山（Emeishan）
中國
第28頁

武陵源
中國
第234頁

卡帕多西亞（Cappadocia）
土耳其
第108頁

鳳凰古城
中國
第112頁

棉堡（Pamukkale）
土耳其
第224頁

安納布爾納保護區
（Annapurna Sanctuary）
尼泊爾
第24頁

蒲甘（Bagan）
緬甸
第106頁

南烏河谷（Nam Ou River Valley）
寮國
第60頁

太平洋

alley)

頁

拉哲思群島
(:lades Islands)
4頁

中央山脈（Cordillera Central）
菲律賓
第26頁

茵萊湖（Inle Lake）
緬甸
第48頁

暹粒（Siem Reap）
東埔寨
第232頁

巴拉望北部（Northern Palawan）
菲律賓
第130頁

考索（Khao Sok）
泰國
第182頁

美奈（Mũi Né）
寮國
第60頁

桑布魯（Samburu）
肯亞
第94頁

萊利（Railay）
泰國
第74頁

湄公河三角洲（Mekong Delta）
越南
第58頁

山脈
ins)
安達
36頁

火山口高地（Crater Highlands）
坦尚尼亞
第92頁

赤道

刁曼島（Tioman）
馬來西亞
第76頁

占吉巴島（Zanzibar）
坦尚尼亞
第72頁

弗羅雷斯島中部（Central Flores）
印尼
第222頁

印　度　洋

南盧安瓜（South Luangwa）
尚比亞
第98頁

科莫多（Komodo）
印尼
第132頁

北端（Top End）
澳洲
第86頁

丹特里（Daintree）
澳洲
第180頁

利文斯頓
（Livingstone）
尚比亞
第54頁

克魯格（Kruger）
南非
第88頁

澳　洲

普省（Western Cape）
00頁

0   2000 公里

0   2000 英里

西部地區（Westland）
紐西蘭
第162頁

羅托魯亞（Rotorua）
紐西蘭
第228頁

塔斯曼地區（Tasman District）
紐西蘭
第124頁

南島（South Island）
紐西蘭
第202頁

極　洲

玻利維亞的烏由尼鹽灘。

旅行的方式

每個人旅行的方式都獨一無二，兩個人一起旅行更需要磨合。找出你們的共通點，嘗試看看另一半熱愛的事物，說不定你也會喜歡。戰勝恐懼，只要有彼此就不會那麼可怕了。找出你的夢幻景點，讓各種活動達到平衡，每天都製造一點浪漫——這些都有助你快樂地旅行。

選擇景點

「我們下一個假期想追求些什麼？」這是個很重要的問題，但許多夫妻都忘記問對方這件事。對話常常會直接跳到：「我們想去哪裡？」然後才會去思考當地有什麼、能有哪些體驗。

與其討論去哪裡旅行，你們可以討論彼此的旅遊目標，並根據目標來選擇旅行的地點。在你想都沒想就決定去熱門景點或舊地重遊之前，可以先問問彼此：我們想認識新的文化嗎？想到野外健行嗎？要去海邊嗎？想學習新技能？或是嘗試全新的東西？

把兩個人想做的事情寫下來，看看有哪些地方重疊，再尋找能夠滿足個人和兩人目標的地點。這個蒐集想法、比較差異的簡單動作，不僅能讓旅行變得有趣、讓對方知道你的決定，還能讓你們更深入認識彼此。

冒險旅程排第一

你永遠不會變得比今天更年輕。讓這個想法鼓勵你到更遠的地方旅行，爬得更高、待得更久、潛得更深、做得更多。選擇環球蜜月旅行的地點時，我們的想法是：去一個只去一週會覺得太短、地形顛簸到對膝蓋不好的地方旅行。健行 153 公里到安納布爾納基地營再折返到原地，待在喜馬拉雅山上簡陋的茶屋是其中一個我們最喜歡的冒險旅程。只是 10 年、20 年過後，我們還會有相同的感受，還願意嘗試這樣的旅行嗎？

問問自己：你的極限在哪裡，最多能接受哪些冒險活動？

不要管你的年紀，旅行永遠不嫌老。時間一分一秒過去，你勢必要以更舒適的方式旅行，愈來愈不可能前往世界一些最真實、最具冒險性的地點。在你改變心意之前，挑戰自己，遠離舒適的觀光客行程吧。

我們在墨西哥馬薩特蘭的Casa Lucila精品飯店裡放鬆。

到開發中國家旅行

我們也喜歡世界知名的大城市，但你在這本書裡找不到這些地方。巴黎和京都美呆了，這事不需要我們來告訴你。況且這些地方也不必急著去。多數大城市的歷史文化資源都保存得非常完善，還有西式的便利性和基礎建設。年紀大一點再去也很輕鬆，就算沒有變得更進步，應該也跟現在的樣子差不多。茵萊湖與火山大道就不一樣了。這種景點很適合冒險，文化底蘊豐富，沒有受到大量的觀光客污染。不過如果想欣賞現在的樣貌，一定要把握時間。

到開發中國家旅行還有什麼好處呢？費用不會太貴。河內一般三星級旅館的住宿費，還不到倫敦的三分之二。所以別被昂貴的遠程機票給嚇到了。整體費用通常比想像中低，而你卻不見得永遠都有機會去體驗。

符合預算的景點

如果你有非常想去的地方，那就去吧！到土耳其棉堡的羅馬古城遺跡上方玩滑翔翼，或是在菲律賓海裡的第二次世界大戰遺跡中潛水，這種獨一無二的經驗真的是值回票價。俗話說：「旅行是唯一讓你花了錢卻感到更富有的事。」這句話說得沒錯。別因為價錢而卻步，總有辦法能以符合個人預算的方式旅行。任何可能性都不要排除，翻到〈聰明旅行〉的章節（第239頁），尋找能降低花費的方法。

雖然有各種「旅行密技」能讓你拿到優惠方案，但先了解其他沒那麼昂貴的選擇也不錯。中美洲、東歐與東南亞有豐富的文化，價格低但品質絕對不差。考慮一些更符合預算的國家，同時提升你的旅遊體驗。

國家局勢

你想去的國家通常應該算安全，但最好還是先確認最新的國家局勢。可以上 Travel.State.gov 查看旅遊警示，留意那個國家的新聞，到旅遊論壇看看大家的討論（但也不要照單全收），再來決定是要現在出發還是再等一段時間。

全方位的旅行

旅行是探索自身興趣的一種方式——例如嘗試新的水上運動、學習語言、上傳統料理烹飪課、攀登火山，以及做一些沒辦法在家裡做的事。世界這麼大，一定有許多地方能滿足你的興趣。如果喜歡徒步旅行就去爬喜馬拉雅山，但不要就此打住。繼續前進到中世紀的城市、世界知名的急流，和山麓上滿是犀牛的叢林。

旅行讓你有機會體驗異國風情，見識一些鮮為人知的新奇事物。假設你手上的事情在某個星期天就能完成（也是就坐在游泳池旁吃漢堡），那就跳過它並督促自己嘗試新的事物，像是在拜占庭的洞穴裡大啖土耳其開胃菜，或到熙篤修道院品嚐手工啤酒。

拉遠視角

在城市裡找個小攤吃東西，就能了解時尚的無國界餐廳的料理是從哪來的。造訪山丘上的部落，就會知道精品店裡民族風的設計和諸多首飾是從哪汲取靈感。穿上雪靴在山中小屋之間走個幾天，就會覺得飯店觸感細緻的床單特別柔軟。不管是低成本或奢華、都市或鄉下、放鬆或冒險的旅行，多樣化的體驗都能賦予地方故事並讓整體旅程更豐富。

融合在地風情與奢華享受

這是屬於你的假期，你值得一點寵愛。美食佳餚、海景套房、Spa 療程，還有各種奢華的享受都應該納入行程中。我們喜歡住在具有地方特色的精品飯店，裡頭有充滿故事的古董與傳統美食，每個轉角都有文化元素。享受這種夢幻的感覺，但別讓舒適的飯店阻止你體驗大門外的生活。你可以到街上漫遊，在簡陋的餐廳吃個幾餐。你也可以嘗試 Airbnb 的獨立房間或在寄宿家庭住幾晚。或許房間裡沒有濃縮咖啡機也沒有行李員，但與當地人真誠、溫暖的互動都是無價的回憶。

西藏的僧侶在中國奔子欄鎮參加格冬面具節。

計畫 vs. 隨性

假期有限，我們都想充分運用時間。許多人怕沒位子，早早就訂好行程、旅館和陸地交通工具。這點完全可以理解，而假設你又非常想參加某項活動（尤其是旺季），確實應該早點下訂。不過如果可以的話，盡量別被預約好的行程綁住，你會發現這樣做有不少好處：

- 在當地現場訂票通常比較便宜，也對當地經濟有益。
- 很多最具當地特色的行程都沒有列在網路上，但到了當地馬上就可以看到許多選擇。
- 能妥善安排會受天氣影響的活動。
- 當地的活動、慶典和邀請通常很臨時，你絕對不會想因為事先安排好的活動而錯過這些。

決定哪些活動非做不可並付諸實行，但也記得預留一些時間，才能在特別的機會出現時把握住。

找到平衡

很多人從旋風行程回來之後筋疲力盡，嚷著：「度假好累，我需要休息。」雖然這聽起來比「我晒傷了，還吃胖了兩公斤」好一些，不過還是希望你能在冒險活動和放鬆之間達到平衡。與其從早到晚趕行程，不如嘗試讓步調在一天和一週之內都有快有慢。

起個大早在晨光中漫步，看市場開門、城鎮甦醒。參加一兩個活動，小憩片刻充電一下，睡飽有精神之後再體驗夜生活。在一天內不同的時間認識這個城鎮，會讓你更全面地了解這個地方。走完一個刺激的行程之後，到廣場上找張舒服的長椅休息，或到當地的咖啡館啜飲咖啡。觀察路人、跟當地人聊天遠遠比大家以為的有趣得多，這兩種旅遊活動有時甚至比參觀博物館更能讓你了解當地文化。每天結束時，再花點時間欣賞夕陽，享受彼此的陪伴。

兩個人的旅行

有句非洲俗話說：「一個人走得快，兩個人走得遠。」旅程的每一個階段都是培養感情的不可思議經驗。腦力激盪想想心目中理想的旅行地點，一起規畫行程。前往遙遠的地方、探索未知、經歷一些你作夢才想得到的事——那種兩個人共有的成就感，值得舉杯慶祝。

身在異國，浪漫是少不了的，不過挑戰也是。取消行程、肚子痛、天公不作美、在都市叢林裡迷路——有些不怎麼夢幻的事情就是會發生。發生的時候，你最好能知道怎麼處理，才能繼續享受行程。

接納與妥協

把行程的重點放在你們的共同興趣，應該就足以填滿你們的假期了。不過當你們的心願單不太一樣的時候，要接納伴侶的興趣。以行動展現你的關心，比言語更有力。輪流挑選活動，用一晚的足球賽交換一場歌劇很公平。開始抱怨的時候，溫和地提醒彼此，旅行的目的就是要體驗新的事物。

留點時間分開行動

有不同的興趣很自然，所以分頭去探索一些事物是沒關係的。旅行是個自我反思的好機會，給自己一點空間做這件事，對大家都有好處。花一天或一個下午去嘗試一些喜歡的事物。況且俗話說，小別勝新婚——當一天結束時有好玩的事可以互相分享時，尤其如此。

隨機應變

我們通常預期度假應該要很完美（是不是還有人

在紐西蘭的亞力山卓納湖畔自由露營。

說像天堂？），所以發生狀況時，我們通常措手不及。為了避免這種狀況，我們必須接受有些事情就是會出錯，彼此約定好：要快速恢復心情。當不可預見的情況打亂了規畫，就看看有什麼新的機會──你可能會發現，有些事情的結果比原本的計畫還更好。如果沒有，就在當中尋找樂趣，記住這都只是旅程的一部分而已。

做好準備
肚子餓、炎熱、手機沒電都是發生爭吵的原因。做好基本的預防措施會有幫助，像是帶上零食、水和充電器。不過當所有的準備都沒用的時候，深入內心尋找平靜，因為生氣無濟於事。記得不要為了一條精力棒就可以解決的事情對彼此發飆，也不要把壞心情跟真實的感覺混為一談。

預留放空的時間
當我們急著嘗試各種事物的時候，通常會忘記花點時間欣賞小事物。留一兩天，拋開原本的行程，

手牽手在迷人的小巷裡漫步、跟著剛烤好的點心香味走、踏進古董店看看，一路上和當地人聊天。有時候靜態活動也很重要，睡晚一點、在床上吃早餐，多花點時間凝視彼此的眼睛。

製造浪漫的方法
北極光在頭上跳舞，太陽沉入海中，霧氣壟罩著古老的寺廟──旅行能營造出浪漫的氣氛。有了不可思議的大自然美景和度假的氣氛，你不需要依靠五道菜式的餐點和劇院門票，幾個貼心的動作和簡單的驚喜，就可以把任何地點升級成特別的地方。尋找製造浪漫氣氛方法時，可以試試這些小訣竅……但也別忘了傾身親吻對方：

- 準備蠟燭、按摩油和泡泡浴。
- 在餐桌以外的地方享用甜點。
- 在雙人吊床上看星星。
- 傍晚時分去野餐，享用當地美食。
- 規畫晚上約會，事前不要跟對方透漏細節。

選擇你自己的旅程

這本書不是一般的「旅遊指南」，而是介紹各種獨一無二的旅遊經驗。找到讓你怦然心動的活動——狗拉雪橇、輕型滑翔機飛行、沉船潛水、北極熊野生動物遊賞——再看看哪裡有提供這些活動。翻到對應的頁面，或許你就會被帶到你從來沒有想過的國家、從來沒有去過的地點。敞開心胸，放開你瘋狂的一面，讓冒險精神引導你。如果你對一成不變的事物感到無聊，就到這裡找樂子吧：

右頁：在挪威特羅姆瑟島駕駛狗拉雪橇

智利百內國家公園。

「我們在群山中，群山也在我們體內，點燃著我們的熱情，使每條神經顫抖，充斥在我們每個毛孔與細胞之中。」

——約翰·謬爾（John Muir）

第一章

高山出現在天際線上，眼前的風景美得難以言喻。四面八方都有蜿蜒的步道，挨著河流、穿過森林、深入山谷，每條路徑都是一場新的冒險。若選擇通往 6096 公尺高峰的山路，沿途的風景會從有猴子盪來盪去的熱帶叢林轉變成有雪豹窺探的懸冰河。若沿著蜿蜒的古老石造輸水道走，它就可能帶領你找到失落的文明與過去的線索。

把你的肌肉、肺和決心都推到新的極限，就能來到崎嶇山峰的跟前。坐下來享受挑戰成功的成就感，或是繼續推進──對許多冒險家來說，頂峰是他們的聖杯。在各大陸與各種文化裡，高山都被視為是神聖的，許多到現在都還受到膜拜。你可以徒步走訪一間又一間的中國寺廟，健行到祕魯鑿在懸崖上的聖壇，或是在巴塔哥尼亞找到你的精神聖地。不管你要走路、攀登、探洞、搭滑翔翼，還是划獨木舟──去就對了。群山正在呼喚你。

安納布爾納聖殿
(Annapurna Sanctuary)
尼泊爾

亞 洲
尼泊爾口安納布爾納聖殿

當全世界最高的十座山有八座都集中在同一個國家時，你不是更上層樓，就是打道回府。通過魚尾峰（Machapuchare）和休楚里群山（Hiunchuli）之間狹窄的隘口進入喜馬拉雅山的中心地帶，沿著有冰河流入的莫迪河（Modi Khola River）小徑進入周圍環繞著 6000 公尺高峰的安納布爾納基地營。從粉紅色的杜鵑花林出發，攀升 2000 公尺來到冰磧堆，沿途景觀多樣得驚人。這些小徑不只給徒步旅行者走，也通往遙遠的山中村落，更是認識傳統古隆族與瑪嘎族文化的門戶。通往 ABC 基地營的路上有幾間茶屋，提供家常菜、舒服的床與充足的補給品，讓旅客不必背一身露營裝備、也不必先上野外求生課。經過難忘的五、六天之後，你會抵達海拔 4000 公尺處的基地營，一覽安納布爾納古地塊的壯觀景色。一早醒來看著太陽從神聖的山峰後方升起，你會覺得身體的每一處痠痛都消失在稀薄的空氣中。

⊠ 最佳旅遊時節
10月到11月是理想的健行季節，4月到5月也是，還可以賞杜鵑花。

🏨 住宿地點
Jhinu Guest House：這間民宿很簡單，但位置完美，就在旅客必去的溫泉附近。
Chomrong Cottage：西式舒適住宿環境的指標，必須往喜馬拉雅山裡走個幾天才能抵達。這裡還供應巧克力蛋糕、墨西哥捲餅以及一流的風景。注意：多數位於小徑旁的村莊都有茶屋，可現場住入。

♡ 浪漫情事
帶一小瓶按摩油，晚上幫彼此按摩是個浪漫（且必要的）儀式。

☑ 小提醒
不要跟西方的旅行社預定健行行程。直接到安納布爾納健行活動的重鎮波卡拉（Pokhara），那裡有許多優質的在地嚮導，且價錢相當便宜。

在莫迪河附近的基努溫泉泡湯。

兩個人的冒險

古隆傳統博物館
（Gurung Traditional Museum） ▲
古隆居民認為安納布爾納聖殿是個神聖之地，是許多印度教、佛教和泛靈信仰神明的居所。造訪甘德魯克（Ghandruk）的博物館，認識當地居民迷人的傳統文化，以及他們作為勇猛英國傭兵的這一段歷史。

基努溫泉（Jhinu Hot Spring） ▲
在距離基努村20分鐘路程的地方，草木茂盛的莫迪河旁有座石造的景觀天然溫泉池。健行一整天之後，好好泡一下溫泉，放鬆疲憊的肌肉。

基地營之外 ▲▲
在掛滿經幡的佛塔前向罹難的登山客致意，漫遊在陡峭的牧草地上，徒手攀爬安納布爾納冰河南部的冰磧石，跟ABC基地營的照護員打排球，喝杯尼泊爾傳統的小米酒來慶祝自己完成了這趟登山之旅。

尼泊爾的招牌料理與 ABC 基地營的能量食物絕對是達八無誤。照字面翻譯，「達八」（dal bhat）就是扁豆米湯的意思，但其實這道菜包含各式各樣的香料和蔬菜咖哩，可以呈現不同地區的特色。你的達八裡可能出現薑、辣椒、羅望子、薑黃或醃芒果等配料，但有件事是不會變的：這道餐點一定是吃到飽。你可以吃第二份、第三份。因為你值得。

吃到飽的傳統達八（尼泊爾手抓飯）。

普恩山（Poon Hill）的日出 ▲▲▲
日出前一個小時起床，戴上毛帽和頭燈，從格蘭帕尼（Ghorepani）健行到普恩山，欣賞安納布爾納山脈（Annapurna Range）和道拉吉里峰（Dhaulagiri massif）從微微發光的剪影變成一大片白雪皚皚的鋸齒狀山峰。通往ABC的路程較遠（約十天），如果時間不多的話，也可以選擇去普恩山走獨立的步道（約五天）。

想進一步探索這塊大陸，請查閱：

» 湖泊：緬甸茵萊湖…第48頁
» 超自然：中國武陵源…第234頁

中央山脈
(Cordillera Central)
菲律賓

亞洲
中央山脈
菲律賓

雖然呂宋島（Luzon）的山脈雄偉壯觀，不過讓呂宋島上最挺拔的山脈如此迷人的，是島上居民堅毅的精神。這個國家曾被西班牙、美國、英國及日本人占領過，但中央山脈的居民始終沒有把這片山交出去，也沒有因此改變生活方式（即使當時必須獵人頭）。過去 2000 年來，呂宋島人將陡峭的山坡開闢成綠意盎然的水稻梯田，他們善用自然地形，用石牆和泥牆徒手建立了雨林灌溉系統，一層層壯觀的梯田足以繞地球半圈。人類與大自然和諧共存創造出來的景觀實在太驚人，甚至促使聯合國教科文組織在世界文化遺產的項目中增闢了一個新的類別：文化景觀。卡林加省（Kalinga）、高山省（Mountain）和伊福高省（Ifugao）的當地社群主要由這段農業歷史連結，但又彼此擁有獨特的宗教、藝術與文化表現。你可以健行到薩加達（Sagada）看懸崖掛棺、到巴塔德（Batad）的參與秋收，或是到布斯卡蘭（Buscalan）刺個部落圖騰。不管你去哪裡、在中央山脈做些什麼，我相信都會是場冒險。

最佳旅遊時節
4-6月和9-11月可以避開多數下雨的日子，又能看到綠油油的水稻梯田、觀看收割。

住宿地點
Native Village Inn：這間旅店是傳統茅草屋，提供親切的服務，還能欣賞壯觀的巴那威（Banaue）水稻田景觀。
Misty Lodge：這是薩加達村外的一間小屋，坐落在靜謐的森林中，有舒適的木造房間與很棒的咖啡屋。

浪漫情事
到薩加達的Lemon Pie House享用下午茶。明亮的黃色小木屋裡有挑高的天花板、大窗戶和地墊，適合兩個人吃甜點、喝高山茶。

小提醒
與其跟十幾個人一起擠在吉普尼巴士裡的長椅上，不如坐到車頂。這裡的空間更大、空氣更新鮮、景色也更壯觀，還可以跟當地人聊天。把外套當坐墊，抓好抓緊。

伊福高省水稻梯田的中心巴那威。

健行途中，在巴塔德村的梯田上方稍作休息。

兩個人的冒險

水稻梯田健行 ▲▲▲

健行兩天，沿著阿旺伊吉步道（Awan-Igid Trail）深入伊福高省的水稻梯田，到普拉（Pula）、坎布羅（Kam-bulo）與巴塔德的傳統村落。如果時間不多，就直接去景色壯麗的巴塔德，探索層層梯田、吊腳屋村莊和60公尺的塔皮亞瀑布（Tappiya water-fall）。

布斯卡蘭的部落圖騰紋身 ▲▲▲▲▲

紋身師Whang-od最近獲得菲律賓人間國寶藝術獎提名，因此這種有上千年歷史的卡林加傳統紋身技藝在這座偏遠的村莊裡復甦。你可以在旁欣賞紋身大師用沾滿墨水的荊棘刺以每分鐘敲打100下的速度刺出部落圖騰，或是排隊在身上留下永恆的藝術。

回音谷的懸棺 ▲▲

從薩加達聖瑪麗教堂（St. Mary's church）上面往下走到瞭望點，可以看到釘在懸崖高處的彩繪木棺。這種驚人的伊哥洛特安葬儀式至今已流傳了近2000年。

探索蘇馬晶洞 (Sumaguing Cave) ▲▲▲

跟著在石灰岩洞中往下傾瀉數百英尺的地下瀑布走。從一個水池跳到另一個水池，觀賞變換的光影，垂降到奇形怪狀的岩層上，是菲律賓最棒的探洞體驗之一。

✣ 街頭霸王吉普尼

吉普尼在菲律賓相當普遍，也是我們最喜歡的當地交通工具。這種巴士改裝自二次大戰遺留下來的美軍吉普車，重新打點成具有個人特色的地區巴士。沒有兩輛吉普尼是一樣的，每輛都帶有司機獨特的藝術、幽默與鮮豔招搖的風格。車內通常貼有笑話、家庭照、撩妹金句和聖經經文，車體外部則是任何能提高回頭率的彩繪裝飾。

這是菲律賓的大眾運輸工具與文化象徵。

想進一步探索這塊大陸，請查閱：
» 海上旅行：菲律賓巴拉望島北部...第130頁
» 超自然：印尼弗洛勒斯島中部...第222頁

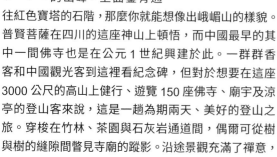
走了一天的路後，洗象池出現在眼前。

峨嵋山

中國

如果你能想像這樣一幅國畫：一座雲霧繚繞的山峰，上面鑿有通往紅色寶塔的石階，那麼你就能想像出峨嵋山的樣貌。普賢菩薩在四川的這座神山上頓悟，而中國最早的其中一間佛寺也是在公元 1 世紀興建於此。一群群香客和中國觀光客到這裡看紀念碑，但對於想要在這座3000 公尺的高山上健行、遊覽 150 座佛寺、廟宇及涼亭的登山客來說，這是一趟為期兩天、美好的登山之旅。穿梭在竹林、茶園與石灰岩通道間，偶爾可從樹與樹的縫隙間瞥見寺廟的蹤影。沿途景觀充滿了禪意，可以不時停下來欣賞宗教藝術、聞聞廟宇焚香的醉人氣息、沉浸在僧侶的誦經聲中。走到萬眾矚目的金頂寺，這是一座位在陡峭懸崖上的寺院，感受信徒對於這片絕美聖地的悸動。

亞洲
口峨嵋山

❎ **最佳旅遊時節**
3-5月間氣溫宜人、有杜鵑花，9-10月間有紅楓。

🏨 **住宿地點**
洪椿坪佛寺：這座佛寺位在半山腰，簡單的住宿環境因位在神聖的地方而顯得清幽，也鄰近Hard Wok咖啡館。

💚 **浪漫情事**
在同心鎖上刻下兩人的名字，鎖在清音閣前的欄杆上，象徵好運及永恆的愛情。

✅ **小提醒**
從報國寺的西側步道往上走，風景最優美。安排兩天走完58公里的步道，最後在金頂過夜。

美麗但調皮的藏獼猴。

金頂寺 ▲▲

這座公元1世紀的寺廟位在約3000公尺高的陡峭懸崖上，是這趟健行的精神和實質指標。觀賞鍍金的金頂寺在夕陽下閃耀光芒，到金頂旅館享用豐盛的晚餐，隔天早起看日出與在山谷上方湧動的壯觀雲海。

✢ 附加行程：長江遊輪

長江是世界第三長河，總長 6300 公里，距離峨嵋山只有幾個小時，所以我們一定要搭船遊賞部分河段。我們說的「遊輪」是指有三層甲板的渡河船，有唱卡拉 OK 的大廳、四張電動麻將桌、498 位中國遊客和兩個西方人。我們加入這趟遊輪之旅是為了觀賞三峽美麗的景觀和山上的涼亭，了解這條古老貿易路線的獨特歷史，不過沒想到跟船上的旅客相處也蠻好玩的。雖然我們只有遇到一對夫妻會講英文，但只需要手勢、青島啤酒和不斷微笑，就足以交到滿船的朋友。

兩個人的冒險

報國寺 ▲▲

在峨嵋山腳下的佛寺度過第一晚。早上在僧侶晨禱的誦經聲中甦醒，逛逛這座偌大的17世紀建築與花園。裝點水，開始健行！

清音閣 ▲

走到報國寺步道11公里的地方，有個燕尾屋頂的紅色涼亭，介於兩座瀑布、木造拱橋和茂盛的樹蔭之間。小訣竅：想拍出這座唐代建築最美的角度，可以往下走到河床上拍。

牛心亭到仙峰寺 ▲▲▲

在清音閣左轉，前往步道最美麗的路段。緊挨著懸崖山壁走、通過黑龍江木棧道的吊橋，經過一群藏獼猴，就會到達道教的遺跡九老洞，還有維護良好的仙峰寺和驚人的石灰岩懸崖。

我們臨時起意，在長江的遊輪上學打麻將。

想進一步探索這塊大陸，請查閱：

» 河流：寮國南烏河谷...第60頁
» 歷史：中國鳳凰縣...第112頁

牧羊傳統

健行穿過安地斯山中的村莊，看著那些石頭砌成、靠火取暖的房屋，我們好奇這種生活方式未來會不會改變。村民知道山腳下現代生活的便利，但好幾世紀以來，他們始終過著這種簡單的生活。下次再到聖谷的步道健行時，我們希望能看到這位牧羊少年已長大成人，依舊在這裡思索山脈的偉大。

祕魯卡奇卡塔步道上一位年輕的安地斯牧羊人

勞特布龍嫩谷
(Lauterbrunnen Valley)
瑞士

歐洲
勞特布龍嫩谷
瑞士

伯 恩阿爾卑斯山（Bernese Alps）上的勞特布龍嫩谷有 72 座瀑布，懸崖上有手工打造的山地農舍式木屋，彷彿出自瑞士童話故事。勞特布龍嫩的村莊距離瑞士充滿活力的因特拉肯鎮（Interlaken）約一小時的路程，藏身在歐洲高山上一個最深、最狹窄的山谷中，隱匿在瑞士一個幅員最廣的自然保護區裡。這些村莊由電纜車、山區鐵道和小路連接，很幸運地（如果不是刻意地）遠離熱門觀光路線。村民放棄把當地發展成滑雪勝地與修築車用道路的機會，許多人選擇過簡單的生活，啜飲莎斯拉白葡萄酒、品嚐小火鍋、享受人生。當地有個說法：「如果天堂不如想像，就送我回吉梅爾瓦德（Gimmelwald）。」這一大片風景如畫的地區有米倫（Mürren）、施特歇爾貝格（Stechelberg）與勞特布龍嫩等村莊，附近還有 4158 公尺高的少女峰（Jungfrau peak），是當地最高的山峰。光從懸崖上的村莊移動到另外一個村莊就已經夠刺激了，你還可以到更高的地方玩滑翔翼、定點跳傘和其他瘋狂的活動。

❌ 最佳旅遊時節
5月村莊裡百花齊放，10月之前都很適合健行。

🏨 住宿地點
Hotel Staubbach：這間傳統B&B位在勞特布龍嫩村，有寬敞的房間和豐盛的早餐。
Alpenruh：這間旅館位在沒有汽車的米倫小村莊，中等價位的山地農舍式木屋可以讓你體驗高山農村生活、挑戰頂級冒險活動。

❤ 浪漫情事
在雪朗峰（Schilthorn mountain）的景觀旋轉餐廳裡喝日落馬丁尼，假裝自己是詹姆士·龐德和龐德女郎。跟007系列電影《女王密使》裡演的一樣，從景觀旋轉餐廳Piz Gloria裡可以看到多座壯觀的山峰與閃閃發光的冰河。

✅ 小提醒
在你的背包裡裝滿當地特色點心，在山上隨性野餐。這會是你在瑞士景色最棒、價格最低廉的一頓午餐。

勞特布龍嫩谷的村莊，彷彿凝結在某個時空。

當地居民對自己的房子很自豪，會比賽看誰的花園最美麗。

兩個人的冒險

體驗鐵索攀岩 ▲▲▲▲
在米倫收拾好裝備，爬上好幾層的鐵橫檔、鐵釘、鐵梯和鐵橋，來到美不勝收的吉梅爾瓦德（聽起來很瘋狂，但這是在陡峭的高山村莊之間移動最經典的方式）。沿著勞特布龍嫩壁2.3公里的路線走，在平臺上停下來，看定點跳傘玩家從366公尺高的地方跳下去。

在山頂玩滑翔翼 ▲▲▲▲
滑翔經過雪朗峰，觀賞壯麗的少女峰、愛格爾峰（Eiger）和僧侶峰（Mönch），還有法國阿爾卑斯山和德國黑森林。沒有窗戶、沒有門、沒有馬達，只有冷冽的上升流和吹進頭髮裡的風。

進入特呂默爾河瀑布
（Trümmelbach Falls）▲
千年的冰河逕流形成十段的特呂默爾河瀑布，在勞特布龍嫩的這座山進進出出。為了接近這座千迴百轉的

✣ 定點跳傘選手的酒吧

勞特布龍嫩施陶河瀑布附近的 Horner Pub 酒吧氣氛古雅，似乎可以去那裡喝一杯。我們打開雕花門，發現這家傳統瑞士小酒館裡有一群吵吵鬧鬧的傢伙，其中幾個還拄著拐杖、打著石膏。我們無意間聽到他們說一些降落傘故障和差點撞上懸崖的故事，才知道原來今天是世界飛鼠裝錦標賽的前夕，於是馬上跟這群瘋狂的老兄乾一杯。

牛隻在山上的村莊之間吃草。

瀑布，瑞士工程師在這座狹縫型峽谷的山壁中蓋了座不折不扣的迷宮，你每拐過一個轉彎，都能看見新的風景。

夜宿永恆的歐伯施坦堡
（Obersteinberg）▲▲
從施特歇爾貝格出發，沿著盧欽河（Lütschine）和懸冰河健行兩個小時，到達Obersteinberg Lodge，這是一家凍結在19世紀的山地農舍式木屋旅館。一邊觀賞305公尺高的瀑布，一邊享用美味的農家菜，然後舒服地在燭光下（唯一的照明）放鬆休息。若想走得更遠，可以從迷人的吉梅爾瓦德或米倫出發或回來。

想進一步探索這塊大陸，請查閱：
» 海上旅行：挪威峽灣...p.136
» 公路旅行：喬治亞中部...p.210

雷尼爾峰夏天野花盛開的美景。

雷尼爾峰
(Mount Rainier)
美國

北美洲
□雷尼爾峰
美國

雷尼爾峰是全世界最危險的火山之一，也是華盛頓州最令人無法抗拒的觀光勝地之一。4392公尺高的山上萬里無雲，陽光照射在 20 幾座冰河上閃閃發光，雷尼爾峰召喚所有喜愛大自然的旅客前往探索。不管是短程健行的旅客、登山家、山岳滑雪手、賞鳥人、植物學家，都可以在西雅圖東南方兩小時車程的這座國家公園中體驗各種冒險活動。雷尼爾峰主要有兩個入口：日出（Sunrise）和天堂（Paradise）。天堂是地球上雪最多的地方之一，每年平均積雪厚度 16公尺。10 月到 5 月間，這裡有許多機會可以踏雪、高山滑雪、坐雪橇。7 月時，野花綻放、爭奇鬥艷、瀑布傾瀉，溫帶雨林像魔咒一樣吸引旅客前往健行。你可以去傳奇的仙境步道（Wonderland Trail）健行，或是輕鬆一點，繞著島上的千年老樹林走一圈。在雷尼爾峰沒有旋轉景觀餐廳或高山滑雪道，但是有純粹的野性之美。

✕ 最佳旅遊時節
園區開放時間是7-9月，但雪兔一整年都會在這個仙境裡跳來跳去。

🏨 住宿地點
Paradise Inn：這間充滿歷史的客棧非常接近頂峰，旅客不需要搭帳篷過夜。
Packwood Lodge：這間小屋重新裝修過，而且距離園區東南方入口只有6公里。

💬 浪漫情事
開車到水晶山（Crystal Mountain）欣賞聖海倫火山（Mount St. Helens）與冰川峰（Glacier Peak）令人嘆為觀止的景色，接著搭纜車到山頂餐廳Summit House用餐，或是到Suntop Lookout瞭望臺野餐。

✅ 小提醒
若想避開西雅圖的一日遊旅客，你可以在星期三、四去，想長程健行就天亮出發，想短程健行就下午出發。

日光瀑布從冰河覆蓋的雷尼爾峰峰頂傾瀉而下。

兩個人的冒險

仙境步道 ▲▲▲▲▲
沿著雷尼爾峰周邊冰河覆蓋的山谷與火山脊，開始150公里的長途健行。6700公尺的高度變化，帶你從溫帶雨林來到高山溼草原、傾瀉的瀑布、雪原，以及五彩繽紛的花海。

長老樹林
(Grove of the Patriarchs) ▲
幾世紀以來，奧哈納佩克什河（Ohanapecosh River）讓這座河中小島免受森林大火之災，許多樹木得以長成千年巨木。過了吊橋，2.4公里長的環形步道上有古老的道氏帝杉、茄冬與帝杉。繼續健行到斯提芬斯峽谷路（Stevens Canyon Road）去看美麗的銀色瀑布。

天際線步道（Skyline Trail）▲▲▲
時間不多又想探索這座高山的話，可以走這條8.6公里長的環型步道到雷尼爾峰陡峭的山坡、尼斯夸利冰

那天是個晴朗的春日，天際線步道呼喚著我們。綁好運動鞋帶，我們沿著步道走，但路很快就消失在一片白茫茫的雪中。穿戴山岳滑雪裝備的壯碩男子咻的一聲從我們身旁經過，再次凸顯出我們準備不足。我們爬上登坡路徑，每走幾步就陷到膝蓋深的雪裡。到達全景點之後，我們用水瓶乾杯，然後思考到底要用什麼鬼方法下山。唯一的選擇就是拿外套當雪橇滑下山，一路笑到家。

土撥鼠很常見，尤其是吃午餐的時候。

河（Nisqually Glacier）、崎嶇的塔圖什峰（Tatoosh peaks），你可以從這裡一路看到奧瑞岡胡德山（Mount Hood）的美麗風景。在全景點（Panorama Point）野餐，但要小心厚臉皮的土撥鼠。接著再到非常適合拍照的桃金孃瀑布（Myrtle Falls），最後回到雷尼爾峰的天堂入口。

雪鞋睡衣派對 ▲▲▲
到塔荷馬山管理良好的小屋步道系統穿雪鞋踏雪或越野滑雪，一路玩到晚上。入夜後在設備齊全的小屋或圓頂帳篷裡煮晚餐，依偎在營火旁，一早醒來就可欣賞雪景。可以繼續走完這80公里的步道系統，或像動物一樣冬眠個幾天。這裡夏天也有開放。

想進一步探索這塊大陸，請查閱：
» 雨林：美國奧林匹克半島...第188頁
» 公路旅行：美國西南部...第206頁

健行到盧安達火山國家公園看金長尾猴。

維倫加火山
(Virunga Mountains)
盧安達

非洲
盧安達
維倫加火山

布列特‧樂芙與瑪麗‧加伯特（Bret Love & Mary Gab-bett）

當你被宏偉的維倫加山脈包圍，你就會知道為什麼盧安達又叫「千丘之國」。維倫加是一系列橫跨在烏干達與剛果民主共和國邊界上的高聳火山，而盧安達這個位在非洲東部的國家最為人知的就是1994年慘絕人寰的種族大屠殺事件，數十年的社會動盪造成超過80萬圖西族與同情圖西族的胡圖族人死亡。不過盧安達這幾年已徹底改頭換面，政治情勢逐漸穩定，基礎建設大幅改善，經濟也因為日漸興起的生態旅遊產業而有所成長。多數遊客是來這裡看嚴重瀕絕的山地大猩猩，目前有900隻在野外，其中一半在盧安達火山國家公園（Rwanda's Volcanoes National Park）。從南邊的基伏湖（Lake Kivu）到北邊烏干達的愛德華湖（Lake Edward），地貌多樣、景色絕美，對活躍的旅客與愛好大自然的人來說，這裡有各式各樣的冒險活動。

☒ 最佳旅遊時節
6-9月的乾季是最熱門的季節，但你也可以在12-2月較短的乾季期間去盧安達，以避開人潮。

🏨 住宿地點
Sabyinyo Silverback Lodge：提供五星級的服務，且有益於當地的社會經濟計畫。
Mountain Gorilla View Lodge：地點很棒，可以看見驚人的維倫加美景，還有現場表演，價格也經濟實惠。

💟 浪漫情事
在房間的壁爐旁舒服地享用飲料，在一大片觀景窗前欣賞山區落日。

✅ 小提醒
可以找法蘭索瓦‧比吉里馬納（Francois Bigirimana）預約健行導遊。他是最資深的公園管理員，曾擔任大猩猩保育家黛安‧弗西（Dian Fossey）的挑夫，跟山地大猩猩一樣有趣。

兩個人的冒險

盧安達火山國家公園大猩猩健行步道（Gorilla Trek Volcanoes Park）▲▲▲

徒步去看那十個山地大猩猩家族，路線從中等到困難都有，分別要走一到三個小時。到達茂密森林中的空地之後，你可能會被一群猩猩媽媽、寶寶和大銀背包圍，這個經驗會讓你永生難忘。

認識瀕臨絕種的金長尾猴 ▲▲

只有在維倫加山脈才找得到金長尾猴。徒步穿過一大片美麗的除蟲菊，就可以看到這種屬於舊世界、瀕臨絕種的猴子。看這群社會性的動物大啖竹筍、在樹梢間快速敏捷地移動。

伊比瓦庫文化村（Iby'Iwacu Cultural Village）▲

文化村的創辦人以前是自然保護區的管理員，這個遊樂區不僅介紹盧安達的傳統文化，也給過去從事盜獵的人和他們的家人提供工作機會。你可以當一天的國王／王后，練習射箭、研磨穀物、參加傳統婚禮。

健行到黛安·弗西之墓 ▲▲▲▲

弗西之墓就位在她的科學研究基地，介於卡里辛比山（Mount Karisimbi）與比蘇奇火山（Mount Visoke）之間，因此又叫卡里蘇奇（Karisoke）。後人用簡單的記號標記這個地方，周圍還埋葬著她深愛的大猩猩。這條路很難走，要花三到四個小時，讓人更加敬佩她開創性的志業。

✣ 給夫妻／情侶的建議

我們認為平衡是讓關係長久的關鍵。嘗試規畫兩人都同樣感興趣的行程，安排刺激的冒險活動，也要納入奢華享受和文化之旅。布列特比較狂野，喜歡探索大自然，瑪麗則喜歡有點奢華的享受、放鬆休息。說到底，豐富多樣的活動可以讓旅行——還有身為人的我們——更加完整。

植物茂密的薩比尼奧火山（Mount Sabyinyo）上一隻年輕的山地大猩猩。

想進一步探索這塊大陸，請查閱：

» 海島：坦尚尼亞的占吉巴島...第72頁
» 野生動物遊賞：肯亞的桑布魯...第94頁

強大夫妻檔：布列特與瑪麗

這對美國夫妻在 2010 年推出 GreenGlobal Travel.com 網站，分享對生態旅遊的熱愛，鼓勵大家用永續的方式旅行、生活，付出一己之力讓世界變得更美好。他們也是國家地理學會、萬豪酒店、希爾頓飯店的特約撰稿人，以及其他幾個網站的管理人。

烏魯班巴谷
(Urubamba Valley)
祕魯

祕魯口烏魯班巴谷

南美洲

聖谷（Sacred Valley）是印加帝國的心臟地帶，是冰河覆蓋的山脈，是安地斯文化的極致表現，是祕魯駱馬毛帽上的羽毛。

幾乎每個旅客都把馬丘比丘（Machu Picchu）列入人生必去景點，但對「印加失落之城」的迷戀經常掩蓋了這座15世紀要塞以外地區的美麗。堡壘、廟宇與歷史悠久的城鎮點綴山谷，連接廣大的步道網絡。先在聯合國教科文組織列為世界遺產的庫斯科城（Cusco）待幾天，適應當地環境，醞釀對馬丘比丘的期待，再從替代的印加步道出發，進行好幾天的健行之旅。多數健行客會跟其他好幾千人一起走石頭鋪的「經典印加步道（Classic Inca Trail）」，但你也可以沿著古老的信使小路和水道走，在6096公尺的高峰上探索鮮為人知的遺跡和村莊，認識傳統安地斯文化，像是看農夫耕耘鵝腳藜田、女人紡織馬毛紗，馬匹拖著當日收成的馬鈴薯作物。親自走過聖谷，會覺得馬丘比丘更壯觀美麗。

⊠ 最佳旅遊時節
可以在4-6月或9-10月造訪，避開雨季和大批遊客。

⊞ 住宿地點
Andenes al Cielo：這間殖民時期風格的酒店距離庫斯科武器廣場（Plaza de Armas）不遠。
Inkaterra Machu Picchu：這間安地斯村莊風格的旅館蓋在阿瓜卡連特（Aguas Calientes）上方，入選為國家地理學會全球獨特小屋（National Geographic Unique Lodge of the World）。
Andean Treks：這條步道從1980年開始提供前往馬丘比丘的長程健行導覽服務，路線包括不為人知的卡奇卡塔步道（Cachicata Trail）（又叫月光石步道，Moonstone Trail）。

♡ 浪漫情事
走出熙來攘往的阿瓜卡連特，散步到安靜的曼多花園（Mandor Gardens），欣賞瀑布、蝴蝶、蘭花和各種鳥類，再到Mama Angelica餐廳提早享用晚餐。

☑ 小提醒
雖然沒有觀光套票也還是有機會到一些很棒的景點，但這個區域16個最棒的景點都需要這張票才能進去，所以還是趕緊去買吧。

太陽門（Inti Punku）遺跡，前方是6076公尺高的維羅尼卡山（Mount Veronica）。

安地斯步道上一支優秀的運輸隊。

兩個人的冒險

走月光石步道前往太陽廟
(Sun Temple) ▲▲▲▲

沿著印加信使步道（Inca messenger trails）走三天，你會發現一些被世人遺忘的廟宇、採石場和輸水道。經過冰河覆蓋的山峰陰影下的安地斯村莊，卡奇卡塔步道的終點在奧揚泰坦博（Ollantaytambo），可以從這裡搭乘觀光火車前往熱水鎮（Aguas Calientes），這裡是進入馬丘比丘的門戶。

奧揚泰坦博要塞
(Ollantaytambo Citadel) ▲

這座安地斯城鎮有印加人最重要的堡壘與廟宇之一，歷史悠久、充滿魅力。漫步在15世紀的房屋之間（南美洲最古老的房屋）、探索懸崖上的要塞，健行到平庫魯納（Pinkuy lluna）的穀倉，欣賞最美的城景。

登上瓦伊那比丘峰（Huayna Picchu Peak）▲▲▲

你可以在這座305公尺高的山上體驗最刺激的健行之旅，俯瞰馬丘比丘最美麗的風景。雕刻石階、繩索與隧道沿著尖尖的山峰蜿蜒而上，通往大祭司過去的管轄領域。

鹽田 ▲▲

這些鹽田從印加時代就開始使用，牛奶白色的水池與結晶牆覆蓋著高山。當地人戴著寬邊遮陽帽、穿著傳統服飾，用手分離鹽巴，讓旅客一窺這項流傳好幾世紀的傳統。

✧ 土地的盛宴

我們在白雪點點的烏魯班巴山脈下方搭起帳篷。當太陽落下，唯一的光源只剩下滿天的星斗和大地窯。從當地牧人那裡拿到的羊肉與蔬菜在滾燙的石頭和野草下烘烤。4572公尺高山上的寒意與徒步兩天的痠痛感，隨著最美味多汁、適合印加皇帝享用的晚餐迅速消失。

步道上的藍眼菊。

想進一步探索這塊大陸，請查閱：

» 湖泊：玻利維亞與祕魯的的的喀喀湖...第52頁
» 雨林：厄瓜多的亞蘇尼...第192頁

百內斷層與上頭尖銳的山峰（西班牙語叫Cuernos，「角」的意思）。

百內國家公園
(Torresdel Paine)
智利

南美洲

智利

百內國家公園

巴塔哥尼亞地區（Patagonia）位在南美洲的南端，冰原與副極地森林相交，還有常年受風吹拂的乾草原及鋸齒狀的山峰，地景豐富震撼人心。智利境內最有名的莫過於 1200 平方公里的百內國家公園以及聯合國教科文組織的生物圈保護區（UNESCO Biosphere Reserve）。從旁塔阿雷納斯（Punta Arenas）或納塔列斯港（Puerto Natales）進入，跟著巴塔哥尼亞乾草原糾結的乾草走，尋找睫毛纖長的原駝與在高空飛翔的安地斯兀鷹。百內斷層（山脈）看起來就像是巨人捏塑出來的一樣，有千錘百鍊所打造出來的崎嶇山峰、裸露的山谷及深不可測的湖泊。百內三塔（the Torres）是山系中央的三大花崗岩塊，是所有健行家都夢想前往的地點，不管是沿著法國谷（French Valley）與格雷冰河（Grey Glacier）著名的 W 路線（W Trek），129 公里的 Q 環線（Q circuit），還是直接登上冰磧石的百內觀景臺（Mirador Las Torres）路線。嘗試健行到更高的地方，用力划、騎更遠，才能看到壯觀的高山風景。

11-4月是巴塔哥尼亞較溫暖的月分，但氣溫變化大，有可能在一天之內經歷四季，要做好準備。

🏨 **住宿地點**

EcoCamp：豪華的多面體圓頂建築旅館，看得到百內的景色，有美味佳餚與嚮導服務。

Hostería Pehoé：這是島上一家價格意外實惠的B & B，被裴歐埃湖（Lake Pehoé）與百內群峰包圍。

💗 **浪漫情事**

在彭巴草原上找個地方鋪上毯子，看看天空有什麼形狀的雲朵——噴水的鯨魚、蓬鬆的鬆餅還是星艦企業號。甜蜜地相互依偎著欣賞百內國家公園的各種莢狀雲，一起作白日夢。

✅ **小提醒**

在行程中安排兩天的緩衝時間。因為路途遙遠，天氣難以預測，國家公園也比你想像的更美。

格雷湖上的冰雪堡壘。

兩個人的冒險

在格雷湖（Grey Lake）上划輕艇 ▲▲▲
划船穿梭在通往格雷冰河的藍色冰山之間。這座冰河位在巴塔哥尼亞冰原南部（Southern Patagonian Ice Field）3公里寬、30公尺高的陡峭山壁上，你可以回頭上岸喝杯熱可可，或是沿著格雷河的激流繼續往下划到塞拉諾村（Serrano Village）。

「O」型環線 ▲▲▲▲▲
這條路線涵蓋知名的W路線，環繞整片冰雪覆蓋的古地塊，最後還能在百內三塔看日出，畫下完美的句點。這條較少人走的路線會讓你連續八天都驚豔不已。

騎馬開路 ▲▲
跟以前的智利牛仔一樣探索，日落時騎馬到百內國家公園，或是在伯納多・奧伊金斯國家公園（Bernardo O'Higgins National Park）一個又一個的大牧場上馳

騁。離開大路和步道，克里奧羅的馬會帶你到鮮為人知的景點。

到百內觀景臺步道（Las Torres）的捷徑
▲▲▲
如果對耗費好幾天的遠征露營沒興趣，可以試試看走8公里長的百內觀景臺步道到百內三塔的基地。蜿蜒爬上冰磧石、徒手攀岩到隱藏的冰湖，尖銳高聳的山峰會滿足你對百內國家公園的想像。

✣ 喝杯瑪黛茶

每一個到巴塔哥尼亞地區健行的旅人都會帶水、點心和雨衣，但真正的智利健行家都帶些什麼呢？一整組的瑪黛茶具組。我們坐在陽光下欣賞百內三塔，嚮導拉斐爾拿出他的保溫瓶、葫蘆造型的瑪黛杯和一袋瑪黛茶葉。泡好茶之後，他轉了轉杯子，讓我們共用一根金屬吸管喝茶（智利和阿根廷人習慣這樣跟朋友分享）。在百內連綿的山峰上分享這種含有咖啡因的飲料，就像在巴塔哥尼亞開香檳一樣。

麥克在百內觀景臺喝瑪黛茶。

想進一步探索這塊大陸，請查閱：
» 沙漠：智利阿他加馬沙漠...第154頁
» 冰雪：阿根廷冰河國家公園...第174頁

我們在紐西蘭的通加里羅火山國家公園健行。

不可思議的一日健行

永生難忘且能讓你在晚餐前回家的健行之旅

紐西蘭

1. 通加里羅國家公園（Tongariro Alpine Crossing）健行

這條19公里長的路線穿越紐西蘭歷史最悠久的國家公園，沿途有河谷、火紅的火山口、兩座翡翠綠的湖泊，還有電影《魔戒》中的「末日火山」，值得拿到健行界的奧斯卡獎。

美國

2. 呼穆拉—茂納開亞山頂步道（Humu'ula–Mauna Kea Summit Trail）

如果從底部（太平洋海床）開始算，夏威夷的這座火山有1萬202公尺高，其中4200公尺位在海平面上。花一天時間攀登這座休眠火山，爬升1400公尺。再給你一點動力：世界最頂尖的天文台之一就位在山頂。

挪威

3. 惡魔之舌（Trolltunga）

挪威文Trolltunga的意思是「惡魔的舌頭」，這座懸崖突出於林格達爾斯維納湖（Lake Ringedalsvatnet）的上方，懸崖下1097公尺處什麼都沒有。走11公里，經過湖泊、峽灣和冰河覆蓋的高山，拍張照，紀念這場探險。

日本

4. 須走步道（Subashiri Trail）

走人煙較少的步道上富士山。這座山是日本最高點，也是國家的象徵。傍晚去走14公里的健行步道，享受森林、湖泊的景色和東京市的夜景。吃碗烏龍麵，晚上在七合目小睡一下補充體力，最後在黎明時分攻頂，看著太陽在這「日出之國」升起。

尼加拉瓜

5. 馬德拉火山（Maderas Volcano）

兩座火山從尼加拉瓜湖（Lake Nicaragua）中升起，形成了奧美特匹島（Ometepe Island），也塑造出一個絕佳的健行地點。兩座火山都具有挑戰性，馬德拉火山上的景色較多樣，有咖啡園、岩畫、雲霧林，山頂還有可以游泳的火山湖。

義大利

6. 普埃茲奧德勒高原（Puez-Odle Altopiano）

崎嶇的多洛米蒂山（Dolomites）的山屋之間有許多條健行路線。如果你只有一天時間，還是可以體驗看看南石灰岩阿爾卑斯山脈（Southern Limestone Alps）一些最高的山峰。走19公里的路線到普埃茲山屋（Southern Limestone Alps），邊吃蘋果薄餡餅邊欣賞360度的美麗風景。

南非

7. 哨兵峰（Sentinel Peak）

沿著陡峭的露天劇場懸崖（Amphitheatre cliffs）爬鏈梯登上奧索斯丘（Mont Aux Sources）。探索頂峰平坦的山峰，從土蓋拉瀑布（Tugela Falls）望向遠方，這是全世界最高的瀑布之一，共948公尺高。

美國

8. 從瀑布峽谷步道（Canyon Trail）到孤獨湖（Lake Solitude）

大提頓國家公園（Grand Teton National Park）面積772平方公里，在26公里長的健行中可以將這座雄偉的國家公園一覽無遺。這條步道有原始的生態系、能追溯到史前時代的物種，還會經過美麗的湖泊、瀑布與大教堂群峰（Cathedral Group）的風景。

埃及

9. 西奈山（Mount Sinai）

不管你的信仰是什麼，都能欣賞這條神聖路線的歷史與美景。日出前三個小時，從全世界歷史最悠久的一座修道院往上走，登上懺悔者之路（Steps of Penitence）（由僧侶手工開鑿）。坐在山頂上的清真寺與教堂前，等待太陽從廣大無邊的沙漠升起。

加拿大

10. 石圍湖（Rockbound Lake）

班夫（Banff）是加拿大歷史最悠久的國家公園，把健行步道發展到極致，石圍湖是其中最美的景點。穿過洛磯山脈的蜿蜒步道，旅客會來到通往城堡山（Castle Mountain）的後壁：懸崖環繞著深藍綠色的湖泊，在這裡可以一覽國家公園的優美景色。

祕魯的蘆葦島。

> 「我們不需要知道每個河段的每一個細節。事實上，我們若
> 知道，那就不是冒險了。」
>
> ——傑弗瑞·R·安德森（Jeffery R. Anderson）

第二章

湖泊、河流和瀑布

淡水是生命之源，自古就吸引人們接近湖泊與河流。有充足的飲用水、新鮮的魚和涼爽的地方可以泡水、划船欣賞日落，生活就會容易一些。水能讓我們放鬆，但也帶來一些刺激的體驗。那些被視為（厄瓜多的……非洲的……世界的……）「冒險之都」的地方，很多都位在河邊或湖濱，這點並不是巧合。溪降、內河衝浪、噴射快艇與急流泛舟都需要湍急的淡水。瀑布也有浪漫的一面，氤氳的霧氣能襯托異國的花朵、彩虹及熱戀的情侶。即使是小瀑布也能營造出浪漫氣氛，因此伊瓜蘇瀑布和維多利亞瀑布等大型瀑布就更能激發出愛戀的火花了。在的的喀喀湖（Lake Titicaca）上航行，在湄公河三角洲（Mekong Delta）上的私人舢舨上過夜，到南烏（Nam Ou）的 100 座瀑布健行，或許還能汲取你的青春之泉。

雷霆萬鈞的伊瓜蘇瀑布。

伊瓜蘇瀑布
(Iguazú Falls)
阿根廷與巴西

南美洲　巴西
阿根廷　伊瓜蘇瀑布

這不只是一座瀑布。伊瓜蘇瀑布總長超過 3 公里，有 275 座獨立的小瀑布，不只是一處風景，更是個值得探索的地方。當然，委內瑞拉的安赫爾瀑布（Angel Falls）比它高，維多利亞瀑布（Victoria Falls）也有比它更寬的獨立小瀑布，但伊瓜蘇瀑布的複雜度和各種令人驚豔的特色更勝一籌。它橫跨巴西與阿根廷，眾多小瀑布被惡魔之喉（Devil's Throat）一分為二：這是個長 82 公尺、寬 150 公尺的裂谷，河流有 50% 的水量都流進這裡。強力的水流與瀰漫的霧氣，不只創造出數不清的彩虹，也發展出獨特的微氣候生態，孕育出異國動植物：巨嘴鳥、短吻鱷、美洲豹與超過 2000 多種植物。到巴西那側欣賞伊瓜蘇瀑布，這側的風景最美麗。花幾個小時探索各種路線，然後到阿根廷那側休息個一天（或兩天），80%的瀑布都在阿根廷。在漫長的雨林步道上閒晃，搭乘又溼又瘋狂的充氣船出遊，在全世界最大的瀑布系統中狂歡。

✈ 最佳旅遊時節
你可以在10-3月的雨季結束之後去。4-6月最適合觀賞眾多瀑布與花草、享受陽光。

🏨 住宿地點
Boutique Hotel de la Fonte：這是間平價精品旅館，位在阿根廷境內最接近瀑布的伊瓜蘇港市。

Sheraton Iguazú：這是阿根廷國家公園中唯一的旅館，雖然有點老舊，但值得住宿。

♥ 浪漫情事
健行穿過雨林到阿里切亞瀑布（Arrechea Waterfall）。走完5公里的步道之後就會看到一個安靜、遠離人群還可以游泳的水池。

✅ 小提醒
離開國家公園之前在票上蓋個章，隔天入園只要半價。如果你住希爾頓飯店，那麼第三、四天也可以免費入園。

上環道步道旁的大巨嘴鳥。

兩個人的冒險

到全環道（Full Circuit）健行 ▲▲
留點行程和時間探索這座珍貴的雨林，不要搭乘有軌電車。走綠色步道（Green Trail）到下環道（Lower Circuit），這條路線會經過八個不同的瞭望臺，每個都能看到不同的景色。漫步到上環道（Upper Circuit），看看被河流侵蝕破壞的橋梁和數不清的蘭花，再沿著邊緣走欣賞令人驚豔的美景。

搭充氣船到瀑布 ▲▲▲▲
魔鬼之喉瀑布每秒沖刷下來的水量約1287萬公升，聽起來就不是個適合坐船遊玩的地方。先把你的理智放到一旁，坐上30人座的充氣船，跟著聖馬丁小島（Isla San Martín）的急流左彎右拐，直闖伊瓜蘇瀑布的核心。你會全身溼透、又叫又笑，永遠忘不了這15分鐘的充氣船之旅。

月圓之夜的健行之旅 ▲▲
在伊瓜蘇瀑布，連夜裡都有彩虹。在滿月前後的五個晚上，國家公園管理員會帶領遊客從雨林走到惡魔之

❖ 巴西邊境步道（Brazil Border Crossing）

我們多希望橫跨阿根廷和巴西的伊瓜蘇河上有景色優美的步道可走，不過這裡卻是一條有邊境警察巡邏的高速公路，每個人當場要繳35到160美元不等的簽證費（視國籍而定）。如果你的錢還夠用，到巴西的國家公園看看倒是蠻值得的。以下是當天來回邊境的方式：

1. 先在你的國家申請好巴西簽證（約兩星期的作業時間）。
2. 到阿根廷伊瓜蘇港市（Puerto Iguazú）的巴西大使館申請簽證（約兩個小時的作業時間）。
3. 碰碰運氣。搭乘計程車和巴士，有時不用停下來檢查簽證就能快速通關。但如果你非常想看伊瓜蘇鎮（Foz do Iguaçu），那就花點錢辦簽證吧。

我們雙腳跨越巴西和阿根廷的邊界。

喉。看著七彩光芒在瀑布上閃爍，啜飲免費的雞尾酒，慶祝你們看見第一道月虹。記得先訂位，因為若是在La Selva Restaurant餐廳吃晚餐，就可以在園區的中心地帶多待一個小時。

想進一步探索這塊大陸，請查閱：
» 沙丘：巴西傑里科科拉...第150頁
» 冰：阿根廷冰河國家公園...第174頁

茵萊湖
(Inle Lake)
緬甸

亞洲
緬甸口 茵萊湖

先把典型的湖邊度假小屋和水上運動擱一邊，茵萊湖能提供更有趣的東西—通往過去的旅程。有將近50年時間，緬甸都為軍人集權統治，可說是不開放觀光。由於長時間與現代世界隔絕，茵萊地區的居民到現在仍然以傳統方式生活，住在竹造高腳屋中，用水牛耕田，手工編織鮮豔的紡織品，以十分獨特且優雅的茵萊人方式划獨木舟（站在船首用單腳划船）。緬甸在2011年開放，雖然茵萊很快就發展成觀光勝地，但所幸流傳千年的傳統沒有改變得那麼快。娘水鎮（Nyaungshwe）是茵萊主要的觀光景點，有公車站、碼頭、民宿、自行車店等等。你可以搭帳篷朋自己探索這個區域，或是選間郊區的旅館，欣賞湖光山色、享受旅館的管家服務。沿著熙來攘往的運河騎自行車，待在漂浮在水上的村莊裡（緬甸人是全世界最友善的民族之一），雇用當地船夫帶你航過72公里的水道，沉浸在迷人的緬甸文化中。

最佳旅遊時節
10-2月的時候去，避開雨季和炎熱的天氣。如果想看盛開的花朵與一年一度的迎佛節，那就10月去。

住宿地點
Pristine Lotus Spa：這間水上旅館有時尚的湖濱套房和複合式房屋。
Nawng Kham, The Little Inn：這是間郊區的平價民宿，有寬敞的戶外空間。

浪漫情事
在紅山莊園葡萄園（Red Mountain Estate Vineyards）享用晚餐、品嚐令人驚豔的紅酒。快要日落的時候，在葡萄藤之間漫步，然後到他們的戶外餐廳用餐。

小提醒
請你的船夫遠離一般觀光客的路線，像是雨傘工廠、銀飾店還有「跳貓寺（Jumping Cat Monastery）」（別問我那是什麼）。花多一點時間逛五日市集（Five-Day Market）、瑞茵汀佛寺（Shwe Indein Pagoda）、享受湖畔的寧靜。

漁夫正在以經典的茵萊人方式划船。

瑞茵汀佛寺數不清的佛塔。

兩個人的冒險

私人坐船行程 ▲

在碼頭雇用船夫去看日出。欣賞湖面的霧氣緩緩升起，看茵萊漁夫像芭蕾舞者一樣划船。一定要停在茵包庫（Inn Paw Khon）村莊拜訪緬甸一些頂尖的編織家，逛逛每天由不同城鎮輪流主辦的五日市集（我們最喜歡看活力充沛的山丘部落居民把東西打包到船上）。最後在湖上慢慢航行到太陽下山。

瑞茵汀佛寺 ▲

湖的上方有超過1000座壯觀的佛塔聚集在一個小山丘上。你可以在一大群令人讚嘆的14到18世紀遺跡周邊與有山頂寺院的山上健行。算準時間，花個半天到茵汀（Indein）逛逛很棒的每週市集。如果時間不夠，可以把茵汀和一整天的遊湖行程合在一起（不過去茵汀要沿著風景如畫的小溪上行大約45分鐘，所以必須說服船夫）。

沿著湖邊騎自行車 ▲▲

騎自行車探索讓你有機會一窺當地居民的日常生活。從娘水鎮往東南方騎，可以看到農夫以人工灌溉的方式幫甘藍澆水，婦女穿著優雅的籠基修築道路，釀酒師攪拌著甘蔗大鍋。騎個十公里左右到半邊村（你會看到一座特別長的步橋）。在水上咖啡館停一下吃個午餐，再搭船到湖的另外一邊。

❖ 智慧之語

我們沒遇過比緬甸人更友善的民族。小孩和老太太都會在你經過時給你個飛吻，陌生人會邀請你喝茶，而自豪的當地人也會主動為你介紹自己的城鎮，除了陪伴別無所圖。學點當地語言有助培養和居民的感情，以下是幾個適合當開場白的句子：

哈囉：Min ga la ba
你好嗎？：Nei kaung la?
我很好，謝謝：Ne kaon ba de.
你的名字是？：Na meh be lou kor d'le?
很高興認識你：Tway ya da wanta ba de.
你的食物很好吃：Thate koun ta be.
謝謝：Kyei zu tin ba de.

市場裡的小販幫安塗抹檀娜卡。

想進一步探索這塊大陸，請查閱：
» 建築：緬甸蒲甘...第106頁
» 雨林：泰國考索...第182頁

從我們位在尼加拉瓜札帕特拉灣的平房看出去的火山風景。

湖泊的力量

很少人到過尼加拉瓜湖的第二大島。札帕特拉島曾經是克羅提加印地安人的精神屬地，也是查莫羅與科爾多瓦政治世家的私人度假島嶼，這些都讓人覺得這座島似乎難以親近。不過最近情況不同了。拉斐爾·科爾多瓦受夠了政治，他決定與旅客分享這片神奇的島嶼。他跟我們介紹島上的火山潟湖、隱藏的史前岩畫，以及他小時候發現的文物。躺在札帕特拉灣的吊床上晃來晃去，我們覺得自己好像發現了一個祕密的國家寶藏。

卡爾瓦里奧山有科帕卡瓦納最美的景色。

的的喀喀湖
(Lake Titicaca)
玻利維亞與祕魯

祕魯
的的喀喀湖　玻利維亞
南美洲

　　的的喀喀湖是偉大印加帝國的精神發源地，也是南美洲最大的湖泊之一，普遍認為是全世界最容易航行的水體。當印加人於 15 世紀來到這裡時，當地的原住民文化已經蓬勃發展了 2000 年。祕魯與玻利維亞都渴望遊客可以到古代遺跡群健行、寄宿在原住民家庭、搭帆船造訪與世隔絕的沙灘。雖然祕魯的普諾是觀光勝地，但我們建議你去玻利維亞一個特別的殖民小鎮科帕卡瓦納（Copacabana）走走。小鎮的活力從磚造的圓頂大教堂開始迸發（等你看到每天的汽車祈福儀式就知道了），延伸到湖畔的彩繪漁船、新鮮的祕魯檸檬醃生魚片小攤，還有頭戴圓頂硬禮帽、穿著多層大襯裙出來散步的玻利維亞婦女。健行到科帕卡瓦納的卡爾瓦里奧山（Mount Calvario）眺望城市風景、白雪點點的高山、崎嶇的小島和廣闊無邊的湖泊。在小鎮待一兩天之後，前往小島體驗一趟永生難忘的文化之旅。

✖ 最佳旅遊時節
5-9月是最溫暖乾燥的季節，白天攝氏15度左右，晚上攝氏零下6度。到了海拔3810公尺的地方，羊駝毛衣會是你的好朋友。

🏨 住宿地點
Rosario Lago Titicaca：這是間當代旅館，有玻利維亞風格的裝飾以及許多西式設施。

La Cúpula：這間B&B的建築風格奇特，有17個房間，價格相當不錯。

💬 浪漫情事
跟InkaSailing帆船公司租船體驗半天的帆船之旅，到與世隔絕的沙灘上放鬆。船上有提供氣泡酒，你儘管邊喝邊欣賞美麗的風景。

✅ 小提醒
寄宿在原住民的家庭一晚，沉浸在當地文化中。注意這裡的住宿環境比較鄉村，準備好了就盡情享受吧。

在蘆葦島之間划船的人。

兩個人的冒險

到太陽島（Isla del Sol）健行 ▲▲▲
探索散落在神聖印加小島上的80幾座遺跡，在科帕卡瓦納打包好行李，準備剛好能過夜和野餐的行李，然後搭上水上計程車前往尤馬尼（Yumani）。沿著8公里的步道從南邊健行到北邊，經過傳統的村莊、原始的沙灘，還有美洲獅岩（Puma Rock）和太陽廟（Temple of the Sun）等景點。最後在恰拉旁帕（Challapampa）吃頓豐盛的晚餐，好好睡一覺，搭渡輪回去。

搭船遊蘆葦島
（Uros Floating Islands） ▲
這些小島完全是用Totora蘆葦和繩子打造而成的，烏魯族人工搭建了這些小島，以逃離印加帝國的統治。直到現在，他們仍保留了這種特有的建築傳統，而且非常自豪地向旅客分享。儘管這趟造訪多個小島的遊

⚜ 汽車祈福儀式

科 帕卡瓦納聖母大教堂前可以看到裝飾著彩帶、五彩碎紙、帽子和玩具的汽車在排隊。駕駛來到這裡祈求玻利維亞的守護神，保佑他們在險峻的山路上開車平安。神父拿著聖水站在一輛多功能休旅車旁，再潑洒一點聖水在引擎、車體的四個面和駕駛身上。接著駕駛的家人會歡呼、點燃鞭炮、在引擎蓋上潑可口可樂（庶民版的香檳）。神父移動到下一輛車旁，為當天好幾十輛汽車祈福，隔天也會再回來繼續為更多車子進行這項獨特的玻利維亞儀式。

安地斯的神父為一輛多功能休旅車祈福，保佑駕駛行車平安。

船之旅還蠻觀光性質的，但千萬不要因此錯過這裡的絕美風景。

在塔吉利島（Taquile Island）過夜 ▲▲▲
到塔吉利人的家中過夜。這個民族相當友善，以聯合國教科文組織認證的紡織方式聞名。雖然寄宿環境相當簡陋（別期待有電力），但你可以認識當地人的手工技術、美食和日常生活。白天到前印加時期的遺跡健行，晚上待在這裡欣賞驚人的美麗星空。

想進一步探索這塊大陸，請查閱：
» 山：祕魯烏魯班巴谷…第38頁
» 超自然：玻利維亞的波托西省…第220頁

利文斯頓
(Livingstone)
尚比亞

非 洲

尚比亞

利文斯頓

或許是因為瀑布永不停歇的怒吼聲，或是好幾公里之外就能感受到瀑布濺起的水氣雲霧，所有圍繞在維多利亞瀑布（Victoria Falls）的一切都讓人興奮不已。尚比西河（Zambezi River）位在辛巴威和尚比亞交界處，河寬1708 公尺、長 107 公尺，形成全世界最大的瀑布之一，美不勝收的景色蘊藏了珍禽異獸、熱帶花朵以及陡峭的峽谷。維多利亞瀑布的名字源自於 19 世紀的英國女王維多利亞，不過我們比較喜歡當地東加語的名稱：「打雷的煙霧」。維多利亞瀑布很大，不像其他瀑布一下子就可以看完，你可以透過各種冒險活動更加認識這座瀑布的不同面相──泛舟、搭乘超輕動力滑翔機、在懸崖健行，或是到魔鬼池（Devil's Pool）體驗玩命的垂降活動。到了上游，地景從茂盛的雨林轉為稀樹草原，有到處遊蕩的大象、長頸鹿、斑馬，偶爾還有獅子──不論你是在莫西奧圖尼亞國家公園（Mosi-oa-Tunya National Park）遊賞野生動物，還是在上游的河流划獨木舟。你可以每天享用落日雞尾酒，在河畔的餐廳或水上餐館品嚐非洲特色菜餚，為一天畫下句點。利文斯頓可能充滿野性，但絕不缺乏各種奢華的享受。

✕ 最佳旅遊時節
4-8月最適合欣賞奔流的瀑布和豐富的動植物，氣溫也最舒服。

🏨 住宿地點
Tongabezi Lodge：這間旅館一部分是豪華的生態小屋，一部分是販售戶外冒險裝備的商店，住起來非常舒適。

The Royal Livingstone：這是間經典的殖民式旅館，也最接近瀑布。

♥ 浪漫情事
跟另一半在點著燈籠的舢舨上享用私人晚餐。如果你住Tongabezi旅館，還會有非洲合唱團在你們吃甜點時唱小夜曲。

✓ 小提醒
在上游待久一點，可以避開人潮、享受尚比西河寧靜的一面。划獨木舟跳島，也記得帶上Mosi Lager啤酒、釣魚竿和看河馬用的望遠鏡。

維多利亞瀑布橫跨辛巴威（左）
與尚比亞（右）

我們在尚比西河划獨木舟時看見的一隻非洲象。

兩個人的冒險

刀鋒橋（Knife-Edge Bridge）▲
走上那條與1708公尺寬的水體平行的步道。穿上雨衣，一路咯咯笑著穿越世界七大奇景之一的水霧和彩虹。

翱翔天際 ▲▲▲▲
當滑翔翼遇上卡丁車，這種超輕動力滑翔機可以帶你俯衝瀑布，從空中俯瞰尚比亞與辛巴威的壯麗風景（而且還不用簽證）。

利文斯頓島（Livingstone Island）▲▲▲
坐快艇到位在瀑布懸崖邊的知名小島上。涉水而過時抓緊彼此的手，如果夠大膽，就再更靠近邊緣一點，感受那「雷聲隆隆的煙霧」。小訣竅：報名當天的最後一個行程，欣賞日落美景、享受雞尾酒服務。

✣ 跳之前不要往下看

我跟麥克兩個人綁在一起，體驗尚比西河峽谷的滑翔飛行：從 47 公尺的高空往下跳，然後像鐘擺一樣以每小時 160 公里的速度擺動。我們來到平臺的邊緣，「一、二……」，我們的腳跟稍微往前了一點點，「……三……跳！」我猶豫了一下，卻忘了我跟麥克綁在一起，而他正在快速地往下墜落。那半秒的猶豫讓我們失控地倒向一邊，往下方的岩床衝去。我們大聲尖叫——我的叫聲聽起來像要死了一樣，麥克則是因為極度興奮而開心地大叫。等晃動慢慢停止之後，我忍不住跟著他一起高興地尖叫大笑。我們四目交接，因為躲開死神而欣喜若狂，然後便無法控制地不斷親吻對方。峽谷滑翔飛行並沒有那麼糟。

麥克在維多利亞瀑布上方體驗超輕動力滑翔機飛行。

在莫西奧圖尼亞國家公園遊賞野生動物 ▲▲

在這片點綴著棕櫚樹的草原上遊賞野生動物，看大象過河、疣豬追逐、斑馬吃草、飛羚跳躍。你可以自己開車繞完環形路線、選擇安排好的行程，或是結合開車遊賞和走路遊賞野生動物，體驗與犀牛群的超近距離接觸。

想進一步探索這塊大陸，請查閱：

» 野生動物遊賞：尚比亞南盧安瓜...第98頁
» 沙漠：奈米比亞納米比沙漠...第152頁

從古騰費爾斯城堡俯瞰萊茵的考布村。

萊茵河谷
(Rhine Gorge)
德國

歐洲
萊茵河谷　德國

奧黛莉·史考特與丹尼爾·諾爾（Audrey Scott & Daniel Noll）

從羅馬帝國時期開始，萊茵河便一直是條重要的貿易路線。幾世紀以來，沿途發展出許多城鎮和城堡，製造各種商品，並保護這條要道。雖然這個區域的貿易角色已經不復存在，但遺留下來的中世紀城鎮和葡萄園村莊仍富含文化和各種冒險。

　　介於呂德斯海姆（Rüdesheim）與科布侖茲（Koblenz）的萊茵河谷（又叫上中萊茵谷）因歷史、文化和地理的重要性，被聯合國教科文組織列入世界文化遺產名錄。一半由木頭建造的房屋排列在鵝卵石的街道上，葡萄園的小徑蜿蜒通往山丘，城堡俯瞰河岸兩旁，渴望遊客前來造訪。你會被像是巴查拉赫（Bacharach）和歐本威舍（Oberwesel）村莊迷人的中央廣場吸引，但我們也鼓勵你隨意探索後街或小巷，體驗多采多姿的當地生活。萊茵的居民對自己的城鎮相當自豪，尤其是酒和傳統美食，所以你一定要請當地人推薦，花點時間好好品味這個地區。

✕ 最佳旅遊時節
4-5月和9-10月氣候夠溫暖，遊客也比較少。12月的慶典特別多。

🛏 住宿地點
Breuer Rüdesheimer Schloss：這是間翻修自15世紀建築、家族經營的旅館，位於中世紀城鎮和葡萄園之間。

Hotel Im Schulhaus：這是間由校友改建自校舍的精品旅館。

♥ 浪漫情事
拿瓶萊茵高產區的麗絲玲白酒前往洛赫（Lorch）之外的葡萄園步道。找個山丘上的長椅坐坐，欣賞夕陽落入河谷。

☑ 小提醒
不要過度規畫行程。雖然從地圖上看起來距離不遠，但用走路、騎自行車或搭船的方式慢慢探索這個地區才能體會到真正的樂趣。

兩個人的冒險

在呂德斯海姆搭纜車 ▲▲

搭纜車到葡萄園上方，俯瞰美麗的山谷。到達最高點後，走到距離不遠的尼達瓦德紀念碑（Niederwald Monument）了解一下19世紀德國統一的歷史，再走葡萄園的小徑回到鎮上。

到萊茵小徑騎自行車
（Rheinsteig Weg）▲▲▲

沿著322公里長的步道網絡騎，經過村莊、葡萄園和農場。如果不擅長騎自行車，這些步道也很適合健行。你可以探索到黃昏，再搭火車、巴士或渡輪回旅館。

到萊茵高產區（Rheingau）品飲葡萄酒
▲▲

羅馬人在萊茵高種下第一批葡萄樹，從此這個區域便栽培出具有當地特色的麗絲玲白酒與黑皮諾紅酒。如果想要品味本地的品種級葡萄酒與風土，可以到呂德斯海姆廣場市集（3月-10月）的賣酒攤販，試喝由當地釀酒廠出產、不同年分的葡萄酒。如果覺得味道太嗆，可以改去Drossel Keller的品飲室、博物館和酒行。

在史塔雷克城堡
（Burg Stahleck Castle）漫步 ▲▲

巴哈拉赫（Bacharach）是上萊茵區風景最美的城鎮之一，如果想好好認識這個地方，可以沿著主教堂後方的陡峭步道往上走到1000年老的城堡。這座好幾層的建築現在是間很棒的旅館，你可以進去吃個輕食，俯瞰城鎮全景。

⊹ 給夫妻／情侶的建議

運用輪流規畫的策略，劃分兩人規畫行程和做決定的責任。輪到你的時候，你就負責安排交通工具、找路、有疑慮的時候做最終決定。這個方法不僅能分擔一些可能比較沒人想做的工作，還能確保一些微不足道的問題能馬上解決，不會變成更大的問題。

呂德斯海姆充滿活力的人行道：斑鳩小巷（Drosselgasse）。

想進一步探索這塊大陸，請查閱：
» 山：瑞士勞特布龍嫩谷...第32頁
» 建築：比利時根特...第116頁

強大夫妻檔：丹與奧黛莉

這對夫妻經營的旅行部落格 UncorneredMarket. com 除了曾經獲獎之外，也啟發旅客跟隨自己的好奇心，創造充滿故事的人生。他們分享的是較人文的思維，時常挑戰刻板印象，改變大家的觀點。一起旅行了 16 年、造訪了超過 90 個國家之後，他們至今仍在旅行——也還是夫妻。

湄公河的漁夫在黎明時檢查漁網。

湄公河三角洲
(Mekong Delta)
越南

亞洲
越南
湄公河三角洲

載滿農產品的獨木舟聚集在一起；戴著斗笠的婦女伸長了嬌小的身軀交換各種異國水果。綠油油的背景參雜著棕櫚樹和稻田，還有河流閃爍其間。很少有地方像湄公河三角洲這樣上鏡頭，但照片還是很難抓住它的活力。這裡被暱稱為越南的「飯碗」，十分之一的三角洲就能產出整個國家三分之一的農作物。漁夫每年養殖 30 億公斤的魚，這個地區還培育超過 2000 多個品種的花卉。當地人都忙著工作，所以並不總是那麼溫暖親切，但還是令人尊敬。湄公河從喜馬拉雅山流進 18 條河流，再分流進入好幾千條運河。從胡志明市和金邊都很容易到達湄公河，但很難決定要從哪邊開始逛。芹苴市（Cần Thơ）是越南最大的城市，有最大的水上市集，非常值得看看，雖然到小一點的村莊能讓你更有參與感。當然，你會很自然地想待在這條雄偉的河上，但你一定也要看看河岸綠色簾幕後面的美麗風景。在稻田間窄窄的鄉間小路上騎自行車、騎摩托車上山、到數不清的廣場逛街，這些都是與河岸生活截然不同的另一種迷人生活方式。湄公河三角洲不只很上相，還蘊藏了各種不同的面貌。

豐田水上市場的西瓜海。

兩個人的冒險

豐田（Phong Dien）水上市場與
周邊環境 ▲▲
避開芹苴大型的采朗（Cái Răng）水上市場早上的擁擠人潮，請你的船夫開到豐田。到這裡採買是一種更深刻的感官體驗，你可以從一艘船移動到另一艘船，聞聞瓜果的香氣，輕輕擦過農夫的手肘，試吃一堆食物。回程的時候，蜿蜒穿過迷人的運河社區，欣賞采朗地區的超大型船隻。

到檳椥騎自行車 ▲▲▲
花半天騎自行車體驗鄉村生活。從鎮上出發騎過檳椥河，沿著狹窄的小徑進入叢林、椰子園和稻田。帶著冒險的心情遊賞（到處都有水道和船隻可以帶你回鎮上），你會愛上湄公河寧靜的一面。

殖民風格的沙瀝 ▲
沙瀝有法國殖民時期的建築、佛寺、水上花圃，還有熙來攘往的河邊市場——沒有哪個湄公河的越南小城鎮比這裡更迷人了。前往19世紀黃水黎富麗堂皇的宅邸（法國女作家瑪格麗特·莒哈絲的《情人》一書就是以這裡為背景）和天后宮，聞聞「南越花園」培育出來的數千種花朵香味。

✧ 「打」起來

我們很愛打排球（這也是我們當初認識的原因），所以不管在世界哪個角落，只要看到有人在打排球，我們一定會想辦法加入。在檳椥你只要站在邊線微笑就好，我們替補其他球員還交了 12 個新朋友。不管你喜歡什麼運動，都可以把它當作一個跨越語言藩籬、與當地人建立連結的方式。

安臨時加入檳椥的這場路邊排球比賽，幫她的隊伍扣球。

想進一步探索這塊大陸，請查閱：
» 沙丘：越南美奈...第144頁
» 超自然：柬埔寨暹粒...第232頁

南烏河谷
(Nam Ou River Valley)
寮國

亞洲
南烏河谷 ◻ 寮國

手拿著寮國啤酒 Beerlao，一邊在吊床上悠閒搖晃欣賞日落，一艘鮮豔的長尾船停靠在穿過喀斯特地形山脈的南烏河邊。你心想，「美好的生活還可以再更純樸嗎？」接著你搭船往上游去，從農巧（Nong Khiaw）到猛諾以村（Muang Ngoi Neua）。直到 2013 年以前，這座村莊都沒有聯外道路，就連現在固定電力也不是很穩定。不過等等，這樣的生活簡單多了。繼續沿著步道往前走幾個小時到山丘上的部落，這裡好幾個世紀以來幾乎沒什麼改變。當地居民的房屋是用竹子編成的，雞和豬都可以自由跑跳，以物易物是這裡慣用的交易方式。跟寮國村民住一晚，探索崎嶇的山脈，細細品味這個超越時空的地區。雖然表面看起來很烏托邦，但寮國人其實有複雜的歷史背景。在越戰和祕密戰爭期間，農巧的喀斯特地形洞穴成為避難所，但到現在猛諾以村的農夫在鄉間耕作時仍有可能會觸動未爆彈。寮國人民的韌性也是這個國家美麗的地方。

⊠ 最佳旅遊時節
10-2月天氣宜人，3-9月天氣炎熱又是雨季，最好在這之前去。

🏨 住宿地點
Nong Kiau Riverside：小鎮上最豪華的平房式旅館（請記得這個地方很純樸）。
Nicksa's：這間旅館位在猛諾以村的河邊，有舒適的環境和美味的餐點。如果需要在村裡的健行步道上過夜，也是個很棒的基地營。

💟 浪漫情事
你們可以試試在農巧的Q Bar餐廳吃傳統寮國烤肉。坐在滋滋作響的桌上型野炊燒烤架旁，扮演大廚，料理美味的肉類和蔬果。

☑ 小提醒
不要期望這裡有自動提款機、電力或大多數常見的現代便利設施。多帶點錢、帶個頭燈，保持心胸開闊。

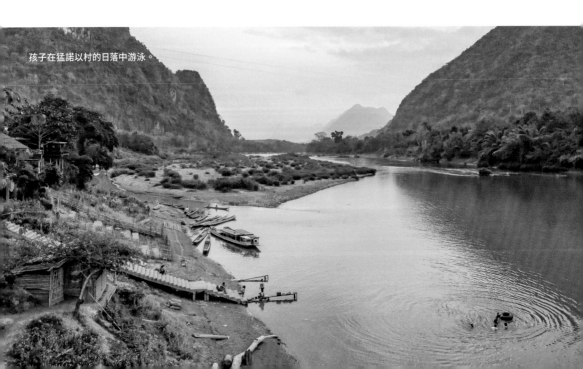

孩子在猛諾以村的日落中游泳。

農巧健行步道上的100座瀑布之一。

兩個人的冒險

在懷博村(Huay Bo)過夜 ▲▲▲
健行兩個小時到猛諾以村,沉浸在寮國山林文化的氣息裡。住在村裡的民宿,幫忙採收蔬果、用魚網捕魚、嘗試維修簡易的河中渦輪機(電力的主要來源)。不騙你,這裡的生活就是這樣。

帕登峰(Phadeng Peak) ▲▲
健行到高處俯看南烏河、鋸齒狀的高峰和傳統村莊的全景。爬兩個小時到農巧上方後,站在竹屋的陰影下、沉浸在眼前這片美景之中。

100座瀑布的健行 ▲▲▲
不像其他步道的瀑布都位在步道盡頭,這條健行步道直接穿過一條有許多瀑布的河流。只要有老虎步道(Tiger Trail)的嚮導、竹梯和一顆勇於冒險的心,你就能徒手攀登1.6公里登上瀑布群。到達最壯觀的瀑布之後,可以停下來吃午餐、泡個水。回程走叢林步道,搭內河船到農巧。

帕托克洞穴(Pha Tok Caves) ▲▲▲
越戰和祕密戰爭期間,寮國成為歷史上被轟炸得最嚴重的國家(投擲到這個小國的炸彈數量,比第二次世界大戰期間投擲到整個歐洲的炸彈還多)。寮國當時把這種洞穴當作空襲避難空間。到這些陡峭嶙峋的石灰岩洞穴裡看看,認識歷史和特殊地貌。

✢ 永遠的旅人

在一艘前往猛諾以村的木船上,我們跟一群年輕的背包客、村民和一對60幾歲的法國夫妻擠在一起。我們很好奇是什麼促使他們選擇這麼顛簸的交通方式。「我們1972年開始接觸背包旅行」,米歇爾說,「也一直喜歡簡單、貼近當地的旅遊方式」。他們告訴我們以前在泰國搭便車、跟孩子在歐洲露營的故事,還有接下來要去北印度旅行。在他們人生的每個階段,旅行都是很重要的元素。身為妻子的克莉絲坦解釋:「我們愈是一起旅行,感覺就愈親密」。

船隻排隊停靠在孟昆的碼頭。

想進一步探索這塊大陸,請查閱:
» 雨林:泰國考索...第182頁
» 超自然:柬埔寨暹粒...第232頁

在威斯康辛州艾波索島的懸崖划獨木舟。

終極淡水冒險

在這些極端的河流、湖泊和瀑布中尋找你的激情。

紐西蘭

1. 在威托莫溶洞（Waitomo）坐橡膠輪胎漂浮

漂浮在天然石灰岩隧道和小岩洞構成的網絡中，從瀑布滑下去，抬頭欣賞藍光蟲聚集形成的閃亮銀河。不管你是坐在輪胎上放鬆休息，還是沿著地下瀑布垂降，都可以看到螢光色的藻類製造出令人目眩神迷的燈光效果。

美國

2. 在哥倫比亞河峽谷（Columbia River Gorge）玩風箏衝浪

這座草木茂盛的峽谷位在華盛頓州與俄勒岡州邊界，太平洋沿岸的海風吹進峽谷，造就全世界其中一個最適合風箏衝浪的地點。這個地方的訓練學校很厲害，即使是初學者也有機會成功起飛。

紐西蘭

3. 在沙特歐瓦河（Shotover）開噴射快艇

這種噴射快艇是真正的紐西蘭發明，可以每小時80公里的速度在淺水中前進。跳上船、馳騁在風景如畫的沙特歐瓦河，做髮夾彎式急轉彎和360度甩尾，與山壁超近距離接觸，讓你心驚膽跳。

美國

4. 在使徒島（Apostle Islands）泛舟

蘇必略湖（Lake Superior）是座冰川湖，永不停歇的波浪與氣溫達攝氏零下的冬天把紅色的砂岩島嶼雕塑成了泛舟者的天堂。沿著陡峭的湖岸泛舟，穿過威斯康辛州的這些群島，進入隱藏的海蝕洞。

厄瓜多

5. 在卡十阿克河（Cashuarco）划獨木舟

巴尼奧斯聖阿瓜市（Baños de Agua Santa）位在安地斯山脈與亞馬遜雨林之間，是厄瓜多的冒險勝地，這裡的活動就屬獨木舟的驚嚇指數排名第一。旅客可以到叢林健行、搭溜索滑過溝谷、從懸崖上跳入河流。

挪威

6. 在沃斯小鎮（Voss）玩拖曳傘高空彈跳

先搭乘拖曳傘飛到冰蝕湖上方，在空中飛行大約180公尺後，從拖曳傘上高空彈跳，挑戰人體新極限。對腎上腺素的興奮感上癮的人來說，這是個雙倍刺激的冒險活動。

馬拉威

7. 在馬拉威湖（Lake Malawi）浮潛

在淡水浮潛並不總是那麼吸引人，但馬拉威湖根本就是個水族館，裡頭有600多種各種顏色的鯛魚。花點時間遊覽周遭、進入湖裡，欣賞這片在環境、文化方面都充滿特色的非洲湖泊。

荷蘭

8. 在阿姆斯特丹運河（Amsterdam Canal）玩立式槳板

雖然這個地方聽起來不適合進行水上運動，不過這座城市有超過150條運河，提供旅客最適合冒險的管道，探索荷蘭首都。你可以在壯觀的文藝復興時期橋下玩立式槳板，經過一些有歷史的房屋（包括安妮之家），還可以沿著97多公里長的美麗水道滑行。

尼泊爾

9. 在孫戈西河（Sun Kosi River）急流泛舟

在喜馬拉雅山狹窄又蒼翠的峽谷之間挑戰五級的急流。沿著孫戈西河前往神聖的恆河，從全世界最高的山脈前往有聒噪猴群的熱帶雨林，讚嘆沿途不斷變換的風景。

冰島

10. 探索傑古沙龍冰川湖（Jökulsárlón Lake）的冰洞

這座冰川湖是冰島最深的湖泊，裡頭冰山群立，周圍有一座冰河、多座火山和黑色的沙灘環繞。到藍色冰洞裡探險，再熬夜等待極光出現。

巴哈馬的哈勃島。

「在海邊，生活的步調是不一樣的。時間不是一小時、一小時的流逝，而是從一種心情跳到某個時刻。我們順著海流前進，根據潮汐行事，跟著太陽走。」

——珊蒂‧金格拉斯（Sandy Gingras）

第三章

海灘與海島

白色沙灘與土耳其藍的海洋真的很美，不過我們對海灘和海島有更多的期望。當然，在海浪聲的伴奏下放鬆休息很棒，但每次在水邊漫步、在陽傘下翻雜誌、啜飲儀式性的鳳梨可樂達調酒之後，我們就會渴望更多。我們想找尋崎嶇的海岸、跟著潮汐消長出現的沙丘，還有比美麗風景更具深度的島嶼。最棒的海灘不會自己出現在明信片上，它們要你穿著蛙鞋、潛水靴和衝浪板去尋找，所以每當我們到達那塊完美的小沙灘，我們就會覺得它一直在等我們兩人到來。我們沒辦法永遠獨享這些美麗的地方，但如果必須與其他人分享，當地的人文應該要能提升你的遊玩經驗。我們會分享探索者、香料商人、國王、工匠的文化，以及比最古老的度假勝地更豐富的歷史。挑戰完美海灘的概念，尋找你自己的天堂樂園。

搭無艙門直升機暢遊納帕利海岸。

考艾島
(Kaua'i)
美國

北美洲

美國

口考艾島

這是一座從海床生成的火山島，表面覆蓋著熱帶雨林，峽谷從中切割而過，周圍有崎嶇的懸崖環繞——考艾島不只是一片美麗的海灘。這座夏威夷的「花園小島」有許多面向，渴望旅客前往探索。像是哈納列灣（Hanalei Bay）的豪華度假飯店、卡拉勞海灘（Kalalau Beach）的嬉皮公社（hippie commune），還有哈納佩佩（Hanapepe）古老的鹽池。飛到島上的利湖埃（Lihue）轉運點，租臺敞篷車，搭船往北到風景宜人的電影拍攝場景（你可能在《侏儸紀公園》和《鬼盜船魔咒》裡看過）。沿著陡峭的山邊海岸線航行，在「太平洋的大峽谷」上方飛行，綁緊鞋帶到風景絕美的納帕利海岸（Nā Pali Coast）健行。這座古老的小島能提供各種冒險活動，不過別擔心，這裡也有 50 幾座白沙灘和尊寵至極的度假飯店，平衡度假生活的陰與陽。不管你喜歡的移動方式是搭直升機還是裝了輪子的海灘椅，考艾島都能滿足你的需求。

🛬 **最佳旅遊時節**
不要在3-5月與9-11月間去，可避開大多數的遊客、雨和飆漲的價格。帶上你的防晒乳和傘。

🏨 **住宿地點**
St. Regis Princeville：這是間位在哈納列灣的旅館，提供法國名廚Jean-Georges Vongerichten的美味餐點，還有1524公尺的無邊際泳池，完美到無可匹敵。

Fern Grotto Inn：這是間自助式的別墅，提供貼心的服務和設施，包括獨木舟和自行車，地點就在利湖埃的北方。

💗 **浪漫情事**
在Beach House餐廳一邊啜飲鳳梨莫希多調酒，一邊欣賞日落。這間餐廳位在南岸，餐點就跟這裡的景色一樣棒。

✅ **小提醒**
一定要租車。當然，當地有計程車和遊覽車行程，但沿途你會不斷想要停下來拍照、嘗試一些步道、認識一些可愛的城鎮。

一艘手工打造的帆船獨木舟駛入哈納列灣。

兩個人的冒險

獨木舟帆船短程旅行 ▲▲
搭乘14公尺長的傳統帆船獨木舟探索哈納列灣，這是
由夏威夷人崔佛·卡貝爾蜿蜒親手打造的。參加他早上在
靜水水域的浮潛活動，這是最容易看到海豚和海龜的
時間，或是參加中午的哈納列灣歷史導覽。

搭直升機遊考艾島 ▲▲
當你覺得考艾島美到不行的時候，不妨搭上直升機。
在威美亞（Waimea）（通常稱作太平洋的大峽谷）
上方飛行，擁抱納帕利蜿蜒的海岸線，往下到威美亞
火山的火山口。搭直升機能讓你飽覽這座小島的絕美
風景。勇敢挑戰冒險，搭乘傑克·哈特直升機公司
（Jack Harter Helicopters）的無艙門直升機。

在卡拉勞步道(Kalalau Trail)健行 ▲▲▲
這個位在考艾島海岸的區域只能從18公里的步道進
入，跨越五座蒼翠的山谷和陡峭的海崖，能通往夏威
夷一些最棒的海灘。距離目的地一半的時候，多數人
會在河流左轉去看瀑布，你可以甩掉人群走去嬉皮公
社（若看到幾位裸露上身的健行者，別太驚訝就是
了）。

⁘ 大地與海洋之鹽

粉紅色的鹽像水晶一樣在餐桌上閃閃發光，
而這種鹽也跟它看起來一樣珍貴。考艾島
的原住民在哈納佩佩鹽田採鹽已有好幾個世代那
麼久，且是群島上唯一還在進行這項夏威夷傳統
的族群。這是非常辛苦的工作，而且賺不到錢，
因為他們的祖先規定，哈納佩佩的鹽只能送，不
能賣。

我們慢慢把粉紅色的鹽巴結晶撒在鬼頭刀
上，想到在紅色鹽灘上工作的家族，以及他們如
何讓這頓晚餐變得更美味。我們感謝當地的朋友
凱伊提供了這麼好吃的晚餐。他送給我們一小包
哈納佩佩鹽，說：「歡迎來到考艾島」。

堆疊起來的衝浪板，等待衝浪愛好者到來。

像國王一樣衝浪 ▲▲▲
衝浪曾是玻里尼西亞皇室的精神和藝術儀式，也是典
型的夏威夷活動。前往對初學者來說好入門的哈納列
或波普海灘（Poipu Beach）上課，或者如果在11月
到2月間的「大浪季節」前來，可以看看專業衝浪手
在管浪中衝浪。

想進一步探索這塊大陸，請查閱：
» 山：美國雷尼爾峰...第34頁
» 歷史：墨西哥瓜納華多...第114頁

北伊路瑟拉島

(North Eleuthera)

巴哈馬群島

北美洲

北伊路瑟拉島 □ 巴哈馬群島

狹長的伊路瑟拉島寬度 1.6 公里多、長度 176 公里，把藍綠色的加勒比亞海與深藍色的大西洋分割開來。島嶼周圍有超過 100 片海灘，鳳梨田點綴其中。這座島是原始的加勒比海島嶼，沒有連鎖飯店、購物中心，甚至沒有紅綠燈。你可以在了無人煙的粉紅色沙灘與珊瑚潟湖盡情放鬆，鄰近有充滿活力的哈勃島（Harbour Island），搭水上計程車只要十分鐘就能到。這座迷你小島是巴哈馬群島在英國殖民時期的首都，以五顏六色的簷板屋與鵝卵石街道自豪，街道的寬度剛好可以讓高爾夫球車通過（主要的交通工具）。貴族名流——像是溫莎公爵夫人、黛安・馮芙絲汀寶——都曾在哈勃島上停留過好一段時間。雖然不像其他巨星雲集的海灘度假勝地，哈勃島卻充滿魅力且不矯揉造作。這裡的高級餐廳提供人工撒網捕獲的鮮魚，精品店旁邊就是賣草帽的攤子。儘管這裡沒有時髦的海灘酒吧，酒行一樣很有趣。北伊路瑟拉島是個充滿對比、驚奇、美好的地方，用四個字形容：人間天堂。

⊠ 最佳旅遊時節

12-4月是旺季，但平季同樣有好天氣和迷人的景色。

🏨 住宿地點

The Cove：這間度假村位在由珊瑚崖形塑的兩個小海灣之間，是北伊路瑟拉島的明星旅館。

Coral Sands：這間充滿歷史的精品旅館最近才翻新，位在哈勃島五公里長的粉紅色沙灘上。

♡ 浪漫情事

在18世紀的避暑小屋中享用晚餐。探索 Landing 餐廳時髦的種植園風格擺設，坐在梯田上俯瞰停靠在碼頭的帆船，等待夕陽，享用龍蝦佐檸檬草義式燉飯。

✓ 小提醒

伊路瑟拉島上完全沒有大眾交通工具，只有一條馬路還有超級友善的居民，總會有人跟你同路。對，這邊有計程車，但你可以嘗試搭便車，與當地人的互動是無價的！

通往詹姆斯角（James Point）粉紅沙灘的小路。

搭高爾夫球車行駛在哈勃島的主要道路上。

兩個人的冒險

在海邊懸崖玩立式槳板 ▲▲▲
跳上手划槳板，沿著海岸線走，探索許多私人小海灣以及令人驚嘆的岩石地形。加勒比海的水域相當寧靜，你可以安全地划好一段距離。格雷戈瑞鎮（Gregory Town）北邊的海岸線特別美麗（鄰近歌手藍尼‧克羅維茲的房子）。詢問你的飯店是否有提供槳板，或是請伊路瑟拉海灘玩具租借公司（EleutheraBeach Toy Rentals）送來。

到女王池戲水 ▲▲
大西洋的海浪刻畫著石灰岩懸崖，使岩石顯露出各種顏色、質地與充滿藝術風格的造型，還塑造出好幾座游泳池。在低潮的時候來，探索深邃的小海灣邊緣，徒手爬下去，泡在被太陽晒暖的海水中。

魔鬼脊（Devil's Backbone Wrecks） ▲▲▲
幾百年來，這片淺層珊瑚礁崎嶇的岩脊就像塊磁鐵，許多船隻不斷在周圍發生船難。這對海盜來說這是個危險的地方，但對想探索海底殘骸、浮潛和潛水愛好者來說卻非常棒。如果你會水肺潛水的話，可以去看看卡納爾馮號（Carnarvon），那是艘100多年的燈塔維修船。你可以穿梭在鍋爐之間，欣賞燕魟、海龜甚至是雙髻鯊。浮潛者可以前往更淺的潛水地點——

馬鈴薯與洋蔥（Potato & Onion），這裡又叫火車殘骸（Train Wreck），因為有輛火車在美國內戰時從駁船上掉進了這附近的海底。

搭高爾夫球車的歷史之旅 ▲
哈勃島是巴哈馬群島的第一個首都，也是形塑巴哈馬歷史與風格的起點。跟著第五代布里蘭德人（巴哈馬原住民）馬丁‧葛蘭特（Martin Grant）跳上加大馬力的高爾夫球車，探索迷人的保皇黨之家的古蹟聖公會聖約翰教堂（St. John's Anglican Church）（教堂是亮粉紅色的），還有最棒的當地私房景點。

✢ 永遠不無聊

「你們要去哪裡？」一位坐在高爾夫球車上的老婦人大聲問我們。當我們說「市中心的 Spanish Wells 旅館」時，她回答：「你們走過頭了！」意識到這裡沒什麼好玩的，我們決定只要有人提議搭便車我們都接受。下一個讓我們搭便車的是：愛抽菸的理查和趴在他大腿上的小狗花生。他太想給「新來的人」搭便車，差點就撞上了我們。當我們提到我們是旅遊作家時，他堅持帶我們去「檢驗」一下他姊妹的 B&B。他的姊妹帶我們參觀旅館，接著載我們去市場品嘗施娜的鳳梨蛋糕。我們那天就這樣環遊小島，逛逛、吃點心、與形形色色的當地人聊天。

一艘木船停靠在女孩海岸，這片淺灘是釣北梭魚的熱門地點。

想進一步探索這塊大陸，請查閱：
» 海洋：貝里斯的中美洲堡礁...第126頁
» 公路旅行：古巴西部...第214頁

在島上寫作

克羅埃西亞洛辛的捕魚小村可以回溯到13世紀，五顏六色的
房屋和石階縱橫交錯，是作家的夢想之地。我們在這座理想
的小島上找到一間需要人幫忙代管的房子，便把這裡當作辦
公室待了一個月。撰寫這個章節的時候，從窗戶可以俯瞰亞
德里亞海，海上的帆船隨著海浪起伏，周圍有群山圍繞。雖
然克羅埃西亞不是本書介紹的主要景點，不過是它的海風與
夕陽陪伴我們完成大部分的文字。

克羅埃西亞大洛辛尼村的港口與心臟。

占吉巴
(Zanzibar)
坦尚尼亞

非洲

占吉巴

坦尚尼亞

這座東非小島過去是香料路線與奴隸貿易的樞紐，無數來自各國的人種形塑了這個地區的樣貌。水手從公元前 600 年就開始在占吉巴群島附近航行，葡萄牙的探險家、英國殖民者、阿拉伯商人、印度貿易商與阿曼的蘇丹都無法抵擋占吉巴的魅力，紛紛搬到這裡居住。這裡景色蒼翠，周圍有沙灘和資源豐富的海洋，誰不會被這麼美麗的地方誘惑呢？不過經驗老道的旅行家知道占吉巴真正迷人的地方在於多元混雜的文化和謎樣的魅力。直到現在，歷史古城石頭城仍然沒有確切的地圖，狹窄的街道似乎常拐進死巷，或是讓人迷失方向。提醒禱告的廣播聲迴盪在巷弄中，配戴各色頭巾的婦女躲在雕刻木門後偷看。夕陽西下後，海鮮燒烤的香味、斯瓦希里的音樂聲、閃爍的燈光把大家聚集在水邊的夜市。探索生產咖哩的香料農場、在過去貿易商搭乘的阿拉伯帆船上航行，在金黃色的沙灘上漫步，欣賞這座因各國文化揉合而更深層豐富的神奇小島。

✈ 最佳旅遊時節
12-2月是最適合日光浴的季節。6-10月間氣候仍偏乾燥、比較涼，且剛好會遇到非洲本土的野生動物遊賞季節。

🏨 住宿地點
Baraza：位在東岸、阿曼風格的奢華度假旅館，提供當地最極致尊寵的享受，也能讓旅客體驗各種冒險活動。
Zanzibar Coffee House：這間19世紀的老房子結合了石頭城（StoneTown）最受歡迎的咖啡館以及時尚的B&B。

♥ 浪漫情事
在能俯瞰全景的Emerson Spice Tea House餐廳屋頂上，一邊在五顏六色的枕頭海裡放鬆休息，一邊聽現場音樂表演、享用占吉巴的美味佳餚。

✓ 小提醒
除非你人已經在沙蘭港機場，否則搭飛機到島上的時間比坐渡輪還要久。除了可以省錢、省時間之外，我們喜歡搭船也是為了沿岸的風景，以及能夠接觸當地文化。

我們沿著米昌威平威半島的珊瑚礁岸騎自行車。

兩個人的冒險

石頭城漫步之旅 ▲

跟隨當地嚮導在聯合國教科文組織的世界文化遺產指定地漫步，聽他揭開神祕的面紗，賦予古老的阿曼（Omani）碉堡與奴隸市場等遺址更多深層的意涵。指名最美的雕刻木門（占吉巴的象徵）、想去的當地香料店，以及最棒的印度烤餅，他就會帶你找到這座島嶼的寶藏。如果你想自己探索，一定要去驚奇屋博物館（House of Wonders Museum）以及超級具有當地特色的達拉加尼市場（Darajani Market）。

搭乘阿拉伯帆船到沙岸島（Sandbank）▲▲

搭乘傳統的阿拉伯帆船到巴威島（Bawe Island）。下水浮潛，穿梭在珊瑚礁與熱帶魚之間。接著前往沙岸島，這是一座如同仙境的小島，隨著潮汐的消長隱匿現身。在海灘上野餐，觀賞海鳥和有趣的磯蟹。

參觀香料農場 ▲

造訪島上眾多農場之一，了解占巴吉的香料如何為坦尚尼亞的歷史增添色彩。在Tangawizi這類莊園中，你可以觸摸、品嚐新鮮的檸檬草、小豆蔻、荔枝、波羅蜜，以及其他充滿異國風味且催情的美味香料。

騎自行車到The Rock海上餐廳 ▲▲

花一天到米昌威平威半島（Michanwi Pingwe peninsula）旅行，在密實的沙灘上騎自行車，玩玩水，好好培養食慾，準備去The Rock海上餐廳享受美食。這個迷你的珊瑚礁小島空間剛好容得下一間美食廚房、12張桌子，以及印度洋沿岸最夢幻的一間餐廳。端看潮汐的狀況，你可以涉水、走路或坐船去享受永生難忘的海鮮大餐。

✥ 最瘋狂的跋山涉水之旅

Google 地圖顯示，要從莫三比克的伊博島到占吉巴，走海岸路線是不可能的。不過沿著海岸線走，距離不到 805 公里，能有多難呢？於是我們搭阿拉伯帆船，坐在一輛載香蕉的卡車車頂，晚上睡在泥土屋，涉水過河，搭走私琴酒的小貨車。轉了 14 種交通方式、跋涉 4 天之後，我們終於到達目的地。這一切一點都不簡單，卻是一場難忘的旅程，我們也因此了解天下沒有不可能的事。

當地人在達拉加尼市場享用瓜果。

想進一步探索這塊大陸，請查閱：

» 瀑布：尚比亞利文斯頓...第54頁

» 野生動物遊賞：坦尚尼亞火山口高地...第92頁

萊利半島（Railay）
泰國

亞洲

萊利半島 泰國

萊利半島只有船隻能進入，因此這座島有種距離相當遙遠的錯覺，不過其實是茂密的叢林與陡峭的石灰岩懸崖隔絕了這片綠洲與本土。大家都喜歡喀斯特地形的山脈，裡頭垂吊著鐘乳石，還有石灰岩洞，但沒有人比愛好攀岩的人更喜歡這種地形。萊利半島上有超過 700 條急轉入峭壁的路線，還有非常適合深水獨攀的海崖：這是一種先自由攀登到海面上方，再從高處跳入海中的活動。萊利半島不只適合對腎上腺素上癮的人，它還有四片安達曼海（Andaman Sea）的沙灘可以滿足不同的需求：西萊利海灘（Railay West）（適合喜歡度假的旅客）；東萊利海灘（Railay East）（適合預算較寬鬆的自助旅行者）；通塞海灘（Tonsai）（適合熱愛攀岩的人），還有帕南海灘（Phra Nang）（適合任何想看「全世界最棒海灘」的人）。建議你每個都嘗試看看，因為前往這些地方的路程——游泳、健行、爬石頭、走海灘——是最有趣的部分。搭船到周圍島嶼，晚上在發出螢光的水域浮潛，跟著萊利人做他們最擅長的事——放鬆享受人生。

⊠ 最佳旅遊時節
11-3月的天氣晴朗也不會太熱；5-10月是雨季。

🏨 住宿地點
Phutawan Resort：這是東萊利懸崖上一間安靜、平價的旅館。
Rayavadee Resort：這間名列世界小型豪華旅館網站的旅館內有別墅、私人泳池、管家服務以及一間在天然岩洞裡的餐廳。

♡ 浪漫情事
在Tew Lay酒吧的沙灘廚房上烹飪課，享用勞力過後的成果，然後留下來在樹屋平臺上啜飲日落雞尾酒。

☑ 小提醒
注意漲潮時間，好規畫時間和行程。滿潮的時候可以去帕南海灘、在潟湖健行，低潮時可走路去通塞海灘。

長尾船停靠在時髦的西萊利海灘上。

在通塞海灘的喀斯特岩石地形攀岩。

兩個人的冒險

夜光浮潛 ▲▲

下午稍晚的時候搭船到小島周邊,停靠在快要消失的沙洲上,在夕陽下烤肉。當火快要熄滅、星星也出來了,就找個光線最暗的小海灣,來場永生難忘的浮潛。安達曼海的這個區域充滿會發出磷光的浮游生物,所以在這個水域游泳,就好像在銀河裡移動一樣。

健行到萊利眺望點與潟湖 ▲▲▲▲

通往帕南海灘的途中,你會看到一段陡峭、泥濘、扭曲的斜坡,勇敢向前才能看到這塊半島的全景。如果這趟緊湊的短程健行沒有嚇到你,就繼續穿過叢林前往一連串的懸崖。滿潮的時候你會看到一個凹陷的祖母綠色潟湖。

深海獨攀 ▲▲▲▲

航行到崎嶇懸崖底下,接著游泳展開終極自由攀岩。起身出水,然後像蜘蛛人一樣爬上石灰岩壁面。謹慎選擇你的抓點──這邊完全沒有繩索,大海就是你的安全網。爬上山壁的同時,一定要停在凸出的山壁上欣賞風景。記得:你爬得愈高,就得從愈高的地方跳下來。

帕南海灘的後門 ▲▲

海灘上有許多用溼溼的沙子蓋成的高聳沙堡,這片指標性的海灘吸引了遊客和泰國漁夫前往(這裡有供奉神祕海中女神的神龕,擺滿了各種象徵陽具的供品)。若想獨享這片人間仙境的一小部分,可以走到海灘的盡頭、穿過一座通往寧靜小海灣的峽谷。在岩石周圍浮潛,這裡的岩石突出水面,還有可以游泳穿過的石拱。然後回到帕南海灘,整天欣賞美不勝收的風景。

✧ 新舊傳統

我們或許是在佛教國家過聖誕節,但我們不打算跳過我們的傳統!我們用爆米花串、自製的貝殼裝飾品,以及紅色和綠色的蓮霧裝飾香蕉樹。我們還用棕櫚葉包裝禮物互相交換(巧的是我們都送對方泳鏡和能多益巧克力醬)。至於聖誕大餐,我們上了堂泰國料理課。帕南乾咖哩嚐起來永遠都會有點聖誕節的味道。

裝飾聖誕(香蕉)樹。

想進一步探索這塊大陸,請查閱:
» 河流:越南湄公河三角洲...第58頁
» 海洋:印尼科莫多...第132頁

在Ella's Place旅館看夕陽。這是間位在薩朗村、令人放鬆的平房式住宅。

刁曼島 (Tioman)
馬來西亞

亞洲

刁曼島　馬來西亞

沃岡與蘿倫・曼紐・麥克申（Vaughan & Lauren Manuel Mcshane）

說到東南亞的海灘，馬來西亞仍然是個較鮮為人知的仙境。刁曼島是組成斯里布阿群島（Seribuat Archipelago）的 64 座小島之一，也是其中最大的小島之一，只有 19 公里長。我們在馬來西亞住了兩年，刁曼島可說是我們住過最棒的島嶼之一。這座小島有美麗的海灣，茂盛的熱帶雨林，島上只有一條主要道路，搭船通常是到達白色沙灘最好的方式。身為水上運動愛好者，我們覺得如魚得水，每天都有不同的方式可以到達海洋——立式槳板、潛水、浮潛、游泳或衝浪都可以。這座島雖然有絕美的地貌，但真正的寶藏埋藏在地表下攝氏 29 度的水中。游到海岸之外的珊瑚礁，那裡有綠蠵龜、蝶魚、礁鯊、裸鰓類與蝠鱝。造訪刁曼島的旅客數量剛好可以增添點律動、放鬆的氣氛，又不會多到掩蓋掉這座小島尚未被汙染的光芒。好好欣賞刁曼島神奇的海洋生物與野性之美。

最佳旅遊時節
3-11月是理想的月分。很多地方在12-2月的雨季期間是關閉的，不過喜歡衝浪的人還是可以享受海浪。

住宿地點
1511 Coconut Grove：這是爪拉海灘（Juara）一間隱密、高級的海灘小屋。
Ella's Place：位在薩朗海灘（Salang）的鄉村木屋，有海灘椅和空調。

浪漫情事
帶著野餐和浮潛用具，航行到珊瑚島（Coral Island）或猴子灣（Monkey Bay）看夕陽。這兩個地點通常都沒有人，只有潔白的沙灘與像萬花筒般多樣的海洋生物。

小提醒
茂盛港（Mersing）的渡船航行時間會跟著潮汐改變，所以出發前要先確認時間。在本島或德革村（Tekek）的渡船總站先領好錢，這個總站是島上唯一有自動提款機的地方。

兩個人的冒險

到刁曼島健行 ▲▲▲

這座內陸雨林迸發出各種動植物，像是長尾獼猴、馬來西亞顯猴與果子狸。從德革村清真寺開始健行，這條路會遇到四驅車的道路，帶你穿過叢林到達爪拉海灘（我們最喜歡的海灘）。

阿沙瀑布（Asah Waterfall）▲▲

阿沙瀑布是這座島上最大的瀑布，距離穆庫特村（Mukut Village）約30分鐘的腳程。穿上好走的鞋，享受一趟輕鬆的健走，或是搭船一路遊賞數不清的海灣。

在薩朗海灘岸潛 ▲▲▲

穿上你的潛水裝備，離開海灘前往充滿活力的薩朗沉船遺跡（Salang Wreck）或是薩朗碼頭（Salang Jetty）這兩個潛水景點，與黑稍真鯊、海龜以及五顏六色的鸚嘴魚沿著健康的礁岩悠游。這裡是岸潛與拿到PADI開放水域潛水員證照的絕佳地點。不過如果你只想浮潛，那就往防波堤的左邊走，去看多采多姿的海洋生物吧。

在海灣划獨木舟 ▲▲▲

划獨木舟繞行這座蓊鬱的小島。帶足夠的水和防晒乳，早上早一點出門，到ABC海灘、德革、爪拉海灘和薩朗海灘的眾多海灣探險。在任何一片美麗的海灘休息一下，而且一定要在猴子灣美麗的小海灣停一下。

❖ 給夫妻／情侶的建議

旅行總是無法預測，不過隨興也可以蠻浪漫的——像是跳上摩托車，緊緊地抱著對方環遊熱帶島嶼。到達新的海灘景點時，我們總會租臺摩托車，這是最能夠接近大自然的移動方式。行駛在開放的道路上，可以自由選擇任何想去的地方，躲進安靜的角落，這種無拘無束的感覺自然會令人感到興奮。我們曾經騎摩托車到島上的隘口，這是條四驅車專屬的道路，因為這次的經歷，我們的感情絕對變得更濃了！

跟著一群寶石大眼鯛一起潛水。

想進一步探索這塊大陸，請查閱：

» 湖泊：緬甸茵萊湖...第48頁
» 雨林：泰國考索...第182頁

強大夫妻檔：蘿倫與沃岡

認識一下這對隱身在TheTravelManuel.com的夫妻檔，這個部落格連續兩年被選為優良非洲旅行部落格。他們愛好水上運動以及適合夫妻與家庭的戶外冒險活動（尤其他們還有個可愛的幼兒）。這對夫妻會找任何藉口回到熱帶島嶼上生活，只要有無線網路和濃縮咖啡就好。

沙馬納
(Samaná)
多明尼加共和國

北美洲
多明尼加共和國
沙馬納

沙馬納是一座位在東北岸、草木茂盛的半島，島上有許多山脈、叢林、海灘和島嶼，剛好沒有被觀光客注意到。這個地區的人向來跟隨自己的邦戈鼓節奏前進——在哥倫布時代隨著鼓聲勇猛抗敵；在獨特的文化慶典上擊鼓（例如為期三個月的豐收祭）；而即使信了基督教，也仍然允許人們隨著邦戈鼓聲跳性感的騷莎舞。當地居民相當自豪沙馬納的美麗，且不斷努力想以漸進、永續的方式發展這個地區。聖塔芭芭拉沙馬納（Santa Bárbara de Samaná）是這塊半島的心臟地帶，大家甚至把這座城鎮直接稱為「沙馬納」。1756 年西班牙人看上了這塊受保護的海灣，周圍有茂密的山林、一系列小島和帶狀灘，是個適合居住的好地方。你可以看到幾棟有趣的殖民時期建築（別錯過瓦楞鐵皮教堂 La Chorcha），不過最具代表性的建築是跨越海灣延伸到小島上的一座令人驚豔的步橋。試試看溜索、跳島、跳 Bachata 舞、騎馬，體驗各種奢華和具當地特色的活動，尋找沙馬納誘人的節奏。

✈ 最佳旅遊時節
2-5月以及10-11月最適合造訪，可以避開炎熱的天氣、人潮和龍捲風。

🏨 住宿地點
Dominican Tree House Village：這是間位在El Valle餐廳樹上的茅草小屋，充滿鄉村放鬆的氣氛以及社區的活力，提供旅客許多冒險活動。

Sublime Samana：這間旅館接近活力充沛的拉斯特拉納斯鎮（Las Terrenas），有自助式的海灘別墅，以及樣樣都有人服務的套房。

♡ 浪漫情事
到拉斯加勒拉斯鎮的海灘，在El Cabito餐廳懸崖一側的平臺上啜飲落日雞尾酒。在懷舊時尚風的旅館多待幾天，開心享受假期。

☑ 小提醒
算準聖多明哥（Santo Domingo）的飛機時間，才來得及參加聖法蘭西斯修道院（Monasterio de San Francisco）週日一系列的音樂會。這座16世紀的古蹟散發著獨特的氛圍，建築物下方搭建有完整的舞臺，整座城市好像都來到這裡扭腰擺臀。

迷你小島利凡塔多，又叫百加德島。

搭溜索穿越草木茂密的El Valle餐廳。

兩個人的冒險

雙人溜索 ▲▲▲

沙馬納溜索位在這個區域最高峰頂上,有12條溜索縱橫交錯穿越林冠層(有些高137公尺),是加勒比亞地區最刺激且景色最棒的溜索路線。兩個人綁在一起,嘗試一邊翻轉、扭身、上下顛倒親吻,一邊遊覽山谷、叢林和沙灘的絕美風景。

在El Valle餐廳的海灘度過一天 ▲

這是我們在沙馬納最喜歡的海灘,小海灣四周有長著棕櫚樹的群山、崎嶇的懸崖、金黃色的沙子以及美麗的風景。散步、游泳、在palapa酒吧抓張椅子,看漁夫把船停靠在岸邊,男孩把棒球丟來丟去,海浪拍打在懸崖上。

騎馬到檸檬瀑布(El Limón) ▲▲

跳上馬,騎馬穿過小溪、叢林和高山,俯瞰這座半島的全景。把馬栓在點心屋旁,跟當地人一起喝啤酒、玩骨牌,再健行到檸檬瀑布。這是座40公尺高的瀑布,流進一個有石窟的寬敞游泳地點。

❖ 複合式雜貨店的夜生活

我們跟著邦戈鼓、牛鈴的聲音和笑聲到達安東尼複合式雜貨店(這種雜貨店是多明尼加典型的露天街角小店,又叫街坊的酒吧)。我們微笑著觀察這場只有當地人參加的派對,結果傑米示意我們過去:「歡迎!來杯 Mama Juana 酒!」他很快就成為我們的朋友。喝了幾口香料蘭姆酒之後,我們用西班牙式的英文聊天講故事,嘗試跳美倫格舞,還計畫隔天去看一場棒球賽。

聖多明哥週日晚上一系列的音樂會。

在洛斯哈提斯國家公園(Los Haitises National Park)跳島 ▲▲

乘船跨越海灣,抵達一處周圍有許多喀斯特地形小島及無數猛禽的地方。在小島之間緩緩航行,跟著內陸的河道系統到達紅樹林與洞穴。利尼亞岩洞(Cueva de la Linea)瘦長的岩石結構不只令人驚豔,上頭還有遠古時期泰諾族原住民遺留下來的迷人象形文字。

想進一步探索這塊大陸,請查閱:

» 野生動物遊賞:哥斯大黎加托爾圖格羅...第100頁
» 雨林:聖露西亞...第190頁

墨西哥土魯母海岸上方的馬雅遺跡。

最棒的海灘

美麗的海灘有各種形狀和大小。尋找最適合你的海灘。

澳洲
1. **五顏六色的海灘：彩虹海灘（Rainbow Beach）**

超過70種不同顏色的沙子組成昆士蘭因斯基普半島（Inskip Peninsula）的高聳懸崖。這些豐富的礦物從冰河時期就不斷演化，直到現在仍保持著耀眼的色彩。彩虹色懸崖前是一片藍綠色的海洋和白沙，增添令人驚豔的強烈對比。

墨西哥
2. **歷史：土魯母的遺跡（Ruinas de Tulum）**

白沙、土耳其藍的海水、搖擺的棕櫚樹都是造訪土魯母很好的理由。矗立在海灘上方的前哥倫比亞時期遺跡，更賦予美景更深層的意義。馬雅人因為岩礁上的這個缺口而選擇了這裡，它也因此成為古代貿易獨木舟與現代泳客的理想活動地點。

美國
3. **貝殼：桑尼伯島（Sanibel）**

大多數的貝殼都直接滾過佛羅里達州的海灘被海浪帶走。不過，桑尼伯島面向南方的海岸像是片大網子，網住殼灰岩、海螺、蛾螺，以及從加勒比亞海各個角落浮出水面的寶藏。每一次潮汐都會帶來新的驚喜、引來世界各地的貝殼蒐集者，在盲道海灘（Blind Pass）和燈塔公園之間撿貝殼。

紐西蘭
4. **天然Spa：熱水海灘（Hot Water Beach）**

不管是滿潮還是退潮，這片地熱海灘都是獨一無二的Spa勝地。海水會從地底裂縫竄升而上（攝氏64度），拿支鏟子幫自己挖個熱水盆吧。

厄瓜多
5. **野生動物：艾斯潘諾拉島（Española Island）**

加拉巴哥群島以多樣的野生動物聞名，尤其是艾斯潘諾拉島。這座島上有超過1000隻巨型陸龜、一個加島信天翁群落（世界唯一）、原生種的熔岩蜥蜴，以及藍腳鰹鳥。你可以在海灘上享受充滿野性的一天。

義大利
6. **可以不穿衣服：古凡諾海灘（Guvano Beach）**

古凡諾海灘的四周圍繞著陡峭的懸崖與土耳其藍的海洋，只能經由老舊的火車隧道或船隻進入，並不好到達，但對想裸泳（或初次嘗試裸泳的人）來說反而是個完美的地點。不用擔心瞠目結舌的路人，這裡的人都在享受五漁村（Cinque Terre）最天然的一片海灘。

聖馬丁
7. **意想不到的吸引力：瑪侯海灘（Maho Beach）**

你會認為飛機會把人嚇跑。恰恰相反：747從距離地面僅僅30公尺的上方衝過的景象，反而吸引了大批人潮前來觀看，感受強大的噴射氣流，一起為這個例行的刺激景象歡呼。

美國
8. **潮池：莫斯海灘（MossBeach）**

加州非茲哲羅海洋生態保護區（Fitzgerald Marine Reserve）高聳陡峭的海岸邊，可以看到岩洞裡滿滿的都是海葵、海星、螃蟹和海膽。附近的港灣海豹棲地為這3公里長的海灣區域增添了一些活潑的氣氛。

澳洲
9. **衝浪：貝爾斯海灘（Bells Beach）**

這片位在維多利亞省的海灘是Rip Curl職業衝浪賽的比賽場地——這是全世界歷史最悠久的衝浪賽事。大型長浪從南冰洋席捲而來，重擊這座獨特的礁岩，把它雕刻成完美的形態。

西班牙
10. **懸崖：大教堂海灘（Cathedrals Beach）**

海面上方30公尺的地方矗立著各種像拱壁的岩石構造，這片加里西亞海灘（Galicia beach）感覺就跟文藝復興時期的歐洲教堂一樣雄偉。波濤洶湧的大西洋侵蝕懸崖，形塑了一個個的海上通道，你可以在退潮的時候前來探索。

肯亞的馬賽馬拉大草原。

「當我凝視動物的眼睛時，我看到的不是一隻動物。我看到的是一個生命。我看到一位朋友。我感受到靈魂的存在。」

——安東尼‧道格拉斯‧威廉斯（Anthony Douglas Williams）

第四章

野生動物遊賞

野生動物遊賞不再涉及獵殺動物，而是一種到野生動物棲地觀賞牠們的活動。現在旅客拿在手上的東西只有相機，掛在牆上的戰利品則是一張張令人驚豔的照片。沿著黃泥路開車穿越金黃色的稀樹草原、讓路給一大群移動的牛羚、偏離道路看獅子追逐，這是我們開車獵遊的方式。相對之下，步行遊賞則為這種體驗帶來全新的面向——聆聽鳥叫、追蹤動物足跡、品嚐當地藥材中的植物。非洲不是唯一擁有大型異國動物的大陸，全世界的內陸、極地、熱帶群島、有動物棲息的海灘都有同樣充滿野性的遊賞活動。在加拿大和北極熊一起散步、在加拉巴哥群島和企鵝一起泛舟、在澳洲與鹹水鱷一起遨遊。無論日落時你在哪裡，一起加入野生動物遊賞的傳統，站在岩石上啜飲落日雞尾酒，向大自然的美麗致上敬意。

我們健行到伊莎貝拉島火爆的奇可火山。

加拉巴哥群島
(Galápagos)
厄瓜多

加拉巴哥群島不僅是巨型陸龜和藍腳鰹鳥等稀有罕見動物的家園，也孕育了 1000 多種地球其他地方找不到的物種。這座群島遺世獨立，距離厄瓜多沿岸 965 公里遠。由於長期沒有人類居住，它成為達爾文研究演化學理論的實驗室。島上的動物並不懼怕人類，這種根深蒂固的純真性情開啟了人類與野生動物互動的契機。愛玩的海獅游到浮潛的人身旁、企鵝在泛舟的旅客旁邊來回穿梭、鬣蜥在你的海灘布旁做日光浴。雖然野生動物完全沒有界線這回事（你真的會看到海獅攤在公園長椅上，或在走道上昂首闊步），這座島有 97% 是國家公園而且高度管制，人類不能隨意地到處亂走。搭乘遊輪是遊賞加拉巴哥群島最受歡迎的方式，不過在陸地上遊覽可以讓你深入火山還有加拉巴哥群島文化。在神祕的佛洛雷安納島（Floreana Island）待一晚，聽聽當地的海盜、捕鯨人以及失蹤男爵夫人的歷史。在伊莎貝拉島（Isabela）的火山與熔岩流區健行；戴著頭燈到聖克里斯托巴爾島（San Cristóbal）潛水。盡量多跟巨型陸龜交流。

最佳旅遊時節
整年都很適合遊賞野生動物，因為一定都有某種動物在遷徙、交配或孵蛋。如果想看最平靜的海洋和最晴朗的天空，那就2-4月的時候去。

住宿地點
Finch Bay Eco Hotel：這座生態旅館位在小島群的心臟地帶，收錄在國家地理全球獨特小屋（National Geographic Unique Lodge of the World）的名單中，是個終極基地營。
Active Adventures：這間經驗非常老道的戶外用品店提供各種跳島活動和冒險活動性質的行程。

浪漫情事
聖克里斯托巴爾島的羅貝利亞海灘（La Lobería beach）雖然很少有旅客造訪，但深受海獅喜愛。這是個相當獨特的地方，適合做日光浴、放鬆，欣賞迷人的動物在沙子和海浪中嬉戲。

小提醒
到加拉巴哥群島旅遊並不會很貴。如果預算有限，你可以去聖克魯茲（Santa Cruz），那裡比較好安排一些短程旅行，也可以搭渡輪到其他有各種冒險活動的小島。

加拉巴哥海獅拖著腳漫步在皮特角海灘（Punta Pitt beach）。

兩個人的冒險

在靴型岩（Kicker Rock）浮潛 ▲▲▲
這座靴子形狀的島突出海平面152公尺，分隔成兩個區塊，創造出一條給魚通行的快速水道。目前在加拉巴哥群島已發現超過2500種海洋生物，最受旅客喜愛的三棘帶䲁、太平洋綠蠵龜以及大的群灰三齒鯊在這裡都十分常見。靴型岩的海水能見度很高，很適合浮潛的旅客和尋找雙髻鯊的進階潛水玩家。

跟巨型陸龜交流 ▲▲▲
你可以在El Manzanillo之類的廣闊農場或Arnaldo Tupiza等優秀的繁殖中心跟陸龜進行一些有趣的互動。如果想在野外看巨型陸龜，健行到聖克里斯托巴爾的加拉巴哥自然園區（Galapaguera Natural）。這裡的高原只能靠船隻再加上四個小時的健行才能到達，你可以在這裡的聖木與加拉巴哥島乳草之間找到這些在牠們的天然棲地上緩緩移動的百歲陸龜。

賽拉尼哥拉火山
（Sierra Negra Volcano）▲▲▲
健行穿越熱帶雨林到火山最大的火山口邊緣，往下看茂密的綠色圍牆，欣賞霧氣在黑色的岩石上滾動。繼續健行到奇可火山，穿越火熱火山口的熔岩流區，

一隻巨型陸龜在Rancho El Manzanillo農場吃草。

以及1970年代火山爆發的噴氣孔。在這場18公里長的健行之旅中，你會看到許多絕美的風景。

在亭多雷拉斯島（Tintoreras）泛舟 ▲▲
這群聚集在伊莎貝拉島外的小島是數不清的野生動物棲地。當你划船離開安巴卡德羅（Embarcadero Beach）海灘的時候，調皮的海獅通常都會跟著你。到達崎嶇的火山小島，會看到包括加拉巴哥企鵝和藍腳鰹鳥等稀有鳥類，在捕魚、整理羽毛、甩動尾羽。注意看有沒有海鬣蜥——全世界只有在這裡才能看到牠們游泳。

....

想進一步探索這塊大陸，請查閱：

» 山：祕魯烏魯班巴谷...第38頁

» 公路旅行：厄瓜多火山大道...第212頁

北端 (Top End)
澳洲

澳洲內陸的荒野風情與文化都是絕無僅有的澳洲特色，無人能敵。根據定義，「內陸」指的就是澳洲中央那片廣大、荒涼、幾乎難以跨越的區域，但在北領地（Northern Territory）的頂端，這崎嶇的內陸展現了它較為溫柔的一面。北端接近帝汶海（Timor Sea），多雨的氣候造就了有鳥類造訪的豐富溼地、長滿蓮花的潟湖、在砂岩懸崖間沖刷的河流，甚至還有雨林。澳洲的原住民文化在這裡蓬勃發展，透過充滿靈魂的音樂、藝術和故事傳承四萬年的傳統。這塊土地原本的守護者是渥納納族和雍古族，他們會帶你遊覽名列聯合國文教基金會是界文化遺產的景點卡卡杜（Kakadu），以及一連串的國家公園深入了解文化脈絡。達爾文鎮（Darwin）（北領地的首都和進入國家公園的入口）的居民是由超過 50 個國家的人所組成，底蘊深厚的原住民文化在這個熱帶的都會注入屬於自己的節奏和風格。如果你想看內陸地區巨大的鹹水鱷魚和惡名昭彰的毒蛇，別擔心，你也可以在這裡看到這些動物——雖然真正能留下永遠記憶的還是北端的美麗與文化。

最佳旅遊時節
4-9月有陽光，也可以不受限制進出國家公園。雖然1-2月有點雨，但這時候的草木茂盛，還有令人嘆為觀止的閃電秀。

住宿地點
Adventure Tours：這間有趣的戶外用品店提供多天的北端旅遊行程，旅客可以在國家公園邊舒服地露營。

Wildman Wilderness Lodge：這間旅館有豪華的小木屋和野生動物遊賞用的帳篷，還有提供從瑪麗河溼地（Mary River Wetlands）出發的內陸短程旅行。

浪漫情事
沿著加倫瀑布（Gunlom Falls）61公尺高的傾瀉水流快速健行，到達天然的無邊際泳池。跳進去一邊感受水流溫柔的按摩，一邊俯瞰卡卡杜壯觀的風景。

小提醒
星期四和星期天到達爾文鎮的明迪海灘黃昏市場（Mindil Beach Sunset Market）走走。試試內陸的美食像是鱷魚和袋鼠肉排，然後在這個當地的熱門地點待一下，欣賞吉迪里度管的樂器表演。

原住民阿納姆地的鱷魚河。

岩袋鼠在北端很常見。

兩個人的冒險

到庫魯伯里水潭（Corroboree Billabong）看鱷魚 ▲▲
瑪麗河溼地是稀有候鳥、蟒蛇和鹹水鱷的天堂，尤其是庫魯伯里水潭。航行過被粉紅蓮花覆蓋的乾河道，注意有沒有7公尺長、1179公斤重的大鱷魚。

烏比爾（Ubirr）的古老岩石藝術作品 ▲
澳洲有歷史最悠久、不斷傳承的藝術傳統，烏比爾就有一些保存最完善的岩石繪畫作品。在卡卡杜國家公園深受遊客喜愛的地區，跟著導覽欣賞原住民的藝術作品。找尋各種和創世、打獵、嬉戲、法律有關的象徵，有鮮紅色也有鮮黃色，接著爬上砂岩懸崖岩棚，看夕陽從納達布氾濫平原落下。

李治菲特白蟻丘（Litchfield Termite Mounds） ▲
這座精心刻畫的高塔中有隧道、拱門、煙囪和育嬰房，是幾百萬隻忙碌白蟻的美麗傑作。前往李治菲特國家公園看看磁性白蟻的蟻丘，以及附近5公尺高的大教堂蟻丘。

深入凱薩琳峽谷（Katherine Gorge） ▲▲
進入尼特米魯克國家公園（Nitmiluk National Park）的砂岩地區，健行、划獨木舟、在河上航行、搭直昇機探索13座壯觀的峽谷。不管從哪個點看，在陡峭紅色岩壁之間快速流動的河流都很壯觀，尤其是岸邊有鬼鬼祟祟的淡水鱷，懸崖上還有岩袋鼠跳來跳去。

❖ 殺手小檔案

澳洲以致命的動物聞名。雖然鯊魚和鱷魚可以殺死人，但蜜蜂造成的死亡人數仍然比這兩種動物加起來還多。也就是說，多了解危險動物總是好事（就算沒有其他目的，也能拿來炫耀）。

東部擬眼鏡蛇：被這種苗條的蛇咬到，血液會無法凝固。
雪梨漏斗網蜘蛛：牠的毒液比氰化物還毒。
巨人蜈蚣：所有的腳都是螫人的刺。
鹹水鱷：體型最大的爬蟲類，咬東西的力道是大白鯊的六倍。

一隻在岸邊遊蕩的恐怖鹹水鱷。

想進一步探索這塊大陸，請查閱：
» 海洋：紐西蘭塔斯曼地區...第124頁
» 雨林：澳洲丹特里...第180頁

薩比沙私人動物保護園區的夕陽，也是琴湯尼的靈感來源。

克魯格國家公園
(Kruger National Park)
南非

非洲

南非　克魯格

野生動物遊賞景點有許多獅子、大象、犀牛和其他具有侵略性的動物，所以園區很少讓遊客自行開車行動。反之，克魯格國家公園的道路、保育巡查員和整體設施實在太棒，就算是兩個都市佬開著租來的二輪驅動車，也可以安全遊賞野生動物。柏油路不僅能讓旅客平穩地環遊國家公園，還能吸引動物，因為柏油路能讓附近樹葉的沙塵量降到最低，供飢餓的長頸鹿食用，而陽光曝晒的道路則能成為獅子、狒狒、水牛的午睡地點。克魯格國家公園有 800 種動物，你一定會很驚訝不下車就能看到這麼多種動物。不過如果你跟隨保育巡查員沿著動物行經的路徑走，在觀鳥亭夜宿，在薩比沙私人動物保護園區（Sabi Sand Game Reserve）跟著野生動物遊賞的專家偏離道路進入荒野，就可以了解為什麼這裡是非洲最令人驚豔的國家公園之一。克魯格國家公園不只以「五大明星動物」自豪（犀牛、大象、非洲水牛、獅子和花豹），大型哺乳類動物的數量也比非洲大陸其他國家公園還多。你可以結合難得的自助野生動物遊賞行程，以及經典的豪華野生動物遊賞露營行程，汲取兩者的精華。

✕ 最佳旅遊時節
你可以在乾季（6-10月）去，這個時期的副熱帶稀樹草原植被變得稀疏，遊賞野生動物時視野比較好，再加上冬季氣溫較低，蚊子也比較少。

🏨 住宿地點
Earth Lodge：這間生態小屋位在薩比沙私人動物保護園區的山丘上，提供最頂級的住宿環境和野生動物遊賞短程旅行。

Mvuradona Safari Lodge：這間旅館位在克魯格國家公園和獅子溪野生動物保護區（Lionspruit Game Reserve）的山腳下，對於想自駕遊賞野生動物又想浪漫度假的夫妻／情侶來說，是個兩全其美的住宿地點。

♡ 浪漫情事
爬上百年風車木到查克利樹屋（Chalkley Treehouse）的露天房間。這裡有天篷床，還能從沙發區俯瞰獅子溪野生動物保護園區的景色，是個名符其實的愛巢。

☑ 小提醒
如果計畫在南非造訪一個以上的國家公園，可以先買張南非國家公園旅遊卡（SANParks Wild Card）省點入園費。

我們的野生動物遊賞嚮導讓路給移動中的象群。

兩個人的冒險

斯威尼（Sweni）野外健行 ▲▲▲

跟隨保育巡查員沿著動物行經的路徑以及斯威尼河流前進，一群群的牛羚、斑馬和水牛在這裡飲水，獅子則在這裡狩獵。在克魯格國家公園的小屋裡待個三晚，尋找大聲鳴叫的河馬和賊笑的鬣狗是這座國家公園其中一個和野生動物最接近的遊賞經活動。你可以先和南非國家公園預定這個小團體行動的健行活動。

在薩比沙私人動物保護園區遊賞經典的五大明星動物 ▲▲

雖然無法保證一定看得到五大明星動物，不過相較於其他地方，在薩比沙私人動物保護園區看到的機率絕對是最高的。由於這裡沒有柵欄、嚮導也不受國家公園限制，豪華小屋訓練有素的嚮導可以偏離道路前進荒野、潛入黑夜，直接進入野生動物的心臟地帶。

瑪南格探險步道
（Mananga Adventure Trail） ▲▲▲

租一輛四驅車且不帶嚮導，前往你能到達的其中一個最與世隔絕而且野生動物最豐富的地區。一天只有六輛車能走上這條48公里長的泥土路，希望把對原始稀樹草原的影響降到最低，並把與斑馬、牛羚、水牛、甚至是獵豹和獅子近距離互動機會提到最高。注意：只有前一天晚上或當天才能在薩塔拉休息營地

（Satara Rest Camp）預約這項活動。

在施巴達尼野鳥觀察舍（Shipandani Hide）過夜 ▲▲

在曾梓河（Tsendze River）上的一個偽裝的小屋裡觀察綠蓑鷺、白眉金鵑、紫胸佛法僧，以及園區內其他大約517種鳥類俯衝過水面。在這個風景絕美且隱密的地方待上24小時，你就有機會用特別的角度觀察克魯格國家公園野生動物的一天。帶著你的雙筒望遠鏡、望遠鏡頭和野餐用具，踏上世界級的賞鳥冒險旅程。

❖ 食物大戰

民用無線電對講機傳出一段南非語，我們的野生動物遊賞嚮導趕緊迴轉。到達地點之後，看到有隻花豹正在大啖一隻吊掛在樹枝上的扭角羚，每咬一下，牠90公斤重的晚餐就往下滑一點。牠嘗試把獵物拉回原位，豈料屍體就這麼從牠口中滑落，掉到樹下等待的一群鬣狗之間。同一瞬間，花豹和鬣狗都衝向那塊肉，眼看著就要爆發一場血腥大戰。但不知怎麼地，那隻大貓搶得先機，又迅速衝回樹上享用牠的大餐。

母獅和兩隻好奇的獅子寶寶。

想進一步探索這塊大陸，請查閱：
» 沙漠：納米比亞納米比沙漠...第152頁
» 公路旅行：南非西開普省...第200頁

一隻紫胸佛法僧站在南非薩比沙私人動物保護園區的樹枝上。

愛情鳥

開車穿越南非的灌木叢，我們的野生動物遊賞嚮導突然踩了剎車。他看到獅子了？還是犀牛？都不是，是一隻超級迷你的鳥──紫胸佛法僧，南非語Gewone troupant。他告訴我們，這種鳥在阿非利卡人的文化中象徵忠貞。傳統上，男人會用這種鳥身上的鮮豔羽毛來求婚。「Troupant」這個字就是從南非語trouband（「婚戒」之意）演變而來的，而看見這種鳥，當地人依然會怦然心跳。

火山口高地
(Crater Highlands)
坦尚尼亞

非洲

坦尚尼亞

火山口高地

牛羚大遷徙、馬賽戰士、人類的搖籃、全世界其中一個最大的火山口——這些東非的重點特色都在火山口高地大放異彩。恩戈羅恩戈羅火山口（Ngorongoro Crater）附近塞倫蓋提國家公園（Serengeti）內的死火山區域有 2 萬 5000 種大型動物（包括五大明星動物），是坦尚尼亞北部的一大賣點，不過這些野生動物散落在這個區域的雲霧林、高山、不斷變動的沙丘、峽谷和鹽湖中。在牛羚生了超過 30 萬隻小牛、還有 200 萬隻牛羚因為捕食者追逐而群體遷徙的時候造訪這裡，你會感受到恩戈羅恩戈羅保護區原始的力量震撼心靈。彷彿野生動物還不夠令人驚豔似地，人屬足跡的實地發掘結果顯示，這個地區的歷史可以回溯到 3600 萬年前。過著游牧生活的馬賽人身上披掛著腥紅色的衣服和多層次的珠飾，好幾世紀以來仍持續牧羊和牧牛。這是個跨越過去與未來的野生動物遊賞景點，而這只是開始而已。

🗺 **最佳旅遊時節**

6-9月是最涼爽乾燥的季節。1-4月去看牛羚大遷徙。2月則是看大量小牛羚出生的最佳時機。

🏨 **住宿地點**

Nomad's Serengeti Safari Camp：這個行動營隊努力跟著野生動物群一起遷徙，只要動物開始移動，他們就會架起豪華的帳篷。

Ndutu Safari Lodge：要看動物遷徙的話，這間別墅的地點非常完美（也很昂貴）。這裡有34間石頭別墅，全都面向有豐富野生動物的恩杜圖湖（Lake Ndutu）。

💬 **浪漫情事**

帶你的落日雞尾酒前往恩戈羅恩戈羅火山邊緣。一邊啜飲加冰塊的南非大象奶果酒，一邊觀賞下方的野生動物，欣賞夕陽消失在火山壁之後。

✅ **小提醒**

恩戈羅恩戈羅火山口是非洲管制最嚴格、費用最高的國家公園之一。先預訂，並在卡拉圖鎮（Karatu）找個收費較便宜的當地野生動物遊賞嚮導。

許多斑馬在恩戈羅恩戈羅火山口的平臺上吃草。

馬賽戰士站在傳統的房屋前。

兩個人的冒險

在火口底遊賞野生動物 ▲▲
往下610公尺到達恩戈羅恩戈羅火山口，穿過雲霧林到一大片草地和潟湖。野生動物遊賞沿途的驚喜是這個活動最好玩的地方，雖然僅限特定的景象。你可以在馬加迪湖（Lake Magadi）看到滿滿的紅鸛，拉雷森林（Lerai Forest）住有體型龐大的大象，勒馬拉上坡路（Lemala ascent road）附近常見瀕臨絕種的黑犀牛。你也可以在恩戈塔克塔克泉（Ngoitokitok Spring）的湖邊跟河馬一起野餐。

在奧杜威峽谷（Olduvai Gorge）遇見祖先 ▲
這個保存在火山岩中、由傳奇考古學家瑪莉·利奇（Mary Leakey）挖掘出土的多個化石腳印，顯示我們與人屬祖先之間的連結。參觀仍在持續挖掘的考古地點，造訪奧杜威峽谷博物館（Olduvai Gorge Museum）看資訊豐富的展覽、聽演講，看看化石腳印的石膏複製品。

在恩杜圖湖觀賞野生動物 ▲
跟隨保育人士珍·古德（Jane Goodall）以及野生動物紀錄片攝影工作者喜愛的牛羚遷徙路線，前往各種

∻ 羽毛滿天飛

我們的野生動物遊賞嚮導把車停在一對鴕鳥前面（雖然牠們是全世界體型最大的鳥類，但不是我們真正想在非洲尋找的大型動物）。「等一下，」嚮導說。公鴕鳥蹲下來，展開翅膀，開始左右搖擺，以好像很性感的方式擺動頸部。雌鴕鳥害羞地看著牠，評估對方的舞姿。接著雌鴕鳥坐了下來，表示同意。公鴕鳥喜孜孜地跳上前去。頓時愛的火花和羽毛滿天飛。想了解更多有趣的求偶儀式，請參閱第 103 頁。

牛羚是動物大遷徙的明星。

充滿驚奇的景點。這裡的水資源、提供遮蔽的林地和草地餵養了一群群草食與肉食性的動物。長頸鹿、條紋鬣狗、大象、獵豹與獅群在這個風景絕美、面積64平方公里的湖畔生活，為當地景觀增添了不少色彩。

到安帕凱火山口（Empakaai Crater）健行 ▲▲▲
從火山口邊緣欣賞倫蓋火山（Ol Doinyo Lengai）、納特龍湖（Lake Natron）與吉力馬札羅山（Mount Kilimanjaro）的景色。穿越森林，注意看有沒有水牛、鬣狗和大象。接著往下走到鹽湖，岸邊有數以千計的紅鸛。這趟辛苦的健行之旅要三、四個小時，但可以看見坦尚尼亞一些最美的風景。

······
想進一步探索這塊大陸，請查閱：
» 山：盧安達維倫加山脈...第36頁
» 海島：坦尚尼亞占吉巴島...第72頁

桑布魯 (Samburu)
肯亞

肯亞北部最棒的三個野生動物保護區是沙巴（Shaba）、布阿羅溫泉（Bualo Springs）和桑布魯，周圍有河流、高山和金黃色的草原保護，風景跟野生動物一樣美麗。埃瓦索恩吉羅河（Ewaso Nyiro River）切割過廣闊的乾燥地區，在河岸邊灌溉出茂盛的扇形埃及薑果棕與森林。水源也吸引了網紋長頸鹿、馬賽獅和稀有的格利威斑馬前來喝水。這個區域位在東非大裂谷中，大多數地方都還未受觀光和發展影響，因此博洛南、桑布魯、梅魯與圖卡納遊牧民族能夠維持他們的傳統。你可能會看到他們包著顏色鮮豔的布料在火口湖岸邊蒐集鹽巴，或用唱歌的方式口傳故事。桑布魯擁有如同電影場景一樣的優美景色，還會遇到各種有趣的事物，是電影《遠離非洲》和《獅子與我》的拍攝場景。野生動物遊賞行程中的尋常景象，例如禿鷲進食、葛氏瞪羚打鬥，最後都會演變成適者生存的劇碼。

✈ 最佳旅遊時節
12-3月和6-10月的乾季最適合到桑布魯參加野生動物遊賞行程和晒太陽。

🏨 住宿地點
Elephant Bedroom Camp：豪華的帳篷搭建在茂盛的河岸旁，另外還提供各種野生動物遊賞行程。

Saruni Samburu：超級時髦的山頂別墅，裡頭有Spa、隱密的拍攝地點和視野絕佳的露天房間。

♡ 浪漫情事
可以請旅館讓你們在灌木叢區享用早餐。不管是在河畔的歐姆蛋小站或是簡單的野餐，在相思樹之間，一邊聽鳥兒唱歌一邊用餐都是非常棒的經驗。

☑ 小提醒
肯亞中部有更多野生動物遊賞的寶貴地點，像是阿布岱爾（Aberdare National Park）與梅魯國家公園（Meru National Park）。若有時間，還可以去南邊的肯亞山和馬賽馬拉大草原。

歷史悠久的「喬伊的營地」裡的豪華野生動物遊賞帳篷。

兩個人的冒險

觀察桑布魯的五大動物明星 ▲▲

你可以在數不清的非洲國家公園裡看到大象、犀牛、水牛、花豹和獅子，但是桑布魯有它專屬的五大動物明星：長頸羚、網紋長頸鹿、格利威斑馬、東非劍羚還有索馬利鴕鳥。跟著當地嚮導遊賞公園，這些只有在桑布魯才看得到的動物會自己現身。

在喬伊的營地（Joy's Camp）過夜 ▲

透過知名保育學家和《獅子與我》作者喬伊·亞當森（Joy Adamson）的眼睛欣賞這個地區。在她以前位於美麗沙巴保護區（Shaba Reserve）的家中住一晚，裡頭裝飾著當年哺育、野放花豹潘妮的一些回憶和紀念物。這個豪華的帳篷在野生動物遊賞歷史中占有一席之地。

五顏六色的馬加多火山口（Magado Crater）▲

這裡的文化和地貌都非常令人驚豔，幾千年來梅魯族人靠人工的方式在黃色、紅色和綠色的鹽水池裡採集鹽巴。你可以到鹽巴覆蓋的水池周遭走走，認識採礦

✣ 最瘋狂的野生動物奇遇

　　一隻獵豹優雅地走過稀樹草原，尋找制高點。正當我們讚嘆的時候，牠突然飛快地接近我們的車子，我們原本興奮的心情轉為恐懼。碰的一聲，這隻獵豹跳到打開的天窗邊緣。牠用腳掌按著炙熱的金屬，我們的心臟都快要跳出來了。我不想嚇到牠，但又想捕捉這令人費解的一刻，於是我小心翼翼地伸手拿我的相機。就在我開始拍攝的時候，這隻大貓好像收到指示一樣，走到只距離安的頭幾公分的地方，接著就跳下了車頂。我們終於又開始呼吸。（你可以上 www.HoneyTrek.com/Cheetah 看這段影片。

這是我們最棒也最危險的拍照時刻。

工人，拍下色彩繽紛的風景。

黑犀牛健行 ▲▲▲

致力於保護與復育嚴重瀕臨絕種的物種，西拉社區野生動物保護園區（Sera Community Conservancy）保留了超過538平方公里的土地讓黑犀牛自由活動。花幾天追蹤這種壯觀的動物（歷經30年後終於回到牠們在肯亞的天然棲地），並支持非洲的第一個社區型犀牛保護區。

想進一步探索這塊大陸，請查閱：

» 山：盧安達維倫加山脈...第36頁
» 瀑布：尚比亞利文斯頓...第54頁

北極熊家族走過結冰的哈得孫灣。

邱吉爾鎮
（Churchill）
加拿大

加拿大　邱吉爾鎮
北美洲

達琳與彼特・赫克（Dalene & Pete Heck）

和北極熊四目交接，你的靈魂深處就似乎有東西開始躁動——一個反思世界的明確衝動：你開始反思我們居住的地方、對彼此的影響，以及所有生物之間的相互連結。很少有地方能超越邱吉爾鎮，他們宣揚自己是「北極熊之都」，旅客可以在這裡體驗人類跟野獸之間的親密互動。曼尼托巴小鎮（Manitoba）的面積很小，位在哈得孫灣（Hudson Bay）西岸，只有搭飛機或坐火車才能到達。暮秋的時候，北極熊的數量會超過當地居民的人數，牠們會聚集到結冰的水邊等待水面結冰，開始獵捕海豹。接著夏天來臨，北極熊會撤退到北方的森林，取而代之的是水裡滿滿的幾萬隻白鯨。在為期數日的「苔原雪車」旅程中，我們行駛過凹凸不平的道路，去看熊和其他很難找到的野生動物，像是雪鴞和北極狐。然而，我們途中邂逅的象牙白色捕食者（總共45隻！）完全搶走了其他動物的風采。

⊠ 最佳旅遊時節
10-11月最適合去看北極熊。6-8月天氣最暖和，可以參加一大堆戶外活動，包括觀賞大白鯨，也還有機會看到一些北極熊。

⬚ 住宿地點
Frontiers North Adventures：這是間不錯的戶外用品店，提供在鎮上和苔原雪車上的住宿。

Seal River Heritage Lodge：這間懷舊時尚風的別墅位在北極熊領域深處，提供邱吉爾鎮野生動物短途旅行的行程。

♥ 浪漫情事
少有其他活動比依偎在極光下更浪漫。遠離城市尋找最耀眼的星空。

✅ 小提醒
別忘了你造訪的是加拿大最北邊的景點之一。包緊一點、多穿幾件衣服。

兩個人的冒險

狗拉雪橇 ▲▲▲

先跟雪橇比賽專家學習怎麼駕駛雪橇、了解加拿大的雪橇史，再跟你的哈士奇雪橇狗團隊見面，牠們一心只想跑、跑、跑！坐雪橇穿越苔原的經驗既有文化意涵又刺激。

直升機之旅 ▲▲

從直升機上遊覽具有歷史意義的碉堡、北方森林、寬闊的水道和各種野生動物。秋天的時候，北極熊比你想像的還更容易看到，牠們象牙白的毛皮在冬天一片全白的白雪中特別突出。夏天則可以看到流動的美麗水道，還能觀賞鯨魚。

徒步遊賞北極熊 ▲▲▲▲

走到這些大型動物之間，看牠們打獵、照顧幼獸，沿著哈得孫灣測試水面上的冰。你可以跟隨經驗豐富的嚮導，他們會帶著你安全地盡可能接近這些天然棲地上的強大肉食性動物。

跟鯨魚一起浮潛 ▲▲▲

當冰層在夏天溶解之後，超過4萬隻白鯨會遷徙到邱吉爾河流，在那裡進食、社交和繁殖。跟著這些友善的白鯨一起游泳，聆聽獨特的口哨聲，欣賞牠們優雅的動作。浮潛能夠讓你跟白鯨有親密又興奮的接觸。泛舟也是個蠻刺激的選項。

✛ 給夫妻／情侶的建議

對一起旅行的夫妻／情侶來說，這聽起來可能有點違反直覺。但我們最好的建議就是規畫一些分開的時間。夫妻／情侶平常很少一整天都黏在一起，但突然間，不管是度假還是環遊世界，你會發現自己幾乎醒來的每一分鐘都跟對方在一起。請記得，擁有一點獨處的時間，自己去做一兩個活動是沒關係的。這麼一來，你不僅可以滿足個人的興趣，在一天結束的時候還有好玩的故事可以分享。分開的時間可能還會激起一些浪漫的火花。

一隻白鯨從邱吉爾河浮出水面。

想進一步探索這塊大陸，請查閱：

» 山：美國雷尼爾峰...第34頁
» 冰：格陵蘭西部...第170頁

強大夫妻檔：達琳和彼特

The Hecks 從 2009 年開始不間斷地旅行。這對具有冒險精神的加拿大夫妻把他們的旅程記錄在 HeckticTravels. com 部落格，長久以來廣受好評，包括 2014 年得到國家地理年度最佳旅人獎。他們也是 Hecktic Media Inc. 的共同創辦人，這是一間成功且完全虛擬的企業，讓他們能一邊旅行一邊工作。

南盧安瓜
(South Luangwa)
尚比亞

非洲

尚比亞 南盧安瓜

據說這裡是全世界最後一個最壯觀的未開發荒地之一，東非大裂谷（Great Rift Valley）的盡頭很少見到遊客——除了經驗最老道的野生動物遊賞玩家。氣勢萬鈞的盧安瓜河（Luangwa River）旁有茂盛的廣闊林地、平原和牛軛湖，吸引非常多樣且為數眾多的野生動物。在其中幾個從來沒有興建過水壩的主要河流中，盧安瓜河可以讓潟湖的水位上升或淹水、改變河道，以及灌溉出一大片翠綠的平原。雨季的時候，道路會變成水道，船隻就變成在南盧安瓜國家公園（South Luangwa National Park）移動的主要交通方式。野生動物遊賞的機會整年都有，就看你去的時間和喜歡的交通方式——動力艇、四驅車還是走路。出發去看正在打獵的花豹，還有原生的尚比亞長頸鹿啃食樹葉。移動到水邊觀賞河馬和鱷魚，或花幾天在灌木區徒步旅行。南盧安瓜據說是非洲徒步旅行的發源地，以及尚比亞野生動物攝影遊賞活動開始流行的地方。

⌧ 最佳旅遊時節
乾季（4-10月）是觀賞野生動物的好季節。11-3月的雨會把乾燥的地表變成茂盛的叢林，適合乘船遊賞野生動物。

🏨 住宿地點
Nsefu Camp：這是由Robin Pope Safaris野生動物遊賞公司經營、具有歷史意義且溫馨的一間河畔度假中心。
Mfuwe Lodge：這是Bushcamp Company公司經營已久的戶外用品旗艦店，劃分成六個區域，都是走路就可以到達。

♡ 浪漫情事
俯瞰擠滿河馬的潟湖，跟著牠們的腳步，享受用盧安瓜溫泉泥去角質。接著繼續灌木叢Spa的深層潔淨、小黃瓜敷膜及按摩療程。

☑ 小提醒
與其搭小型飛機直接進入園區，不妨從姆福維機場（Mfuwe Airport）繞遠路進去。即使在園區邊緣，也有機會看到野生動物，遇到當地一些有趣的事物。

我們的野生動物遊賞車停下來讓我們在灌木區吃早餐。

尚比亞長頸鹿以心型斑紋出名。

兩個人的冒險

在翠綠的季節搭船遊賞野生動物 ▲▲
慢慢航行過淹水的烏木叢，會看到很多鱷魚、河馬和大象。把船停在茂密的河岸旁享用野餐，下午的時候在灌木區走走，再搭乘往返別墅之間的野生動物河流遊賞船前往下一站。

在灌木區散步 ▲▲▲
徒步一到五天，遊賞野生動物並與大自然連結，據說這種方式是源自南盧安瓜。跟隨動物的腳印、辨識鳥叫聲、聞聞看藥用植物，看看是什麼動物走過你經過的道路。園區內有約1萬4000隻大象和400種鳥，你很有可能會看到其中一些。

融入卡哇扎村(Kawaza Village) ▲▲
參與尚比亞的傳統生活：採收蔬果、研磨玉米、從井裡汲水，和昆達族人一起分享傳統的一餐。你可以白天去，或是晚上在他們泥土茅草屋裡過夜，進一步融入當地生活。不騙你：這是個真的社區，計畫也曾得獎，能夠幫助當地居民。

影像工作室 ▲▲
野生動物遊賞讓旅客能夠在野外拍攝大型動物，是個千載難逢的機會。出發開始為期數天的野生動物遊賞活動，跟著當地野生動物專家和專業攝影師，他們可以教你理想的景點選擇技巧、怎麼擺放攝影機、藝術感的構圖，還有怎麼讓拍攝對象看起來活靈活現。經驗豐富的嚮導會在最適合的時間帶你到景色最棒的地點。

✣ 下一代的野生動物遊賞嚮導

我們野生動物遊賞嚮導的十歲兒子很喜歡用彈弓獵捕鳥類。當這個小男孩開心展示他抓到的紫胸佛法僧時，他爸爸語重心長地說：「兒子，你不只是奪走了一條生命，也是在傷害爸爸的工作。我們試試看別的遊戲。」嚮導給了他兒子一本舊的導覽手冊，並標記了附近常出現的種類。「每次你看到一種新的鳥，就在手冊裡圈起來，我會給你獎勵。」我們的嚮導自豪地說自從那次之後，他的兒子就再也沒有殺過一隻動物，長大後還想要成為野生動物嚮導。

南方洋紅蜂虎安靜地站在樹枝上。

想進一步探索這塊大陸，請查閱：

» 瀑布：尚比亞利文斯頓...第54頁
» 公路旅行：南非西開普省...第200頁

介於海灘和雨林間的托爾圖格羅河。

托爾圖格羅
(Tortuguero)
哥斯大黎加

北美洲

托爾圖格羅 ⊡ 哥斯大黎加

托爾圖格羅有全世界最大的海龜棲地之一，而托爾圖格羅這個字的意思就是「龜的土地」。從3月開始，907公斤重的革龜會笨重地爬上海灘，後面還有成千上萬的玳瑁、赤蠵龜、綠蠵龜陸續上岸築巢。海龜寶寶孵化後會回到海裡，大多數的動物訪客也是。還好，這個區域的其他800多種野生動物一整年都會待在這裡。哥斯大黎加東北部的這個角落涵蓋了11種不同的棲地（雨林、河流、紅樹林、潟湖、海灘等等），創造出一系列令人驚豔的風景和驚人的生物多樣性。任何在戶外的時候，你基本上都可以賞鳥，金剛鸚鵡、巨嘴鳥、翠鳥和褐色擬椋鳥叢會從你的頭上飛過。巨大的綠鬣蜥在你的旅館地板上散步，蜘蛛猴在房間外的樹梢上盪來盪去。參加野生動物獨木舟遊賞活動提升你的探索體驗，航行過運河網絡、夜遊叢林，或是搭乘滑索滑過樹冠層。不管什麼季節來到這裡，都可以了解為什麼托爾圖格羅的暱稱「哥斯大黎加的亞馬遜」這麼貼切。

✕ 最佳旅遊時節
3-5月的遊客和雨都比較少，而且會有全世界最大的海龜。一年到頭都會有點雨（年雨量約6公尺），還有豐富的野生動物。

🏨 住宿地點
Tortuga Lodge： 位在湖畔的舒適度假中心，有懷舊時尚風的房間、茂盛的林地、健行步道和提供嚮導的短途旅行。

Aracari Garden： 這間旅館對在托爾圖格羅村的自助旅客來說是個很好的平價住宿地點。

♡ 浪漫情事
在星空下的海龜巢穴旁散步之前，先來一趟私人遊船之旅、在河畔吃晚餐（由Tortuga Lodge度假中心提供）。

✓ 小提醒
若想晚上進入海龜築巢的海灘，就需要嚮導陪同。白天可以自己去（不管某些當地居民怎麼說）。只要沿著植被走，小心腳下就好。

剛孵化的綠蠵龜正爬回大海。

兩個人的冒險

日間和夜間的叢林健行 ▲▲
打起精神遊覽加勒比海雨林的低地,這片雨林有超過400種樹木和超過2000種植物。走園區內3公里長的加維蘭步道觀察捲尾猴和吼猴,或許還有正在打瞌睡的三趾樹懶。參加晚上的導覽健行去看夜行動物,像是紅眼樹蛙和螳螂。

守護海龜的志工 ▲▲▲▲
海龜自然保護區(Sea Turtle Conservancy)是全世界第一間、也大概是同類型機構做的最成功的組織,3-10月會提供一到三週的志工計畫。計畫內容包括在每隻大型革龜下80到100顆蛋的時候巡查海灘,或是蒐集新生綠蠵龜寶寶的數據,同時協助研究保護四種以托爾圖傑羅為家的海龜。

在運河裡泛舟 ▲▲
安靜地划槳穿越國家公園廣闊的運河網絡和茂盛的潟湖,眼睛放亮、耳朵張大,注意有沒有野生動物,像是河龜、中美洲短吻鱷、水獺,甚至是稀有的西印度海牛。沿著湖畔,不難看到一些喜歡水的鳥類,像是大藍鷺、翠鳥和白鷺。

賞鳥 ▲
跟著鳥類專家一起到大自然走走或搭船遊賞,托爾圖傑羅有超過300種鳥類,你會看到其中的好幾十種。有強大的單筒望遠鏡和敏銳的感官,你的嚮導會協助你像專家一樣辨認彩虹巨嘴鳥、大冠鷺和灰尾美洲咬鵑。

⁜ 歡迎來到叢林

我們一邊走向 Tortuga Lodge 度假中心的房間,一邊欣賞沿途的棕櫚樹和赫蕉花,卻差點被一隻 1.2 公尺長的綠鬣蜥絆倒。我們興奮地叫一名旅館員工過來看,不過很驚訝的是她只有一點點興奮而已。「這種動物很神奇,」她說,「而且到處都有」。從我們絆倒的地方開始,幾乎每走一步都會看到鬣蜥的蹤影——櫃臺旁、露臺上、樹上,或是在草地上啃食剛掉下來的新鮮芒果。第四次看到鬣蜥之後,我們就停止去驚擾其他陌生人,不過托爾圖傑羅人類與動物的平衡還是令人驚豔。

野生的鬣蜥在Tortuga Lodge度假中心的池畔邊休息。

想進一步探索這塊大陸,請查閱:
» 海:貝里斯中美洲堡礁...第126頁
» 雨林:哥斯大黎加蒙泰維爾德...第186頁

相愛的阿德利企鵝彼此靠近擁抱。

野生動物求偶儀式

追求女孩、維持感情熱度的各種古怪、可愛、驚人的求偶招數。

亭鳥

1. 室內設計大師

母亭鳥對居家風格要求很高，會針對裝飾技巧幫她的伴侶打分數。公亭鳥會孜孜不倦地搭建一個精緻的巢，用花、莓果和任何鮮豔的顏色裝飾（尤其用母亭鳥最喜歡的顏色，藍色）。公亭鳥甚至會裝飾沿途景觀，指出通往愛巢的路。

海馬

2. 雙人迪斯可

尾巴捲在一起、鼻子對鼻子游泳、開心地變換身體顏色，海馬是最恩愛的動物之一。求偶儀式會持續好幾天，在公海馬的懷孕期也不間斷（你沒看錯，公海馬會懷著1000隻以上的海馬寶寶）。

阿德利企鵝

3. 找尋石頭的企鵝

這種南極地生物會從一顆求偶的石頭開始，用岩石築巢。受到母企鵝想成為母親的渴望吸引，公企鵝會找遍海灘上他看過最漂亮的鵝卵石，送給母企鵝求婚。如果母企鵝覺得這顆石頭是牠的幸運石，那天就是公企鵝的幸運日。

盜蛛

4. 送禮物的蜘蛛

就像送給女孩一盒上面綁著緞帶的巧克力，雄盜蛛會把獵物包進精緻的絲網中，表示牠對母盜蛛有興趣。追求者會把任何找到的東西都包進網中，不過只有準備了最豐盛（而且最美味）貢品的雄盜蛛才能贏得美人心。

加島信天翁

5. 弗列德與金潔

當一對信天翁在分隔一年之後重逢，牠們會激動不已，興奮到一定要用跳舞表達心情。彷彿跳著經過編舞的舞步，牠們會轉動鳥嘴、互相敲擊鳥喙、把頭指向天空，發出接近「嗚呼」的聲音！

日本河魨

6. 大藝術家

雄河魨或許沒有鮮豔的顏色，但牠們有藝術技巧以及跟西藏僧侶一樣的耐心。跟僧侶畫曼陀羅沙畫一樣，雄河魨會把沙子排列成複雜的幾何圖形（甚至還用貝殼裝飾），只為了搭建一個安全、吸引人的巢穴，讓未來的伴侶在這裡產卵。

紅頂侏儒鳥

7. 月球漫步

這種小鳥不裝腔作勢，牠的求偶方式是先找根平滑的樹枝當作舞池。牠會耐心地等待，等到有鳥在看的時候，就開啟內心的麥克·傑克森模式——毫不費力地前後滑動、擺姿勢、快速拍打翅膀，快到會發出一點嗡嗡的聲音。

草原田鼠

8. 老派的忠貞愛情

很少有齧齒動物跟草原田鼠一樣能穩定交往。雄鼠作夢都不會想離開牠的伴侶，還會躲避其他想勾引牠的雌鼠。雄鼠和雌鼠會互相照顧，依偎在一起取暖，常常幫對方理毛保持整潔。至於養育小孩，牠們會一直分擔育兒的工作。

孔雀

9. 催眠大師

這種色彩鮮豔的鳥會炫耀牠一連串長長的閃耀藍、綠、金色羽毛，還帶有一點誘惑的意味。當公孔雀找到喜歡的母孔雀時，牠會展開花紋像眼睛的尾扇成一個高聳的圓弧形，抖動身體製造出令人目眩神迷的催眠效果。

倭黑猩猩

10. 是愛人，不是鬥士

這種不尋常的靈長類動物不只是為了繁殖而求偶，牠們會用交配來打招呼、解決紛爭、玩樂、感謝對方。對倭黑猩猩來說，沒有所謂的蜜月期，牠們一生都在戀愛。

緬甸的仰光大金寺。

「建築就是生命的鏡子。你只需要看著那些建築物就能感受到過去，感受一個地方的靈魂，它們就是社會的倒影。」

—— 貝聿銘

第五章

歷史與建築

看著千年古寺斑駁的外觀、退色的溼壁畫，你開始想像過去的樣貌。你想像這裡有國王穿著絲綢袍子祈禱，誦經聲在寺廟中迴盪，空間裡縈繞著裊裊香煙。正當你以為進入了一間博物館，卻有一位婦女在佛陀腳邊放了一朵花。偉大的建築物充滿生命，為的是頌讚繁榮、團結和工藝。即使世代更迭，大多數統治者都知道不要毀壞美麗的建築物。他們以舊的建築為基礎，增添個人色彩。隨著時間過去，一間公元 10 世紀的寺廟變成一個永遠的文化象徵。我們喜歡那種透過繼續使用來保存歷史的景點，而不是用紅絨繩圍住。在辛特拉，宮殿的庭院就是市鎮廣場。卡帕多西亞把羅馬人居住的洞穴變成旅館。中國在經歷毀滅性的文化大革命之後，現在相當重視古代文物。探索一些讓歷史活過來的地方吧。

蒲甘（Bagan）

緬甸

亞洲
緬甸
蒲甘

想像 2000 多間古老的佛寺環抱那河岸，點綴在 42 平方公里的平原上。現在，再想像 1 萬多間佛寺擠在同樣那個地方。10 世紀到 13 世紀，蒲甘王朝（第一個統一緬甸的王朝）以飛快的速度蓋了為數眾多的建築。黃金佛塔、鮮明的溼壁畫、天花板高的佛像，都是為了慶祝緬甸的第一個首都。

隨著時間過去，由於敵人入侵、地震和嚴苛的氣候，將近 80% 的建築都被摧毀——但看著現在這些密集的驚人寺廟，你絕對無法想像當時的情況。蒲甘因為它不完美的修復和粗糙的維護手法，列入聯合國文教基會世界文化遺址暫時名單，雖然就某個方面來說，這樣的做法反而讓它們更吸引人。蒲甘之所以特別，不只是因為那數以千計的寺廟，也是因為那些照料這塊土地的家族、在寺廟之間吃草的牛隻，還有當你與愛人坐在與世隔絕的佛塔頂端時，心靈找到的那份平靜。

🛬 最佳旅遊時節

蒲甘有炎熱和多雨的時候。11-2月是理想的季節，尤其是在月圓前後。

🏨 住宿地點

The Hotel @ Tharabar Gate：這間旅館是這個區域最豪華的度假中心，位在古城牆的牆邊。

Bagan Thande：這間旅館位在河濱的考古區內，氣氛不錯，蠻值得一住。

❤️ 浪漫情事

甩開在仰光大金寺（Shwesandaw Pagoda）看日落的人潮，沿著河騎自行車，找一間更與世隔絕的寺廟。如果你的態度很好，管理人或許會讓你們獨自待在屋頂上。

✅ 小提醒

從仰光（Yangon）搭火車或從曼德勒（Mandalay）搭渡船，用一點舒適和速度交換無價的當地互動和經典的緬甸生活體驗。

幾千座古寺覆蓋了蒲甘平原。

寺廟的神龕裡通常有或新或舊的佛像。

兩個人的冒險

坐馬車到東南走廊
(Northeast Corridor) ▲

在阿難陀寺（Ananda）待一段時間，這是蒲甘其中幾間歷史最悠久、最神聖、裝飾得最豐富的寺廟。你可以從這裡搭乘傳統馬車，前往蒲甘金沙寺（Shwezigon Pagoda）和古表基佛寺（Gubyaukgyi Temple）的黃金佛塔，那裡的佛塔有保存良好的溼壁畫。參觀完這些重要的景點之後，請你的司機載你們到規畫的路線之外，到他最喜歡的寺廟和當地小吃店。

騎車到圍牆之外 ▲▲▲

在泰拉巴之門（Tharabar Gate）的舊城牆內，你會很自然地被吸引到達比紐（Thatbyinnyu）最高的佛塔還有閃閃發光的卜帕耶寺（Bupaya），但緬甸王國最棒的地方不在地圖上。你可以到處亂走、攀爬遺跡、和僧侶聊天、跟被遺忘的寺廟致敬。如果想跑得更遠，就租臺e-bike吧。

搭熱氣球遊蒲甘 ▲▲

看完所有2000間寺廟是不可能的，但你可以搭熱氣球。飄浮在一大片層層疊疊的佛塔上方，籠罩在早晨的霧氣中，你就可以了解考古區的範圍，以及蒲甘國王的野心有多大。即使你不喜歡飛行，也還是可以在日出時帶著野餐，欣賞天空中的熱氣球。

爬波巴山（Mount Popa）▲▲▲

波巴塔昂卡拉特修道院（Popa Taungkalat Monastery）坐落在陡峭的火山頂上，是緬甸其中一個最可怕但又很適合拍照的景點。這座非去不可的山是37位納特神靈的居所，他們屬於泛靈信仰，已經融入了緬甸佛教。山上有很多神龕、虔誠的信徒，還有調皮的猴子。起床之後去波巴山的火山口健行，穿越茂密的山谷觀賞修道院的絕美風景。

✥ 奶奶，快拿彈弓

就在我們欣賞塔貝茂克寺的裝飾藝術時，外頭傳來一陣大笑。原來是三代寺廟看守人在練習射彈弓。當爺爺看到我們大大的微笑時，他招手要我們過去試試看。我把巨大的橡皮筋往後拉，上面的石頭可笑地掉到地上。我第二次嘗試打錫罐卻沒有成功，這時奶奶走了過來。她跟我點了點頭，似乎在說：「看好囉。」她瞇起滿是皺紋的眼睛，瞄準目標，把橡皮筋拉到最大，「砰！」我們全都一起歡呼大笑——這是全世界的共通語言。

安在塔貝茂克寺上彈弓課。

想進一步探索這塊大陸，請查閱：

» 山：中國峨嵋山...第28頁

» 湖泊：緬甸茵萊湖...第48頁

熱氣球在日出時分飄浮在愛情谷上空。

卡帕多西亞
(Cappadocia)
土耳其

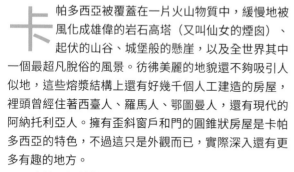

卡帕多西亞
土耳其　亞洲

卡帕多西亞被覆蓋在一片火山物質中，緩慢地被風化成雄偉的岩石高塔（又叫仙女的煙囪）、起伏的山谷、城堡般的懸崖，以及全世界其中一個最超凡脫俗的風景。彷彿美麗的地貌還不夠吸引人似地，這些熔漿結構上還有好幾千個人工建造的房屋，裡頭曾經住著西臺人、羅馬人、鄂圖曼人，還有現代的阿納托利亞人。擁有歪斜窗戶和門的圓錐狀房屋是卡帕多西亞的特色，不過這只是外觀而已，實際深入還有更多有趣的地方。

介於兩個敵對且戰爭不斷的國家波斯和希臘之間，以及拜占庭帝國的邊緣，卡帕多西亞經常成為戰場，促使當地居民搬到平靜的郊區居住。沿著穿鑿出來的隧道、深入好幾十個地下城市，探索公元5世紀的岩石修道院，以前的基督徒會在這裡祕密集會。接著到懸崖上其中一間五星級旅館和餐廳，探索洞穴生活奢華的一面。卡帕多西亞長久以來都是個避難的地方，往後也會繼續成為冒險家和浪漫主義者等旅客的完美度假勝地。

✈ 最佳旅遊時節
卡帕多西亞即使是同一天也可以很熱和很冷。4-6月氣候宜人，9-10月也是，還有更多文化慶典。

🏨 住宿地點
Museum Hotel：這是土耳其境內唯一一間由頂級飯店連鎖集團Relais & Châteaux經營的旅館，也是城堡山最好的洞穴住宿環境。
Kelebek：這間位在格雷姆山（Göreme）山坡上的旅館提供基本房型和套房，讓各種預算的旅客都可以享受這個一定要嘗試的洞穴住宿體驗。

💬 浪漫情事
搭熱氣球滑行過火山谷和古老的房屋。降落到地面，喝香檳享用早餐。這樣不只浪漫，也是能夠飽覽複雜地形的的最好方式。

☑ 小提醒
廣大的卡帕多西亞有著令人困惑的層層歷史。知識豐富且提供交通工具的嚮導（例如Matiana Travel旅行社的專家）會非常有幫助。

城堡山上，鑿在火山凝灰岩裡的住家。

兩個人的冒險

凱馬克利地下城
(Kaymakli Subterranean City) ▲▲
在地表深處有將近100條隧道連接到一個古老的世界，曾經約有3500人住在那裡。走過一個又一個的超小房間時要小心頭、彎下腰，看看釀酒和鑄造銅器的地方。雖然有一部分城市是博物館，但當地居民仍然會使用洞穴作為地窖和畜舍。

從愛情谷(Love Valley)健行到玫瑰谷
(Rose Valley) ▲▲
從愛情谷出發，從白牆往下進入迷幻的伊甸園。蜿蜒穿越野生果樹園，在每一個轉彎處發掘大自然的鬼斧神工——像是固態的熔岩流和頂端呈蕈菇狀的高塔。在洽烏辛（Çavuşin）的拜占庭岩石村停下來，接著從一樣美麗的玫瑰谷繞回去。

格雷姆露天博物館 (Göreme Open-
Air Museum) ▲
聯合國教科文組織把格雷姆露天博物館列為全世界後反聖像崇拜時期藝術最具代表性的地點之一。即使你對宗教繪畫不是很感興趣，這間懸崖修道院的迷宮也

❖ **卡帕多西亞的歷史時間軸**

卡帕多西亞的文明史既漫長又曲折。以下是大致的時間點，可以參考看看：

公元前 1700-1200 年：西臺帝國
公元前 1200-700 年：新西臺與塔巴爾王國
公元前 500-300 年：波斯帝國
公元前 300- 公元 17 年：卡帕多西亞王國
公元 17-1071 年：羅馬共和國到拜占庭帝國
公元 1071-1400 年：塞爾柱土耳其人
公元 1400-1922 年：鄂圖曼帝國
公元 1922 年 - 現在：土耳其共和國

格雷姆露天博物館中黑暗教堂的拜占庭藝術。

會點燃你內心的印第安那‧瓊斯魂。爬進公元10世紀的洞穴教堂，參觀曾經有幾千名僧侶用餐、崎嶇不平的食堂，也別錯過托卡利教堂（Tokali Church），到那裡欣賞一些最重要的繪畫作品。

烏奇沙城堡 (Uçhisar Castle) 之外 ▲▲
這座堡壘一樣的山是村民開鑿出來的，目的是躲避當年襲擊平原的敵軍。在多層次的岩石避難所網絡中漫步，接著往下走到城堡山，探索廢棄的圓錐洞穴住所。爬上人工開鑿的階梯，在古老的頂層豪華公寓裡閒聊。

想進一步探索這塊大陸，請查閱：
» 海：希臘基克拉哲思島...第134頁
» 超自然：土耳其棉堡...第224頁

挪威松恩-菲尤拉訥郡（Sogn og Fjordane）的
霍普斯塔德木教堂。

天生一對

歷經白蟻、火災、風吹和900年無情的冬天，霍普斯塔德木教堂存留了下來。這間木板教堂位在挪威最大峽灣的內陸，雖然是現存最古老的木造教堂之一，卻經常被旅客忽略。少有幾件木造的大作能與它匹敵，但它旁邊那棵老橡樹倒是相差不遠了。我們坐在橡樹傘狀的紅色樹葉下，往上看魚麟屋頂還有北歐雕刻花紋。這座教堂和橡樹就像兩個相似的靈魂，一個狂野一個內斂，形成完美的互補。

鳳凰縣
中國

亞洲
鳳凰縣

祖母綠的河流從蓊鬱的高山上流瀉而下，明朝時期的拱橋橫跨水面，吊腳樓坐落在河畔。獨木舟在竹竿的推動下前進，山丘部落的婦女在河岸邊洗衣。這座 1200 年的湖南古城風景如畫，被譽為中國最美麗的城鎮之一。鳳凰縣在中國非常受歡迎，不過一群群自豪、快樂的中國遊客並不會讓人感到擁擠，而是讓這個地方洋溢著非常歡樂的氣氛。白天你可以遊賞寺廟、故居和古代祠堂；晚上燈光點亮燕尾脊、石拱廊和寶塔，水面上倒映著一排排建築物的光影。人人都在河畔邊享用咖啡、跟心愛的人散步，沉浸在節慶的氛圍中。這座古城可以輕易讓人驚豔上兩三天，附近還有像是南方長城和武陵源石林等景點（第 234 頁），旅客可以度過一週刺激的湖南省之旅。

最佳旅遊時節
3-5月以及9-11月是這個副熱帶氣候區最舒適的季節。如果你不喜歡人群，可以在安靜的12-1月來訪。

住宿地點
鳳凰美樂地臻品酒店：最高級的傳統河畔旅館。

鳳祥江邊樓客棧：房間簡單明亮，有陽台。

浪漫情事
日落前沿著河往西北方走南華路到山丘頂上的公園。帶著青島啤酒和餃子，欣賞古鎮裡老建築的燈火一盞一盞亮起來。

小提醒
觀察中國遊客醉心於自己國家的美麗，看著他們這麼興奮也是一種文化體驗。如果你需要一點空間，可以沿著水邊走。反正這邊也比較好拍照。

連結城鎮各區的沱江。

每天晚上湖南小吃攤販都會出來擺攤。

兩個人的冒險

聯程票遊覽景點 ▲

進入古城需要門票，一張票能玩兩天、參觀十個景點，包括故居、堡壘、寺廟與至高點。東門城樓、楊家祠堂、沈從文故居和崇德堂各有特色，尤其是狹窄的石板街。

竹船之旅 ▲

搭竹船遊覽鳳凰古城無疑是這裡最受歡迎的活動。你可以欣賞鳳凰縣最獨特的風景，飽覽橋下風光、看吊腳樓飽經風霜的高腳、漁夫在你的身旁撒網。此外，你還可以行經一小段急流。

黃絲橋古城 ▲

到城外24公里的地方去看看中國保存最完好的石頭城堡之一。黃絲橋古城是7世紀時用藍石塊建造，再以蒸熟的糯米和碳酸鈣黏合而成的。這座山中堡壘真的不同凡響。

南方長城 ▲▲

南方長城是中國其中一道長城，綿延190公里，穿越鳳凰縣的高山和山谷，有800座軍事建築。雖然這個16世紀的傑作大部分都經過重建，但整體規模仍然很雄偉，還有許多地方可以探索。

✥ 穿傳統服飾拍照

看到中國遊客全身穿著苗族的傳統服裝，加上被數不清的小販包圍，我們終於讓步，也穿上傳統服裝照相。我不確定誰覺得比較有趣——我們，還是看著我們這兩個「鬼佬」穿著整套服裝吃吃笑的中國遊客。如果打不贏他們，就加入他們吧。

一位拍照的小販變成我們的朋友。

想進一步探索這塊大陸，請查閱：

» 山：尼泊爾安納布爾納聖殿...第24頁
» 超自然：中國武陵源...第234頁

拉巴斯廣場周圍全是輝煌的紀念碑。

瓜納華多
（Guanajuato）
墨西哥

北美洲

瓜納華多

墨西哥

狹窄的山谷裡有色彩鮮豔的房屋，之間有蜿蜒的階梯、隧道和通道連接，瓜納華多是一座滿是寶藏的迷宮。轉個彎就可以通往小廣場、殖民風格的房屋或是終極墨西哥玉米粽。緩步向下走，就會到帕斯廣場（Plaza de la Paz）以及一條能讓建築師任意揮灑作品的寬闊大道。阿茲提克人和西班牙人都被這裡滿山滿谷的白銀黃金吸引前來。16到19世紀間（當時瓜納華多的銀礦產量占了全世界的三分之二），殖民者更是把這裡搜刮得一乾二淨。聯合國教科文組織把當地富麗的教堂、裝飾華麗的戲院還有大都會一般的礦坑全都列入名單中，瓜納華多大學和塞萬提斯國際藝術節則是進一步活化這些地方。街上樂聲鼎沸，有街頭樂隊和遊街音樂會，遊街音樂會是一種當地傳統，樂手會穿著17世紀的服裝對著行人演奏。敞開你的心胸，你非常有可能會愛上瓜納華多。

✕ 最佳旅遊時節
瓜納華多位在山區，不會太熱也不會太冷。任何時間都可以來，或是嘗試趕上10月的塞萬提斯國際藝術節。

🛏 住宿地點
Villa María Cristina：這間19世紀的連排房屋位在優雅的大道上，榮獲頂級飯店連鎖集團Relais & Châteaux肯定。
Alonso 10：這間歷史悠久、位在城鎮中心的旅館有八間當代風格的房間。

♥ 浪漫情事
在親吻小巷（Callejon del Beso）偷偷來個幸運之吻。傳說曾有一對不被認可的戀人住在對街，但由於陽臺離得太近，兩人還是可以接吻。

✓ 小提醒
從艾爾皮皮拉礦坑（El Pipíla）的山頂紀念碑開始探索這座城市，從這裡俯瞰瓜納華多的景色最美，也可以讓你了解這座迷宮是怎麼組成的。

長方形會堂裡的墨西哥巴洛克式建築。

兩個人的冒險

瓦倫西亞礦山（La Valenciana）的礦坑世界 ▲▲

瓜納華多的財富可以追溯到穿越瓦倫西亞村的白銀礦脈。步行60公尺深入聖拉蒙礦坑（San Ramón Mine），造訪聖卡耶塔諾（San Cayetano）的博物館，這裡的礦工有好幾代都擔任導覽工作。到18世紀的瓦倫西亞教堂（Valenciana Church）看看辛勤工作的成果，聯合國教科文組織把這座教堂列為拉丁美洲巴洛克建築的最佳典範之一。

迪亞哥·里維拉（Diego Rivera）故居 ▲

迪亞哥·里維拉生於瓜納華多古城，是墨西哥知名的壁畫家與芙烈達·卡羅的丈夫。參觀他童年居住的房屋，看看裡頭19世紀的裝潢和生活用品，以及附屬博物館中的超過100件里維拉原作——包括壁畫研究和受畢卡索影響時期的立體派創作。

行家推薦的街頭小吃 ▲

跟著墨西哥街頭小吃遊覽行程的美食家探索瓜納華多充滿活力的美食世界，造訪最棒的美食推車、烘培坊和市場。一路從熙來攘往的伊達哥市場（Hidalgo

✢ 沙發衝浪

我們知道靠自己遊覽這座人口擁擠的墨西哥大城很困難，所以找了沙發衝浪網站上的羅德里戈與瑪麗亞 · 荷西幫忙，這個網站會媒合心胸開放的旅客和提供免費住宿地點的當地人。「歡迎！」他們兩人大叫著擁抱我們。羅德里戈與瑪麗亞是一對新婚夫妻、建築師和對自己的城市相當自豪的市民，想要帶我們認識這座城市最美好的一面。他們帶我們參加街頭慶典、參觀他們最喜歡的博物館、當地的梅思卡爾龍舌蘭酒吧，甚至為我們舉辦了一場小小的派對。付費的導覽都不會做這麼多，他們做這些無非是出自於對文化交流的熱愛。我們等不及哪天帶他們參觀我們的家鄉了。

共享經濟通常能建立友誼。

Market）吃吃喝喝到裡頭有老奶奶在製作油炸玉米捲餅的地下廚房，還有幫酥脆的玉米袋餅夾肉翻面的街頭攤販，最後以墨西哥咖啡和歐洽塔冰淇淋開心地結束一天。

華雷斯戲院表演（Juarez Theater）▲

在這間雄偉的戲院看場音樂會、戲劇或芭蕾舞表演，這裡從1903年開幕以來，幾乎沒有改變。即使不看表演，也很值得參觀這間新古典藝術風格的傑作，仔細研究這個可容納902個座位空間的每個建築細節，像是鍍金的雕工和繡花舞臺布幕。

想進一步探索這塊大陸，請查閱：

» 沙漠：墨西哥杜蘭哥…第148頁

» 公路旅行：美國西南部…第206頁

根特 (Ghent)

比利時

克莉絲汀・漢寧與湯姆・巴特（Kristin Henning & Tom Bartel）

雲朵散開露出縫隙，吸引當地居民移動到水邊、沐浴在陽光中。景色瑰麗的河彎、風景如畫的橋梁、自行車、大學和可愛的建築物為這個年輕的城市定下基調，帶有附近景點布魯日（Bruges）充滿歷史感的氣氛，只是少了大批的遊客。中世紀時期，根特忙碌的碼頭和興盛的紡織產業讓它成為歐洲北部第二大城。從那時候開始，根特的手工藝產業就和商業貿易分庭抗禮，同時掌握了世俗和宗教的力量，揉合傳統與流行文化。現在，這座城市的中心以三個景點聞名：聖巴夫隱修院（St. Bavo's Abbey）、聖尼可拉斯教堂（St. Nicholas' Church）以及位於城鎮廣場被聯合國教科文組織列為世界文化遺產的鐘塔。

沿著利斯河（Lys River），陡斜的屋頂、階梯式的牆面和紋理分明的磚造建築構成一排排弗拉芒風格的大樓，巧妙地倒映在運河上。當地居民和遊客聚集到香草河岸（Graslei）和穀物河岸（Korenlei）的河濱步道，欣賞令人心曠神怡的美麗風景。這個歷史中心是比利時最大的無車區域，很適合我們這種熱愛步行的旅客。當我們想要找位子坐的時候，前方又有賣一碗碗熱騰騰的淡菜薯條，一種適合遊覽完根特後享用的完美配菜。

最佳旅遊時節

4-8月的天氣最好，我們最推薦這個時候去，7月更是有好玩的活動：一年一度的爵士音樂節。我們特別喜歡秋天和10月的電影節。

住宿地點

Ghent River Hotel：這間旅館位在兩棟歷史悠久的大樓裡（一棟文藝復興時期的房屋和棉花工廠），是市中心的旅館中唯一一間可由水路到達的旅館。

Ghent Marriott：這間四星級的旅館完美地坐落在河面上，精準揉合了新與舊的元素。

浪漫情事

光線在水中閃耀，晚上一定要沿著河邊散步。享用道地的比利時鬆餅早餐之前，一定要早起欣賞早晨的美麗光芒。

小提醒

閱讀《大尋寶家》（或是看它的電影）之後，再去看看范・艾克的繪畫作品〈神祕羔羊的崇拜〉，增加你對這部作品的好感度。這幅聖巴夫隱修院的祭壇畫是歐洲最吸引人的藝術作品之一。

香草河岸中世紀碼頭周遭人聲鼎沸的餐廳。

兩個人的冒險

騎車騎到爽 ▲▲▲

體驗看看根特友善的自行車文化。嘗試沿著城裡的綠色廊道較短的路程騎自行車，跟著須耳德河（Scheldt River）沿岸的城堡路線（Chateau Route），環繞55公里的利斯區路線（Lys Region）遊覽美麗的鄉村風景，或甚至沿著跨國自行車道前往比利時其他的主要城市。

在運河上划獨木舟 ▲▲

租艘獨木舟體驗早期貿易商看到的根特風光。航行在運河及城市原本的街道上欣賞令人驚豔的中世紀中心地帶。這裡還有許多提供導覽服務的內陸水道短程行程。

試喝當地啤酒 ▲

比利時的啤酒文化可以追溯到羅馬時代。隨著基督教的加入，更多好啤酒也跟著出現。現今認證的修道院啤酒（像是Chimay）仍由僧侶釀造。城鎮的酒吧也提供各款啤酒試喝，不同風格的啤酒也都使用不同造型的啤酒杯盛裝。造訪Huyghe家族釀酒廠，看看知名的粉紅象啤酒是怎麼釀的。

在塗鴉街（Graffiti Street）散步 ▲

塗鴉街（Werregarenstraat）作品的創作者什麼人都有，包括當地的藝術偉人還有默默無名的實踐家。更有趣的是，這種自由型態的藝術展演一直在演變。對一座承載著悠久歷史的城鎮來說，這種街道顯現出根特是一座願意保持開朗、活躍及改變的城鎮。

⚜ 給夫妻／情侶的建議

旅行通常意味要跟對方近距離生活。我們曾經一起工作過——時時刻刻都在一起，因此我們發展出一種避免踩到對方地雷的好方法。首先，尊重彼此的隱私和獨處時間。可以等到雙方都有心情時再討論嚴肅的話題。第二，偶爾單獨行動。一個人的時候，我們以自己的步調行動、觀察特別的事物，相較於兩個人在一起的時候，我們會因為不同的原因而停下腳步。最後，傾聽。用心傾聽，即使是舊聞也會變成新的故事。

運河旁的弗拉芒式建築。

想進一步探索這塊大陸，請查閱：

» 河流：德國萊茵河谷...第56頁
» 公路旅行：愛爾蘭與北愛爾蘭的北海岸...第208頁

強大夫妻檔：克莉絲與湯姆

自從 2010 年選擇遠離家鄉到處旅行之後，克莉絲與湯姆在六塊大陸上的超過 60 個國家重新找到了自己的家。他們受文化與歷史中心、國家公園、長長的步道和美味的食物所吸引。身為美國明尼亞波里斯市的前出版人，他們發現旅行最有趣的地方，就是把他們的故事和照片分享到他們的部落格 TravelPast50.com。

辛特拉 (Sintra)
葡萄牙

歐洲

辛特拉
葡萄牙

辛 特拉位於山區，離里斯
本 32 公里遠，有涼爽
的氣候和海景，一直都是個觀光勝地。從摩
爾人、中世紀的皇室到歐洲的大富翁，1000 多年來絡
繹不絕的人潮蜂擁到這個迷人的城市。每個族群都留
下自己的風格印記，把這個城鎮變成一個名符其實的
建築大熔爐。從 10 世紀沿著山脊蜿蜒前進的摩爾人城
堡（Moorish Castle）開始，這座城堡就像是從故事
書裡走出來一樣，風景如同下了魔咒的森林 - 部分原
因是因為斐迪南二世特別設計這裡的裝飾，來跟他的
別宮相互對應。他天馬行空的想像力主要是 19 世紀晚
期浪漫主義風格的基礎，當時這種風格席捲了歐洲大
陸。辛特拉成為上流社會伸展創意力的地方，這裡有
宏偉的避暑別墅，蘊藏了各國風格和無邊無際的想像
力。健行到佩納宮（Pena Palace）看看五彩繽紛的
夢幻建築。騎 E-bike 穿過山丘，經過幾十個揉合各國
主題的浪漫時期宅邸。搭乘馬車，喝杯波特酒，在自
己的皇宮裡度過一晚，盡情享受空氣中的浪漫氣息。

❎ 最佳旅遊時節

4-6月或9-10月時造訪，避開熱暑和夏
天的人潮。

🏨 住宿地點

Tivoli Palácio de Seteais：這是間
真正的18世紀皇宮，改建成五星級飯
店，裡頭有與皇室相襯的奢華裝飾。
Sintra Bliss House：這是間位在城鎮
中心的當代舒適飯店，提供豐盛的自助
式早餐。

❤ 浪漫情事

約會的時候到當地人會去的地方享用晚
餐。坐在露臺上或是Tacho Real餐廳的
的石拱廊下享受傳統餐點，像是薯絲雞
蛋炒鹽鱈魚乾，聆聽葡萄牙吉他的樂
聲。

✅ 小提醒

辛特拉是從里斯本出發的主要一日遊景
點，尤其是在夏天的時候。多待幾天，
享受觀光巴士都開走之後寧靜的早晨和
魔幻的夜晚。

奇特的佩納皇宮俯瞰著辛特拉。

坐落在海崖上的阿澤尼亞什漁村。

兩個人的冒險

目眩神迷的建築之旅 ▲
辛特拉的國家皇宮（National Palace）是葡萄牙保存得最好的中世紀建築典範之一：歌德式、莫德哈爾式與曼努埃爾式。在迪尼什國王14世紀的小教堂裡待一會兒，被幾何圖形細節搞得頭暈目眩。從若昂國王的廂房抬頭往上看天花板，欣賞手繪的卡拉維爾船和美人魚，仔細觀察曼努埃爾式建築特有的扭曲繩結和船錨。

騎E-bike從鄉間玩到海岸 ▲▲▲
跟隨經驗老道的嚮導從E公園騎過崎嶇的鄉間。停在靜謐的16世紀卡普舒斯修道院（Convent of the Capuchos），經過科拉雷斯葡萄園（Colares vineyards），前往阿澤尼亞什漁村（Azenhas do Mar）的沙灘。到懸崖邊的同名餐廳早點享用晚餐，接著騎回蜿蜒的山上──就這麼輕鬆。

健行到皇宮 ▲▲
與其搭人力車，沿著路程45分鐘的拉帕步道（Lapa Trail）往上到森林步道。到達佩納公園（Pena Park）看看500多種人工揀選的樹種。參觀位在山頂斐迪南國王華麗的佩納宮，再繼續走到摩爾人城堡。

✛ **在辛特拉見證愛情與忠貞**

這座16世紀的莊園出現在 Airbnb 的房源名單上，它曾經是修道院，還有當年留下的石頭小教堂和香草花園。我們的家族朋友娜塔莎和泰勒看了之後，決定在葡萄牙結婚。他們之前從來沒有一起去過葡萄牙，多數的婚禮賓客甚至沒有聽過辛特拉這個地方，不過我們一行60人卻突然要飛越大西洋前往辛特拉。幾個月以來，大家對未知的緊張感與日俱增，但當辛特拉的皇宮映入眼簾，全部的人便知道這會是個永遠幸福的結局。

聖蒂亞戈農莊飯店（Quinta de São Thiago）的婚禮。

探索蜿蜒的城垛、欣賞城市風景和海景，再走聖馬利亞步道（Santa Maria Trail）回到到城鎮上。

雷加萊拉花園（Gardens of Quinta da Regaleira）▲
雷加萊拉花園是一位富有的巴西人回到他葡萄牙的故鄉後建造的，這座20世紀初期的概念式花園和宅邸充滿了各種象徵意義。從螺旋階梯往下走到啟蒙天井（Iniciatic Well），在小岩洞裡從一顆石頭跳到另一顆石頭上，往下散步到神之大道（Promenade of the Gods），仔細觀察乘載了共濟會宗教內涵的小教堂。

想進一步探索這塊大陸，請查閱：
» 海：希臘基克拉哲思群島...第134頁
» 雪：挪威特羅姆瑟...第168頁

印度夫林達凡洒紅節飛舞的色彩。

歷史悠久的節慶

從世界傳統的發源地到活躍的地方慶典，這些地方最懂狂歡之道。

義大利
1. 普提涅諾嘉年華（Putignano Carnival）

普提涅諾嘉年華是義大利歷史最悠久的嘉年華會之一，而普利亞（Puglia）又在這個世界知名的慶典中引領潮流。24公尺高的花車在街上遊行，跟約里的很像，但又古雅美妙，有紙漿做的人偶還有小孩在丟五彩碎紙。你可以穿得性感一點參加化裝舞會，在大齋期開始之前多吃幾口義式冰淇淋。

印度
2. 布拉吉灑紅節（Braj Holi）

印度教的灑紅節慶祝的是色彩、愛與春天，前往這場慶典的發源地——黑天神的家鄉。馬圖拉（Mathura）和夫林達凡（Vrindavan）這兩個活潑的村莊把慶典拉長到40天，在古老的寺廟之間開心遊行、互相潑灑五顏六色的粉末。

烏茲別克
3. 新年慶典（Navruz）

2500多年以來，西亞與中亞都會慶祝波斯曆的新年（3月21日），不過就屬布哈拉城（Bukhara）的Seyil慶典最有趣了。連續一個星期的營火、摔角、賽馬、戲劇表演還有各種好消息傳遍整座城市。

蘇格蘭
4. 塞雷斯高地遊戲（Ceres Highland Games）

自從蘇格蘭英雄羅伯特‧布魯斯在公元1314年同意之後，塞雷斯村便開始負責舉辦這個象徵力量、節奏和優雅的競賽。欣賞穿著蘇格蘭裙的蘇格蘭人比賽長木柱擲遠、擲鏈槌和拔河，還有蘇格蘭高地舞和風笛比賽。

中國
5. 格冬節面具舞慶典

400年的西藏喇嘛寺前，穿著華麗的舞者戴著彩繪面具，和一群僧侶一起表演佛教寓言故事。奔子欄村這場令人嘆為觀止的表演儀式只有納西族人參加，完全沒有西方人。

西班牙
6. 奔牛節（Festival of San Fermín）

穿上你最好看的白衣服、帶上紅色手帕，準備在潘普羅納（Pamplona）的街頭奔跑（或至少一起慶祝）。這個慶典不只是奔牛節，還有其他400多個活動。狂歡為期九天，有民俗音樂、街頭戲院、煙火秀和遊行。

阿根廷
7. 大地之母慶典（Pachamama Festival）

安地斯人每年8月都會這樣餵養大地之母：在地上挖個洞，塞滿食物、古柯葉和玉米酒。這個豐收儀式是一系列深富靈性且美麗的宗教儀式，最好的欣賞方式就是搭乘「通往雲端的火車」到聖安東尼奧德洛斯科布雷斯鎮（San Antonio de los Cobres）。

泰國
8. 潑水節（Lanna Songkran）

每年4月，泰國人會拿著水槍和水球占據街頭，慶祝全世界最溼的新年。清邁則是以浴佛、堆沙塔以及藍納舞蹈的儀式讓這個節日的三八和神聖達到平衡。

墨西哥
9. 亡靈節（Purépecha Day of the Dead）

這個節日以遊行、小夜曲還有在靈壇上放上祖先最愛吃的食物來為亡靈慶祝。亡靈節結合了異教徒與天主教的節日，在前哥倫比亞普瑞佩查人居住的哈尼吉歐小島上可以看到最傳統的慶祝方式。欣賞燭光點亮的船隻，漁夫轉動著蝴蝶翅膀形狀的漁網吸引亡靈參加盛大的慶典。

緬甸
10. 五佛寺慶典（Phaung Daw Oo Pagoda Festival）

數以百計優雅的船夫站在狹長的船上用腳划船，他們載著一個雄偉的金色聖壇，繞著茵萊湖（Inle Lake）遊行。三星期後，隊伍會抵達娘水鎮（Nyaungshwe），這時活力充沛的山丘部落居民便會出來迎接這艘神聖的花船，觀看腿力划船競賽。

莫三比克的基林巴群島。

「海洋一旦施展魔咒，便會讓人永遠陷在它神奇的網中。」
──水肺潛水之父賈克‧庫斯托（Jacques Cousteau）

第六章

海洋

························

想看：地球有 71% 都被海洋覆蓋，我們真的應該多花點時間在海上。海洋既撫慰人心、充滿冒險又神祕莫測……是個終極的心靈避難所。聽到海浪的聲音、感受到陽光的溫暖、看到眼前無盡的天際線，生活就會變得和緩許多。但盯著它夠久的話，好奇心便會把你捲入海中。

海上航行徹底改變了旅行的方式。旅客不會再受到崎嶇的地形阻饒，或是受到道路的限制，船隻可以繞過陸地不能通行的地方。當探險家開始繞著地球航行，世界就不再是平的，而是一個可以連結我們所有人的圓。

啟航到沒有腳印的沙灘上，觀賞愛玩的海獅和在天空翱翔的鵜鶘。認識一些依然靠潮汐來判斷時間的文化。潛入海中，跟著魚群一起進入珊瑚礁花園。潛到深海，看雙髻鯊在船隻殘骸旁巡游。浮出水面找張躺椅，欣賞夕陽落入充滿各種可能性的大海。

亞伯塔斯曼國家公園的白蛉海灣與藍綠色的水域。

塔斯曼地區
(Tasman District)
紐西蘭

澳洲

紐西蘭

塔斯曼地區

土耳其藍的水域、金黃色的沙灘、蓊鬱的棕櫚樹——這些都會讓你覺得亞伯塔斯曼國家公園（Abel Tasman National Park）應該是加勒比海的某個地方。荷蘭的探險家 1642 年發現了這片位在南島（South Island）沿岸的土地，不過直到 19 世紀中期才真正有人接觸這裡。海狗、小藍企鵝與蝠魟在這裡來去自如，即使有了漸進式的紐西蘭國家公園系統，牠們依然暢行無阻。沿著大理石岬角、茂密的森林與沙灣的 60 公里長海岸步道被列為紐西蘭九大健行步道（Great Walks）的其中一條，不過其實這條步道相當特別，旅客可以步行、泛舟、騎自行車和划船。水上計程車穿梭在步道口之間，戶外用品店提供不同路段間的划船短程旅行以及歷史悠久的住宿空間。到國家公園以外的地方探險，你會發現紐西蘭其中一些最棒的葡萄園、遼闊的沙丘與最有藝術感的奇異果。

⊠ 最佳旅遊時節
整年都可以造訪紐西蘭這片最晴朗的區域。但你也可以考慮在5-8月去，那時氣溫在攝氏十幾度、風平浪靜、動物更多、遊客更少。

⌂ 住宿地點
Abel Tasman Lodge：這是國家公園位在馬拉豪（Marahau）出口的一間現代、價格合理的B&B。

Wilsons Abel Tasman：這間戶外用品店提供很棒的冒險活動，很多會在國家公園中歷史悠久的房屋裡過夜。

♥ 浪漫情事
跟Gourmet Sailing船公司租艘私人船隻。在風景優美的海岸線航行，然後趁他們準備豐盛午餐時出去游泳或健行。

☑ 小提醒
下載Project Janszoon應用程式認識國家公園的地圖、歷史、潮汐與動植物。有了這個，就像在口袋裡有個訪客中心一樣方便。

紐西蘭的海狗在海岸上做日光浴。

兩個人的冒險

在急流灣與巴克灣 (Torrent & Bark Bays) 泛舟 ▲▲▲

划槳在這些海灣之間移動，回頭造訪尖峰島（Pinnacle Island）上貪玩海狗的棲地。從巴克灣的河口處往上游划，四周全是瀑布與開花的白茶樹。

在皮特角 (Pitt Head) 等地方健行 ▲▲

從安克拉治林地（Anchorage landing）開始走，穿越山毛櫸森林，聆聽合唱的原生鳥，行經多個海岸眺望點，最後到達令人驚豔的土耳其藍與金黃色的蒂普卡提亞海灣（Pukatea Bay）。接著回頭輕鬆地走1.5小時，或是繼續沿著九大健行步道最後一段路走三個小時前往馬拉豪。

三大美味步道 ▲▲▲▲

沿著塔斯曼美味步道（Tasman's Great Taste Trail）騎自行車幾天，沉浸在這個區域所有美好的事物中，穿越釀酒廠、果園、藝術飛地以及好幾條海岸線。向 Gentle Cycling Company 自行車租借公司告別，跟威

當我們泛舟前往巴克灣港，我們的嚮導惠特尼大叫：「藍鴨！有隻藍鴨！！！」對我們來說，牠看起來像是隻還算可愛的鳥，不過從嚮導興奮的程度來看，這樣的景象值得關注。藍鴨在急流中游泳時就像位專業的划船手，繞過岩石、從激流中冒出頭來，一路找魚吃。這是超過十年來，第一次有人在亞伯塔斯曼國家公園看到藍鴨。我們的照片還上了當地的報紙。

划了13公里到達裂蘋果岩（Split Apple Rock），我們擺出勝利的姿態。

爾森亞伯塔斯曼國家公園（Wilsons Abel Tasman）的員工碰面，繼續這場五天的旅程，在他們國家公園內的豪華住處之間泛舟、健行。

送別角 (Farewell Spit) ▲▲

這個瘦長的沙坑向海上延伸24公里，長久以來不斷導致船難、鯨魚擱淺，也吸引鳥類築巢。搭乘四驅的沙丘巴士從科林塢（Collingwood）前往19世紀的燈塔，滑下大沙丘，觀察多達90種鳥類，認識這片溼地不尋常的歷史。

想進一步探索這塊大陸，請查閱：

» 野生動物遊賞：澳洲北端...第86頁

» 超自然：紐西蘭羅托魯亞...第228頁

中美洲堡礁
(Mesoamerican Barrierreef)
貝里斯

北美洲

貝里斯

中美洲堡礁

中美洲堡礁系統穿越加勒比海 965 公里，橫跨墨西哥與宏都拉斯，是全世界第二大的堡礁系統，而貝里斯的海洋長廊是其中最棒且最明亮的觀光勝地。由於不受大浪與海風侵襲，這片清澈的水域是水手、浮潛玩家和熱愛陽光者的完美遊樂場。大藍洞（Great Blue Hole）和波口鱟頭鱝巷（Shark Ray Alley）是潛水客的朝聖地，不過你不需要潛水執照就可以進入七彩珊瑚礁最美麗的地方，珊瑚礁花園與許約 500 種的魚類就在水面下幾公尺的地方蓬勃生長。觀察鉸口鯊從洞穴探出頭來，小丑魚在海葵的觸手之間揮動著魚鰭，還有燕魟拍動巨大的翅膀，你會感覺自己像是戴著浮潛裝備的法國傳奇水肺之父賈克·庫斯托。在450 座環礁旁航行，收起你的釣魚線享用晚餐，啜飲蘭姆雞尾酒，找尋屬於你的白色沙灘。

❌ **最佳旅遊時節**

除了暴風雨侵襲的7-9月之外，其餘的時間都陽光普照。潛水客很愛12-5月超級清澈的海水（能見度達40公尺）。

🏨 **住宿地點**

Colinda Cabanas：這間位在考克島（Caye Caulker）明亮舒適的海邊B&B，提供免費的自行車和泛舟。

Maya Beach Hotel：這是間位在珀拉什奇亞村（Placencia）的海濱度假旅館，非常適合海上和陸地冒險。

❤ **浪漫情事**

到考克島上觀賞日落、聽雷鬼音樂、在斯普里特（the Split）啜飲雞尾酒，享受輕鬆醉人的氛圍。

✅ **小提醒**

帶著你的潛水面罩和浮潛呼吸管。雖然會占一點行李箱的空間，但會激發你下水展開無數場水中冒險。

跟著Raggamuffin Tours旅遊公司航向我們的小島營地。

考克島的房屋與小島氣氛。

兩個人的冒險

船宿潛水之旅 ▲▲▲
呼籲所有的潛水玩家：這個船宿潛水或許是船宿界的聖杯。在特內非群島（Turneffe Island）和燈塔環礁（Lighthouse Reef Atolls）待三到七天，有無數機會可以探索世界頂級的岩壁、漂流潛水、在珊瑚礁花園潛水，地點包括大藍洞、艾波礁岩地區（Elbow）與前門廊海域（Front Porch）。

在淺海飛蠅釣 ▲▲
忘了深海釣魚之旅，你可以在這片藍綠色的淺水海域找到精力充沛的魚和搖擺的棕櫚樹。學習怎麼在世界頂級的景點——像是安伯格里斯礁群（Ambergris）、特內非群島或雲集島（Rendezvous Cayes）——釣神出鬼沒的狐鰮、布氏鯧鰺與大海鰱。

遠離喧囂的航海之旅 ▲▲▲
從考克島的拉斯塔小島（Rasta isle）開始，參加Raggmuffin Tours旅遊公司的三日行程，在遙遠的珊瑚礁航行、在原始的小島上露營（或是體驗免裝備露營）。在珊瑚礁浮潛、像水手一樣喝蘭姆酒。乘著風航行到丹格里加（Dangriga），這是到南方的最棒的方式。

與鯨鯊一起浮潛 ▲▲
從珀拉什奇亞村（Placencia）這個寧靜的海邊小鎮，往東航行到葛拉登岬（Gladden Spit），這裡是笛鯛和石斑魚的棲地。3月到6月間，這吃到飽的魚大餐會吸引大型鯨鯊靠近水面。如果夠幸運，你可以在這些18公噸的濾食動物身旁游泳，感覺就像隻小蝦一樣渺小。

✥ 吃魚還是花生醬？

我們的帆船從考克島出發進入環礁迷宮。船長跟我們介紹這三天的行程時，他拿起一支釣竿和一罐 4 公升的花生醬，說：「吃什麼就由你們決定。」好幾個小時過後，沒有魚上鉤，於是船長拿起他的魚槍，問我要不要幫忙抓些晚餐回來。我們潛進水裡，游在一群金梭魚後面。當我們逼近這些牙齒鋒利的野獸時，他無所畏懼，我則拼命鼓起勇氣。最後我們帶著比葡萄果凍還要美味的食物回到船上，感覺就像是拯救了晚餐的大英雄。

剛抓到的金梭魚，做成貝里斯風格的燉菜。

想進一步探索這塊大陸，請查閱：
» 野生動物遊賞：哥斯大黎加托圖傑羅...第100頁
» 歷史文化：墨西哥瓜納華多...第114頁

在紐西蘭米佛峽灣的雙彩虹下划船。

黃金光暈

「看！」我們的泛舟嚮導大叫，「是米佛藍雲！」晴空在紐
西蘭峽灣國家公園很少見，因此調皮的當地人就幫這種雲開
見日的天文現象創了一個有趣的名稱。帶著這種樂觀的紐西
蘭精神，我們划船穿過一陣大雨，深入令人驚豔的峽灣。藍
雲變得更大，原本微弱的彩虹也更亮了。接著第二個彩虹出
現，像是包圍著我們的光暈，比陽光更加美好。

我們在海上遊賞野生動物時搭乘的螃蟹船，以及小島上的住處。

巴拉望北部
(Northern Palawan)
菲律賓

亞洲

菲律賓
巴拉望北部

展開有 7641 座熱帶島嶼的菲律賓地圖，找到把蘇祿海跟南海分割開來的群島──你就找到了天堂樂園。從加拉密安群島（Calamians）開始，這裡有黑石灰岩山、土耳其藍的湖泊以及沉沒的戰艦。雖然大多數人都是搭飛機前往長期被票選為「全世界最棒海灘」的愛妮島（El Nido），但你可以慢慢以菲律賓人的方式遊覽，搭雙體螃蟹船探索遙遠的小島。在利納帕坎海峽（Linapacan Strait）原始的海域裡浮潛、泛舟，在人煙罕至的白色沙灘上睡覺。在星空下就著營火烤剛抓到的蚌蛤，洒上香料，你會認真思考這種荒島式的生活。前往巴奎特群島（Bacuit Archipelago）和島上奢華的度假村，在享受按摩與啜飲雞尾酒之後回過神來。你微笑，知道自己做到了。

✈ **最佳旅遊時節**
10-5月海象晴朗，是航行的好季節。潛水玩家可在4-5月前往。

🏨 **住宿地點**
The Birdhouse：這是間裝飾華麗的野生動物遊賞風格帳篷，俯瞰愛妮島的瑪莉梅格梅格海灘（Marimegmeg Beach）。
La Natura Resort：這間靜謐的平房式住宅在冒險勝地科隆附近，有游泳池，提供旅遊行程。

❤ **浪漫情事**
在愛妮島拉斯卡巴拉斯海灘遙遠的盡頭尋找美麗的貝殼寶藏，接著到度假村喝日落雞尾酒、欣賞完美的小島風景。

☑ **小提醒**
愛妮島的遊船業者會策略性地把幾座最棒的小島規畫到不同的行程裡。不妨參加私人行程，把你夢想中的沙灘一次走完。絕對值得。

凱央根湖藏身在科隆島的山峰之間。

兩個人的冒險

從加拉密安群島跳島到巴奎特群島 ▲▲▲
達悟菲律賓人為旅客打造了一個特別的五天之旅，他們在科隆鎮（Coron Town）和愛妮島之間的荒島和傳統漁村裡架起精緻的帳篷。你可以在祕密的浮潛地點和沙子像粉末般的沙灘停下來，在途中釣魚做晚餐，用這種終極的方式體驗偏遠的巴拉望地區。

在第二次世界大戰的遺址潛水 ▲▲▲▲
1994年，一架美國空襲機擊沉了一隊藏身在科隆灣（Coron Bay）洞穴中的日本戰艦。潛水行家可以游過奧林匹亞丸號、伊良湖號還有更多軍艦的駕駛室和走廊。浮潛玩家則可以在淺水區看到盧松炮艦沉船與東沉船。

在科隆清澈的湖裡游泳 ▲
黑色的喀斯特山脈包圍了凱央根湖（Kayangan）土耳其藍的水域，這是菲律賓最清澈的湖泊之一。你可以清楚看到水中懸崖的每個細節，製造出一種類似M.C. 埃舍爾（M. C. Escher）藝術作品的視覺效果。

以上下顛倒的水底攀岩探索這片超現實的景色，接著健行到美麗的姊妹湖——梭子湖（Barracuda）。

在巴奎特群島玩立式槳板 ▲▲
多數的愛妮島旅客都跟沙丁魚一樣擠在船上，但你可以玩立式槳板自由探索天藍色的水域。擺脫定點式的旅遊行程，你的嚮導會帶你左彎右拐地到風景最美的洞穴，享受極致的平靜和冒險。

✥ 隨興的跳島之旅

我們飛到布蘇安加島，加入達悟菲律賓人的人氣群島旅遊行程。決定來個五天的跳島之旅後，即使每個人都說沒有別的方法，我們還是到碼頭，甜言蜜語說服了一位螃蟹船的船長。帶著泛舟的小船、浮潛裝備、釣魚線和一瓶蘭姆酒，我們進入了這裡的水域，靠著勇氣引領我們前進。我們看到任何喜歡的珊瑚礁或人煙罕至的小島就停下來，跟著感覺前進，沒有限制地探索。我們到達愛妮島時感覺就像庫克船長，或是一群快樂的海盜，擁有永遠屬於我們的祕密寶藏。

小丑魚在海葵附近輕快地游動。

想進一步探索這塊大陸，請查閱：

科莫多
（Komodo）
印尼

印度洋的寒流與太平洋的溫暖海水交會，形成孕育出豐富海洋生態的完美風暴。科莫多國家公園（Komodo National Park）保護著全世界最大蜥蜴唯一的棲地，不過島嶼下的生態也同樣重要。在珊瑚礁大三角的心臟地帶（這個區域只占全世界的海洋面積的 1.6%，卻擁有 76% 的已知珊瑚物種），有 29 座小島和無數的珊瑚礁，生物多樣性達到頂峰。當然，這裡絕對有鯊魚、蝠鱝、海龜、海豚等廣受歡迎的海洋動物。不過吸引潛水客前來的，是那些古怪又奇妙的動物。巴氏豆丁海馬、儒艮、大斑蟞魚與裸鰓類——這些充滿活力的生物令人著迷，尤其是牠們的棲地也同樣迷人。乘著雲霄飛車般的洋流、環繞峰角、在淤泥中翻翻找找、蛇行穿過珊瑚礁洞穴，接著在一圈起伏的高山與粉紅色沙灘的環繞下浮出水面。

最佳旅遊時節
雨季過後的4-6月，山林蒼翠，海洋平靜清澈。避開氣候不穩定的1-2月。

住宿地點
Bayview Gardens：這間旅館有時尚、隱密的房間，能俯瞰拉布安小鎮（LabuanBajo）美麗的景色（國家公園出口的一座城鎮）。
Dive Komodo：這是間船宿戶外用品店，有可靠的員工、設備和住宿環境。

浪漫情事
逃到塞拉亞島（Seraya Kecil），這裡很值得去蜜月旅行。這是一座1.6公里長、有一間性感飯店的小島。起床欣賞塞拉亞島的全景，沿著未經破壞的礁岸游泳。

小提醒
科莫多的洋流帶來了驚人的海洋生物，但也蘊藏著危險。請挑選一名有高安全標準的技術人員，並只進行能力範圍之內的水上活動。

在馬蹄灣上方的連綿山丘上健行。

在珊瑚大三角的海牆潛水。

兩個人的冒險

船宿浮潛 ▲▲▲
航行三天或更多天進入令人驚艷的群島，給自己一點時間探索許多潛水地點、原始的島上山脈與祕境海灘。把城堡岩（Castle Rock）、巴圖波隆（Batu Bolong）、大釜（Cauldron，下圖）、蝠鱝巷（Manta Alley）與黃金通道（Golden Passage）排在願望清單的最前面。

在大釜潛水 ▲▲▲▲
下降23公尺進入一處由各種軟硬珊瑚礁所組成的崎嶇海溝，接著接到魚的高速公路。這裡不需要游泳，力量強大的洋流會把你拉到一群群浪人鰺、密點少棘胡椒鯛和黑稍真鯊旁邊。固定好你的潛水流鉤，欣賞海洋世界的變化更迭。

跟著科莫多龍一起健行 ▲▲
雖然科莫多島以科莫多龍聞名，但林卡島（Rinca）

⁝ 選擇船宿的五個原因

在 海上連續潛水好幾天似乎有點嚇人（而且昂貴）。以下是值得這麼做的幾個原因：

1. **地點偏遠**：很多很棒的地方無法一天來回。
2. **晚上和日出時潛水**：不是所有的魚都是朝九晚五。
3. **證照升級**：在現場教學的課堂和訓練中提升你的技能。
4. **附帶的航行之旅**：一邊潛水一邊探索偏遠的海島。
5. **革命情感**：跟與你一樣熱愛大海的人培養感情。

夜間潛水用的潛水裝備。

的科莫多龍更密集，地形也更適合觀察牠們。健行兩個小時就能到達牠們的喝水地點，沿途有美麗的小島風景，還有機會在野外看見這些2.7公尺長的蜥蜴。

在帕達爾島（Padar Island）登頂 ▲▲
這是一座火山小島，有尖銳的山峰、四片彎曲的海灣與三種顏色的沙灘。帕達爾島是這座國家公園的超級名模。往上健行看看令人難以置信的絕美地形，接著往下走到世界的少數幾座粉紅色沙灘之一。

想進一步探索這塊大陸，請查閱：

» 河流：越南湄公河...第58頁

» 超自然：印尼弗羅雷斯中部...第222頁

搭船前往波羅斯與加拉塔這兩個姊妹村。

基克拉哲思島
(Cyclades Islands)
希臘

歐洲

希臘 基克拉哲思島

伊蘭娜‧卡羅素與萊利‧惠特倫（Elayna Carausu & Riley Whitelum）

我們的全球航海之旅從這個歷史悠久的群島開始，即使航行了 3 萬浬、撇開思鄉之情不談，我們還是會說基克拉哲思島是最棒的海上之旅。幾千年來人類在希臘列島之間航行，被這樣歷史悠久又帶有神話色彩的地方包圍，可以體驗到更深層的旅行方式。站在迪洛斯島（Delos），這裡是阿波羅的誕生地，或是探索安德羅斯島，這個從公元前 9 世紀就相當興盛的文明社會，這裡每走一步都是歷史。基克拉哲思島是愛琴海風格的代表，有白色和藍色屋頂的建築，讓人聯想到漂浮著泡沫的海洋和萬里無雲的天空。我們承認，讓人難以抗拒的美景吸引了不少遊客，但這也是為什麼你要帶自己的船！不管你是艦長還是水手，基克拉哲思島都非常適合各種程度的船員。陽光、風平浪靜的下錨點、短短的航行距離、還有許多渡輪不曾造訪的島嶼，這裡非常適合度假。跳下水浮潛、拋出釣魚線釣晚餐、搖啊搖地墜入夢鄉。

⊠ 最佳旅遊時節
見識一下美爾丹風：這是一種吹自北方的風，平均風速15節，從6月一路吹到9月，是前往旅遊的好時機。

🏨 住宿地點
AthensWas Hotel：城市裡這間時尚靜謐的度假飯店彷彿奧林匹亞山上的宙斯神廟，為你的海上之旅畫下句點。
Sunsail：這間國際戶外用品店提供包船、船隊或是從雅典出發的基克拉哲思島海上之旅。

♡ 浪漫情事
在基席諾斯島停船，純粹放鬆。這麼原始的島嶼會讓你跟大自然產生連結，你可以在冰涼的水域游泳或是在甲板上看星星。

☑ 小提醒
在當地的遊艇俱樂部為旅行做準備。那裡通常會有其他遊艇玩家，樂於分享他們的航海知識。跟他們做朋友，跳上船，體驗開放水域！

兩個人的冒險

俯瞰波羅斯島（Poros）▲
航行進入小島西南側的掩蔽錨地，欣賞令人驚豔的19世紀俄國海軍基地遺址。放下錨綁好船，划小艇到陸地上，搭便車到鐘塔，360度俯瞰波羅斯島和希臘本島。

在伊奧斯島（Ios）狂歡 ▲▲▲
伊蘭娜從前就住在這座島上，我們也是在這裡認識的。來這座派對之島，沉浸在歡樂氣氛和大海中。到伊奧斯遺址浮潛，然後回去島上到Harmony Mexican Bar酒吧享受傍晚的無限暢飲、現場音樂表演和海洋風光。接著繼續前往邁洛波塔斯海灘（Mylopotas Beach），到各個酒吧續攤到天亮。

有新鮮漁獲的阿莫哥斯島（Amorgos）▲▲
阿莫哥斯島鮮少有渡輪造訪，保留了小鎮風味。到碼頭任何一家有賣希臘美食——例如炸烏賊（kalamarakia gemista）——的海鮮餐廳。很多當地人會免費帶你去用魚槍打魚，只要跟他們分享一些抓到的漁獲就好。你會看到他們在岸邊活動，所以別害羞，儘管上前跟他們自我介紹。

令人著迷的帕羅斯島（Paros）▲
把船停在納烏沙碼頭（Naousa marina）老舊漁船的附近，在神奇的舊碼頭亂逛，這是基克拉哲斯群島最美麗的村莊之一。在蜿蜒的小巷中漫步，欣賞烏德琴的即興演奏。在柯林比菲列斯海灘（Kolymbithres）或莫納斯提爾海灘（Monastiri）放鬆，這是這座金黃色的沙島上我們最喜歡的兩個海灘。

✢ 給夫妻／情侶的建議
上船之後，總會有不少重要的工作和責任需要承擔。為了避免紛爭，可以先分配工作（伊蘭娜負責所有的補給、烹飪、航海和甲板工作，萊利則負責確認天氣狀況、調整風帆以及進行重大決策）。海上旅行絕對是呼吸新鮮空氣的好機會，但有時候也頗讓人煩躁。重要的是合作、逗彼此開心、保持正向心態，航行才會順利。

迪洛斯是希臘重要的考古遺址之一。

想進一步探索這塊大陸，請查閱：

» 歷史：土耳其卡帕多西亞...第108頁
» 公路旅行：喬治亞中部...第210頁

強大情侶檔：萊利與伊蘭娜
這對澳洲情侶檔從2014年開始搭乘13公尺的單體船 La Vagabonde 不間斷地航海。他們跨越地中海、大西洋、加勒比海和太平洋，航行了3萬海里並持續累積。他們的全職工作是航海和影像記錄，會把旅行記錄放在 YouTube 上和 Sailing-LaVagabonde.com 網站上。

挪威峽灣
(Norwegian Fjords)
挪威

早在哥倫布第一次遠洋航海的 700 年前，維京人便在探索這些遠方的土地，只有星星和鳥作為他們的嚮導。當你在超過 1 萬 8046 公里長的海岸線和 1100 座峽灣中長大，你能做的就是航海——而挪威人確實很厲害。這趟從中世紀的首都卑爾根（Bergen）出發到俄國邊境的旅程，據說是全世界最美麗的海上之旅，我們完全同意。大西洋在冰河覆蓋的高山間、在沒有聯外道路的漁村之間流動。飽經風霜的男人戴著針織毛帽照料著一架架晒乾中的鱈魚。他們站在漆著鮮豔色彩的自家房屋前，這樣的顏色有助他們度過沒有陽光的好幾個月。繼續深入北極圈，觀察北極光變得更明顯，冠冕狀極光激發成粉紅、綠色和紫色的煙火。夏季來這裡，直接到斯瓦巴群島（Svalbard）看北極熊在冰層上巡邏，在午夜的太陽下到冰河健行。挪威人是維京人的後裔，他們不是航海，而是探索。

最佳旅遊時節
11月和3月最適合去，同時有北極光和充足的日照。5-8月全日都可以健行，也可前往冰凍斯瓦巴群島的破冰區域。

住宿地點
Hurtigruten：這艘國有渡輪同時也是遠征船，整年都可以出發，有無數個登船港和各種價位。
G Adventures：這間遠征旅行的戶外用品店提供一或兩週的活躍旅遊行程，什麼都包含在內。

浪漫情事
出發航海前先醞釀興奮的心情，體驗纜索鐵路前往卑爾根的佛洛伊恩山（Mount Fløyen），欣賞迷人的中世紀城市和峽灣的壯麗美景。在佛洛伊恩山的餐廳享用義式濃縮咖啡，或是享受夏天的鄉村音樂節。

小提醒
不管是在黑暗白天的或明亮的夜晚前來，你可能都需要一些助眠的小工具。眼罩、褪黑激素和茶都是你的好朋友。

位在約倫峽灣中的于爾克海邊村莊（Urke）。

卑爾根碼頭的中世紀建築。

兩個人的冒險

約倫峽灣（Hjørundord）與挪威最狹窄的山谷 ▲

沿著夾在陡峭山峰間的道路，經過完美的石造房屋，到達林斯特湖（Lyngstøl Lake）、隘口與遠方大海令人驚豔的美景。回程的時候，停在19世紀的Union Øye旅館（歐洲貴族最喜歡的隱密度假地點），吃鹿肉燉菜、逛逛風格奇異的房間。

遊覽洛弗坦群島（Lofoten Archipe-lago）▲▲

跨越北極圈到達洛弗坦群島的山脊，這裡的山高1005公尺，從海裡拔升而起。你可以在有大理石山峰的島嶼和白色沙灘之間蜿蜒前進，留意北極海鸚和海鷗，接著在時間遺忘的漁村中漫步。

北角懸崖（North Cape Cliffs）▲

到達北緯71°10'21"，停靠在洪寧斯沃格市（Honningsvåg），這裡離北極只有大約2092公里遠。觀察25萬隻棲息在懸崖上的海鳥，其中包括許多北極高緯度地區的原生種，欣賞北角博物館（North Cape Museum）的精采紀錄片，在世界頂端的超大圓球旁照張相。

斯瓦巴群島北極野生動物遊賞 ▲▲▲

前往有海象、海豹、麋鹿、北極狐和北極熊稱霸的冰凍苔原。像探險家羅德‧阿蒙森（Roald Amundsen）一樣走遍群島的冰山與冰河，尋找絕無僅有的野生動物。

⫶ 當地人的路線

　　支高中摔角隊登上我們的遊輪，不是要聯繫感情或是進行春假旅遊，而是要前往一場比賽。有125年歷史的海達路德遊輪是唯一連接挪威遠處北方峽灣的大眾運輸工具——這點又讓我們又更愛這艘船。從卑爾根到科克尼斯小鎮的海上之旅，目的並不只是觀光，而是要去寄信、拿魚，還有在一天結束的時候帶好幾個家庭回家。它停靠在34座迷人的港口城鎮，許多不在觀光路線上，我們因而得以窺見峽灣內的真實生活樣貌。

另一艘海達路德遊輪在星光下航行經過我們身旁。

想進一步探索這塊大陸，請查閱：
» 雪：挪威特羅姆瑟...第168頁
» 公路旅行：愛爾蘭與北愛爾蘭北岸...第208頁

跟隨帛琉德國水道的蝠鱝前進。

必去潛水地點

發現七大洋體型最大的魚、最鮮豔的珊瑚與最瘋狂的沉船遺跡。

馬來西亞

1. 梭魚角（Barracuda Point）

西巴丹島（Sipadan）周邊圍繞著579公尺深的峽谷，漩渦處有梭魚角，吸引了不少大型魚類。除了大群的雙髻鯊與豹紋鯊之外，還有好幾百隻牙齒鋒利的金梭魚繞著圈子，造成催眠似的效果。

澳洲

2. 永嘉拉號沉船（S.S. Yongala）

這裡有全世界最棒的遺跡潛水地點之一與全世界最大的礁石……還能要求更多嗎？這艘109公尺長的船1911年就已沉到海床上，有足夠的時間長出不錯的珊瑚礁花園，吸引鬼蝠魟、章魚、公牛鯊與魚群聚集。

南非

3. 沙丁魚大逃亡（Sardine Run）

每年5月到7月，好幾十億隻的沙丁魚會從南非開普角（Cape Point）外海的寒冷水域往北遷移到夸祖魯－納塔爾省（KwaZulu-Natal）。彷彿沙丁魚的數量還不夠驚人似地，這裡還有數以千計的鳥、海豚、鯊魚與鯨魚，享用這頓吃不完的自助餐。

哥斯大黎加

4. 昂宿六火山島（Bajo Alcyone）

這座火山島距離海岸547公里，可可斯島有大約20個原始的潛水地點——從垂直岩壁到放流潛水都有。船宿旅潛的亮點無疑就是昂宿六火山島。這裡有名副其實的鯊魚風暴，包括路易氏雙髻鯊、白鰭鯊、烏翅真鯊，還有蝠魟組成的清潔站。

牙買加

5. 皇家港（Port Royal）

這個早期歐洲探險家與海盜的罪惡城市已被迫沉入京斯敦的海底。這座城市在1692年同時遭遇地震與海嘯，城裡壯觀的建築物、小酒館和高聳的船隻現在都已被珊瑚覆蓋，等待旅客前來探索。

加拿大

6. 拜洛特島（Bylot Island）

這個加拿大的北極潛水地點比多倫多更接近格陵蘭，只能搭雪上摩托車與因努特雪橇進入。在浮冰與冰山的底部之間潛水，留意獨角鯨、海豹、北極熊與海象。這不只是令人興奮的冰冷海域潛水，也是一趟水上與水下的北極野生動物遊賞。

帛琉

7. 格梅里斯島（Ngemelis Island）

旅客造訪帛琉是為了欣賞那裡的大約1300種礁岩魚類與500種珊瑚，在這個巨大的遠洋遊樂場裡潛水。藍角（Blue Corner）與德國通道（German Channel）是全世界最有名的潛水地點之二，有13種鯊魚與高能見度，你要親眼看到才會相信。

義大利

8. 海王星溶洞（Neptune's Grotto）

阿爾戈洛（Alghero）的海中洞穴原本位在淡水區，因此有美麗的石筍地形與體型超大的魚。由於沒有捕食者，這裡的海鰻和龍蝦是正常大小的兩倍。再加上這裡的岩洞非常寬敞，沒有特殊證照也可以嘗試頂尖的洞穴潛水。

埃及

9. 二戰沉船藍薊花號（S.S. Thistlegorm）

紅海有首屈一指的能見度、攝氏27度的溫水、綿延好幾百公里的鮮豔珊瑚，以及最棒的沉船殘骸。這艘英國運輸船在第二次世界大戰時沉入海裡，軍用坦克車、火車頭、重型機車、來福槍與成堆的飛機和汽車零件都散落在海底。

厄瓜多

10. 庫森岩（Cousin's Rock）

這個火山地形在珊瑚礁中孕育了各種微小的奇蹟，像是五彩繽紛的裸鰓類與加拉巴哥海馬，加上海洋夠深，因此有大量的大型魚類。最棒的是，好奇的海獅經常會在你潛水做安全停留的時候拜訪你。

納米比亞，納米比沙漠

> 「我渴望行走於沙漠上，八方無垠空曠蒼茫：
> 平靜安詳無以名之。」
>
> ——魯米（Rumi）

第七章

沙漠與沙丘

沙漠集各種極端之大成。凡不畏炎炎烈日、刺骨寒夜和無盡乾燥的勇者，沙漠必將回報純粹之美。自我抉擇是沙漠旅行的大原則，個性不夠樂觀開朗的人慎入。乾涸見底的湖泊？不，這片鹽巴結晶形成的鹽海真是閃閃動人。一朵花都看不到也叫原野？這兒可是仙人掌的天堂。強風何時才會停歇？有了強風，地貌才能不斷萬化。早晨沿著沙丘漫步，滑下斜坡，回首再看又是一番新面貌。沙上完全沒有建築物。大自然的威力使開發商敬而遠之，卻成為冒險家眼中的專屬樂園。熱愛沙漠陽光但不喜炎熱高溫的人，安地斯與馬德雷山脈的高海拔區有一處綠洲可去。著迷於撒哈拉式地貌、又偏好海洋清新洗禮的人也很幸運，巴西和越南的海灘都能兩全其美。無論是開車衝沙、峽谷健行或追逐浪花與流星，沙漠隨時恭候你們這對大無畏的愛侶光臨。

拱門國家公園內的熱門景點平衡石（Balanced Rock）。

莫亞布（Moab）
美國

莫亞布就像個逃離嘮叨父母的野孩子，自由自在地在猶他州東界過起日子來。人們造訪此地後多會留下夢想，想要在這裡開一間自行車店、釀酒坊或珠寶工作室，任何生計都好，只要每天起床能看到藍天紅岩。莫亞布常被戲稱為美國西南的冒險之都，除了攀岩、越野賽車、登山自行車、定點跳傘等活動讓人躍躍欲試外，拱門（Arches）國家公園、峽谷地（Canyonlands）國家公園、死馬點州立公園（Dead Horse Point State Park），以及科羅拉多河的壯闊美景也都囊括其中。小小的莫亞布市曾在 1950 年代因山丘上發現鈾礦而一飛衝天。昔日榮景雖遠，但由抓地力優異的光滑砂岩（「slickrock」sandstone）構成的礦區老路，如今已成為四輪傳動車和自行車愛好者競相朝拜的聖地。一天在外與沙共遊後，回到城裡灌下微釀啤酒，聆聽現場演奏，或在沙漠獵遊營地享受一頓星空晚餐。莫亞布就是能讓人隨心所欲。

✖ 最佳旅遊時節
此地不缺湛藍天空，一年大約有250天陽光普照。4、5月和9、10月的氣溫最理想（攝氏21度至27度之間）。

⌂ 住宿地點
Moab Under Canvas：由高雅精緻的獵遊式帳篷和北美印第安風圓錐形帳篷（tepee）組成，位於拱門及峽谷地兩大國家公園交會處。

Hauer Ranch：靠近科羅拉多河，可以看到漁夫塔（Fisher Towers），馬場裡有兩間大屋，廚房設備一應俱全可自行煮食。

♡ 浪漫情事
在猶他州最大的酒莊——城堡小溪（Castle Creek）品酒。閒坐溪畔露臺，手握一杯得獎佳釀——Petroglyph白酒或Monument紅酒。

☑ 小提醒
小心熱中暑。每天補充1加侖（約3800毫升）水分，穿著淺色衣物（背心不宜），戴寬邊帽，經常休息並認真塗抹防曬霜。

之字形的登山自行車徑蜿蜒穿過沙漠。

兩個人的冒險

地獄復仇（Hell's Revenge）車徑越野
▲▲▲

跳上四輪傳動車，在這條10公里多的傳奇小徑上，穿越圓形砂岩和抓地力優異的鰭狀砂岩。以雲霄飛車般垂直升降之姿，攀越陡峭的深淵峽谷（Abyss Canyon），途經拉薩爾山脈（La Sal Mountains）與科羅拉多河多處懾人景點。中途下車去探查恐龍足跡化石，順便自拍一堆超猛照片。

飛越峽谷地與拱門國家公園 ▲

空中1小時，將兩大國家公園雄偉的山谷、高峰和高原風光盡收眼底。從塞斯納小飛機上低空俯瞰迷宮（Maze）、天空之島（Island in the Sky）及科羅拉多河與綠河匯流處，再欣賞從空中才看得到的岩層紋理。

騎登山自行車走一圈死馬點 ▲▲▲

藝高膽大的請去騎傳奇的光滑岩石小徑（Slickrock Trail）。其餘如我輩者，入門級的死馬點路線就是欣賞莫亞布精采地貌與一流景觀的最佳選擇。想辦法蹬

❖ 一試成主顧

我們兩人第一次的長期公路旅行從拉斯維加斯到莫亞布，一共去了六座國家公園：在布萊斯峽谷（Bryce Canyon）露營，在圓頂礁（Capitol Reef）巨石上野餐，然後循著塵土飛揚的小路前行，下下環顧只見紅岩，不知終點在何方。經過十天冒險之旅，抵達莫亞布後卻意猶未盡，對猶他州和深入狂野西部的公路旅行心生更多嚮往，從此便一試成了主顧。

紅酒杯仙人掌（Claret cup cactus）與莫亞布的紅色砂岩十分相襯。

上臺地後，騎在外緣，接著就能取道多條小徑一路下坡22公里（緩衝點較少的距離較短），每條路況都很好。

徒步旅行惡魔花園（Devil's Garden） ▲▲

全美國、甚至全世界最重要的天然拱門，可以說大部分都集中在拱門國家公園的這一區。範圍起自兩座鰭狀砂岩，一路到達近100公尺長的景觀拱門（Landscape Arch）。徒步環線全長約12公里，可以欣賞到鑲嵌在分隔拱門（Partition Arch）裡的沙漠風光和其他無數奇景。

想進一步探索這塊大陸，請查閱：

» 歷史：墨西哥，瓜納華托，第114頁
» 公路旅行：美國，西南部，第206頁

美奈
(Mũi Né)
越南

亞洲
越南 □ 美奈

美奈是個生氣蓬勃、卻常遭人誤解的地方，而且從地名開始就有問題。鄰近的咸進（Hàm Tién）有一長串度假酒店，現在統稱為美奈，但真正的美奈其實是再往東走約 6.5 公里的一個小漁村。村邊棕櫚婆娑起舞，港邊停著圓形的竹製小船（最初是在法國殖民時期怕被徵收而設計出的古怪東西），越南南部一些上等海鮮也在這裡。往內陸去則會看到紅白相間的巨型沙丘，頗有撒哈拉風情，但其中卻點綴著水光閃閃的荷花塘。沙丘造成的微氣候與越南季風抗衡下，此地的降雨量只有周圍城市的一半，加上陸上側風穩定，因此成為風箏衝浪者的天堂。穰海灘（Rang Beach）一年有 200 天吹著 12 節以上的和風，大部分的觀光客為此駐留，但他們不知道的是，如此宜人的和風，其實在風景更棒的平順省（Bình Thuan Province）海灘也能享受到。擁有 19 世紀燈塔、白沙與奇岩的柯嘎（Kê Gà）就是一例。快去鎖定旅遊加酒店的套裝行程，跳上摩托車探索沙丘，一睹美奈的內陸荷花。

✈ 最佳旅遊時節
風況和陽光從10月到3月都很理想。注意：4月到9月間，風箏衝浪業者大多歇業。

🏨 住宿地點
Source Kiteboarding & Lodge：悠閒的海灘旅館，房間通風良好，屋頂有一大片露臺，馬里布海灘（Malibu Beach）上還設有紮實的風箏衝浪學校。

Princess D'Ân Nam Resort & Spa：別墅型，屬「世界小型豪華酒店」成員之一，位於僻靜的柯嘎海灘，印中混河的風格相當別緻，短遊行程也很精采。

❤ 浪漫情事
看著夕陽從紅沙丘上逐漸西下。火紅的沙因起伏波紋上的微光散影更顯奇特。租一張滑沙橇就更加刺激。

✅ 小提醒
沙丘區可能會刮起強風，也就是說四面八方都有沙子撲面而來。穿著輕便長褲，戴太陽眼鏡，相機必須能防水或有保護殼，以防沙粒吹入。

準備滑沙的人在日落時分登上白沙丘。

美奈港獨有的古怪小船。

兩個人的冒險

探索白沙丘 ▲▲
走上這處濱海沙漠的稜線，再從斜坡一躍而下。接著前往荷花塘，體會連綿沙丘襯著繁花綠洲的衝突感。冒險魂作怪時，不妨試試四輪沙灘車（事先要談妥細節）。

風箏衝浪課 ▲▲▲
去五星級學校學習基本技巧，例如馬里布海灘上的風箏衝浪之源（Source Kiteboarding，中等程度也適合）。專業級好手該往哪裡去？美不勝收的柯嘎，尤其是燈塔左側，定能令人滿意。

仙女泉（Fairy Spring）嬉戲 ▲
小溪長年流經外層堅硬的沙丘，切割作用導致由沙、石灰岩和粘土構成的多彩岩層裸露於外。淺淺的溪水

兩岸各有蓊鬱綠意和滴水穿石而成的城堡奇岩，涉水而行半小時就是瀑布。

在美奈魚市融入在地生活 ▲
從破曉時分到上午10點左右，漁夫會帶著滿船漁獲回到岸上，石斑、鯡魚等各種魚類如聚寶盆般令人目不暇給。一家大小忙著篩揀、秤重，然後放進掛在竹竿上的籃裡拖走。越南斗笠、繽紛小船與吃苦耐勞的人們，交織成一幕美景。

✧ 小莫斯科
基於共產黨的淵源，俄羅斯人入境越南無需簽證，而且機票價格低廉。咸進（美奈西邊的帶狀度假村區）因此成為他們的派對樂園。看到菜單標示大多以西里爾字母、而非越南文為主時，我們就知道自己必須逃離莫斯科區。跳上摩托車，循著沙丘邊的道路前行，才找到真正的美奈。

風箏衝浪手群聚在咸進海灘。

想進一步探索這塊大陸，請查閱：
» 高山：菲律賓，中央山脈…第26頁
» 河流：寮國，南烏河谷…第60頁

從巴西傑里科科拉的日落沙丘嬉鬧而下。

滑沙

我們在城中心大約30公尺高的沙丘頂端，看著夕陽隱沒到海面下。餘暉消失之際，眾人口哨與歡呼聲齊揚，接著巴西戰舞卡波耶拉圈（capoeira circle）的鼓聲響起，招呼我們回去城裡。我們兩個十指緊扣，從稜線上一躍而下，不斷崩陷的沙加上地心引力，使身體像失速列車般俯衝下來。笑聲與尖叫聲既讓人優雅盡失，更無助於保持平衡，但這無疑是有史以來最棒的一次下坡。

杜藍哥州 (Durango)

墨西哥

杜藍哥位於奇瓦瓦沙漠（Chihuahua Desert）和西馬德雷山脈（Sierra Madre Mountains）交會處，是墨西哥最孤立又神祕的一州。無論是徒步走上 3000 公尺高峰，在令人望而生畏的孤獨沙丘（Dunas de la Soledad）遊蕩，或去探索聯合國教科文組織世界文化遺址馬皮米（Mapimí），都不禁納悶為什麼聽過這個地名的旅人不算太多。這裡虛幻鬼魅的名聲至今不墜，景點例如 16 世紀鬼城歐回拉（Ojuela），以及據說會讓無線電波失靈的寂靜地帶（Zone of Silence）。去質樸的西班牙殖民時期首府待幾天，好好認識杜藍哥。騎馬踏上龐丘·維拉（Pancho Villa，譯註：20 世紀初的墨西哥革命軍領導人）的革命小徑。認識這裡令人嘖嘖稱奇的電影史（這片遼闊的沙漠已在 150 多部電影中出現過）。開車前往有惡魔脊骨（Devil's Backbone）之稱的傳奇路線，從頭到尾估計有 2000 處彎道。找出杜藍哥為何擔得起真實版狂野西部名號的原因。

最佳旅遊時節

高海拔使沙漠酷熱稍減。10月到5月的陽光最強，但夜晚涼爽可期。

住宿地點

Hostal Mexiquillo：簡單的家庭式招待所，嚮導服務非常棒，緊鄰梅西基佑生態公園（Mexiquillo Ecological Park）。

Hotel Gobernador：酒店和餐廳都是杜藍哥市中首選之一。

浪漫情事

徒步走到梅西基佑消防員瞭望臺（問當地人怎麼去）。小心地登上15公尺高爬梯，來到你們專屬的空中小屋。以梅斯卡爾酒（mescal）與夕陽美景乾杯。

小提醒

關於杜藍哥的旅遊警示不少，但我們在那裡住了幾個月，並不覺得安全堪慮。謹慎起見，入夜後不要開車，也別在外面待太晚。

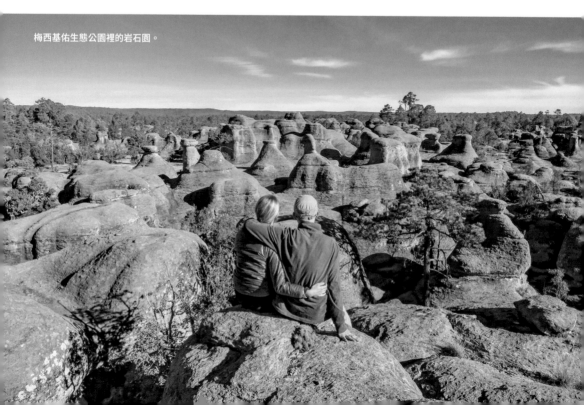

梅西基佑生態公園裡的岩石園。

杜藍哥市街的殖民風情。

兩個人的冒險

惡魔脊骨公路旅行 ▲▲
走40D公路往南。這條路是墨西哥的工程奇蹟，途經
61處隧道和115座橋，包括一座高度超過400公尺、全
世界最高的斜張橋。返回杜藍哥時取道舊有的40號公
路，一路好似螺旋開瓶器般繞著西馬德雷斯山往上，
最後在令人望而生懼的惡魔脊骨崖壁間迸發最高潮。

岩石園裡的巨圓石 ▲▲
梅西基佑生態公園裡，一座座堆疊成胖嘟嘟女娃似的
火成岩，彷彿月球迷宮般讓人失去方向，等待人們去
探索、攀爬和拍照。上午看過巨石後，繼續去針葉林
裡驚人的瀑布和魔鬼列車山洞。

好萊塢的狂野西部 ▲
西部片中漫天塵土的街道、小酒館、警長辦公室等經
典畫面都出自此地。探索1960年代的電影場景。那些
地方曾因約翰•韋恩、克林•伊斯威特等悍將而增色不
少，現在則已變身為十分好玩的遊樂園：老西部之旅
（Paseo del Viejo Oeste）。

神祕馬皮米 ▲▲
聯合國教科文組織生物圈保留區（UNESCO
Biosphere Reserve）加上殖民小鎮風情，足以讓人
流連忘返好幾天。走過300公尺長的吊橋，進入歐回
拉礦區迷宮，看看羅盤指針在馬皮米寂靜地帶是否會
瘋狂旋轉，滑下孤獨沙丘，然後在墨西哥頗負盛名的
魔幻小鎮（Pueblos Magicos）過夜。

✧ 在地人的小提醒

我們一時興起，在墨西哥的馬薩特蘭
（Mazatlán）申請了臨時代管住宅的工作，
於是拿到一棟海灘屋的鑰匙，進去住了兩週，還
在當地結交到 20 位新朋友。融入社區生活的我
們，聽說通往附近杜藍哥州的史詩級公路異常精
采，當下就決定出發，而且一路上到魔鬼脊骨。
坦白說，我們本來並沒有打算去杜藍哥州，如今
卻由我們把這個祕密傳承下去。

百轉千迴的惡魔脊骨迎面而來。

想進一步探索這塊大陸，請查閱：
>> 海灘：多明尼加，沙馬納…第78頁
>> 雨林：哥斯大黎加，蒙泰維爾德…第186頁

坐落在傑里沙丘之間的潟湖。

傑里科科拉
(Jericoacoara)
巴西

傑里科科拉
巴西

南美洲

連綿沙丘之間蜿蜒著一條沙徑，小徑的盡頭是大西洋，起點距離最近的柏油路則有將近 23 公里。開著開著，濱海小城傑里科科拉有如沙漠綠洲般現身眼前。沙石路上漫步著拉斯特法里教（Rastafari）信徒、衝浪族、藝術家和精打細算的旅人，有機咖啡館與卡琵莉亞（caipirinha）雞尾酒攤連成一氣羅列路旁。天空點點風帆，正拉著風箏衝浪手乘風破浪。黃昏時分，數百人移步登上城中心約 30 公尺高的沙丘等待。當夕陽墜下地平線的那一刻，眾人齊聲歡呼，接著或跳或滾用滑沙板俯衝而下，循著樂音的源頭前進。火炬亮起，鼓聲響起，巴西戰舞卡波耶拉圈不斷擴大，一雙雙長腿在這武術芭蕾中不停地踢高踩低劃過空氣。帳篷酒吧內混雜著萊姆汁、糖水、甘蔗酒（cachaça）和百香果汁。當街上亮起燈籠，滋滋作響的海鮮也飄出陣陣香氣時，你會知道晚餐時間到了。過沒多久，餐桌被推到一旁，弗樂舞（forró dancing）登場，你的雙腳彷彿被施了魔法，開始生疏地跟著移動。這就是傑里科科拉。

✖ 最佳旅遊時節
7-1月的陽光和微風能滿足風箏衝浪或風帆愛好者的需求。不想人擠人的話，請避開 12-2月。

🏨 住宿地點
La Villa Jericoa-coara：受到巴西和歐洲的影響，奢華又能看到沙丘。
Baoba：經典的傑里型旅舍（Jeri pou-sada），魅力十足，就位在大街旁。

♡ 浪漫情事
挑一個星期三或星期六，晚一點去阿蜜莉亞太太（Dona Amélia）那兒吃晚餐。午夜降臨時，亮晃晃的燈籠使這裡搖身一變，成為鎮上最棒的弗洛舞派對。欣賞幾段性感舞步後，自己也下場激情旋轉一番。

☑ 小提醒
打包行李時記得帶手電筒。傑里的浪漫氛圍與傳統生活方式不容許街燈存在。此外徒步去看日出時也派得上用場（後續分曉）。

日落雞尾酒首選——卡琵莉亞。

兩個人的冒險

捕捉海上的日出日落 ▲▲
日出前一小時，徒步到傑里科科拉知名的衝浪與觀光景點巨型拱石Pedra Furada。一整天冒險後，加入儀式般的傑里必走行程，爬上日落沙丘，欣賞巴西獨有的景致之一：海面夕陽，而且有可能看到罕見的「綠閃光」現象。

卡波耶拉課 ▲▲
最初是非洲奴隸為了掩飾其武打訓練，所以加入音樂與舞蹈元素創造出來的一種巴西武術，至今仍有人每天都在傑里的海灘上練習。在黃昏時段欣賞大師們優雅過招後，就會想要報名晨間課程，學得一招半式。

乘風破沙去 ▲▲▲
小試一下傑里的兩大板上運動：風箏衝浪與skibunda（滑沙的俗稱）。給自己一天時間，先去國際風箏衝浪組織（IKO）認證的學校上風箏衝浪課，接著以在日落沙丘滑沙劃下句點。大街上可以租到板子，以時計費。

新塔塔朱巴沙丘越野 ▲▲
自己開一輛沙灘越野車去探索沙丘、湛藍潟湖及漁村。新塔塔朱巴（Nova Tatajuba）路線上有多種地形變化。前往綠洲般的托爾塔潟湖（Torta Lagoon）享受水中吊床，沿路還可以上沙丘、下溪流。

✢ 騎出傑里風格

我們漫步到海灘馬廠想要騎馬。一起跳到「銀快」背上之後，我們以為「導遊」也會上馬，結果他竟然只遞給我們一根樹枝，再往銀快的屁股上拍了一巴掌，高喊兩聲「嗨～吼～」，我們就朝著夕陽奔馳而去。真是一趟經典的傑里之旅！

傑里的招牌：巨型石拱。

想進一步探索這塊大陸，請查閱：
» 瀑布：阿根廷與巴西，伊瓜蘇瀑布…第46頁
» 雨林：巴西，瑪瑙斯…第194頁

納米比沙漠
（Namib Desert）
納米比沙

非洲

納米比沙漠 □
納米比亞

麗娜與大衛・史塔克（Lina & David Stock）

納米比是世界上最古老的沙漠之一，從大西洋向內陸延伸，涵蓋納米比亞境內全線海岸，並且外溢到安哥拉和南非。這裡挺過大約5500萬年到8000萬年的乾旱氣候，全球幾處最乾燥的區域都在這裡。年代古老加上環境獨特，也使大概25種特有爬蟲類以此地為家，還有斑馬、長角羚羊等非洲的招牌野生動物。納米比的荒涼之美讓人彷彿來到另一個星球。雄偉沙丘與對比色彩則誘人以高自跳傘、低至滑沙等各種冒險活動來全方位一探究竟。儘管沙漠地區大多無法進入，但納米比─諾克陸夫國家公園（Namib-Naukluft National Park）裡仍有幾處景點不能錯過，其中尤以橘色巍峨沙丘環繞白色荒涼鹽灘的索蘇維雷（Sossusvlei）區最有名。進出公園可以取道碎石路，或從溫吐克（Windhoek）搭輕型飛機前往。這段冒險之旅其實在抵達目的地之前就已開始。

🗙 最佳旅遊時節
去納米比沙漠唯一要避開的時段是12月到2月，因為溫度可能會飆到接近攝氏49度。

🏨 住宿地點
Sossusvlei Lodge：在賽斯里彥（Sesriem，納米比冒險之旅的門戶）搭起豪奢的獵遊帳篷，是沙漠住宿的極致享受。

Namib Desert Lodge：進階版的鄉村營地，有餐廳、泳池和私人平房。

❤ 浪漫情事
從超過150公尺高、納米比最具代表性的45號沙丘頂端欣賞日落。看著太陽融化到沙漠細沙裡。

✅ 小提醒
一定要熬夜觀星，一定要爬上至少一座沙丘。眼前景觀絕對值得你付出。

在索蘇維雷的晨霧中爬上45號沙丘。

兩個人的冒險

徒步走到死亡谷 ▲▲

死亡谷（Deadvlei）是納米比沙漠最知名的鹽灘。徒步前往該處時，體會沙子在腳下流動的感覺。抵達後會看到整片雪白以豔橘沙丘為襯，上有900多歲的石化駱駝刺槐點點而立。一大早出發，可以找到自己眼中最上相的美景。

在海與沙的上空從天而降 ▲▲▲▲

從3000多公尺高空一躍而下，眼下的納米比畢生難忘。若想一睹沙漠與大西洋如何相遇，唯一的途徑就是飛上天際；此外，你還得加入由一群腎上腺素成癮者組成的菁英團體。

索蘇維雷遊賞野生動物 ▲

跳上四輪傳動車輾過沙地，同時尋找地球上幾座最碩大的沙丘。清晨獵遊之旅在開始徒步探索本區之前，有機會先看到獵物（想像一下沙地上出現長角羚羊身影的畫面）。

沙丘滑沙 ▲▲▲

滑沙跟滑雪類似，都能讓人從起伏地形俯衝而下。「改變行動滑沙（Alter Action Sandboarding）」公司在納米比亞海岸線開創出這項運動，聲稱擁有一座約100公尺高、6個丘面的星形沙丘，無論初學者或進階滑沙好手皆宜。大膽試試跳躍而下，寬宏大量的沙子會容許你犯錯。

❖ 給夫妻／情侶的建議

欣然接受旅途中並非時刻浪漫的現實。渾身臭汗、疲憊不堪、飢餓難耐等情況所在多有，而且那時候最不想做的事情就是擁抱。沒關係，輕鬆以對，承認自己當下的感覺就好。事後你們會赫然發現，倆人共處的氣氛竟能雨過天青，而且雙方的容忍度大有進步。最後一點，別鑽牛角尖。記住，只要沖個涼或吃頓飯，就能恢復神清氣爽。

石化的樹木屹立在死亡谷的鹽灘。

想進一步探索這塊大陸，請查閱：

≫ 島嶼：坦尚尼亞，占吉巴島⋯第72頁

≫ 野生動物遊賞：南非，克魯格⋯第88頁

強大夫妻檔：麗娜與大衛

這對來自威斯康辛州的佳偶從中學就開始交往，兩人都懷抱著環遊世界的美國夢。他們最棒的冒險經歷包括從開普敦一路露營119天到開羅，在中國萬里長城徒步旅行，以及菲律賓的海上輕艇之旅。想了解史塔克夫婦的得獎攝影作品、影片和旅遊建議，請上 DivergentTravelers.com。

覆蓋著一層鹽塵的月亮谷迷人至極。

亞他加馬沙漠
（Atacama Desert）
智利

南美洲
亞他加馬沙漠
智利

亞他加馬沙漠夾在安地斯山脈和智利海岸山脈之間，受到兩側5000多公尺高峰的屏障，平均年雨量不到25毫米，是全世界最乾燥的沙漠，有些區域自有紀錄以來從未降過一滴雨，也不曾看到生命跡象。這個看起來毫無親和力的地方，卻在極端惡劣處暗藏樂趣。古代湖泊已乾燥成遼闊鹽灘，晶體與天藍色的水坑閃耀其間。火山間歇泉飄出20多公尺高的縷縷輕煙，富含礦物質的泉水則使地表如萬花筒般變化萬千。生命雖與歡樂谷距離遙遠，但從公元2世紀文明至今，人類造訪此地的腳步不曾因此停止過，包括當代天文學家、尋求刺激者以及使亞他加馬聖佩德羅鎮（San Pedro de Atacama）憑添優雅風情的泡湯民眾等。鎮上建築以土磚和木棍屋頂搭建而成，模樣既可愛又原始，然而隱身於土牆之後的卻是精品酒店、登山自行車店和人聲鼎沸的皮斯科酸酒（pisco sour）酒吧。任你要測量什麼項目——雨量、氣氛或冒險程度——亞他加馬沙漠一律破表。

✈ 最佳旅遊時節
氣候穩定，白天溫度通常在攝氏21到26度之間，夜晚則是4到9度左右。避開滿月就能好好觀星。

🏨 住宿地點
Awasi：豪華度假酒店Relais & Châteaux lodge之一，以冒險活動、美味佳餚和私人嚮導服務著稱。
Terrantai：200年歷史的殖民時期民宅，整修後兼具安地斯風格和當代細節，地點適中且相對平價。

💗 浪漫情事
蒂拉亞他加馬水療酒店（Tierra Atacama resort）有短遊加水療的套裝行程。徒步走去月亮谷（Moon Valley），回來享受靈氣（Reiki）及水晶按摩。在冷冽的清晨一探哭泣爺爺（El Tatio）間歇泉，接著去體驗熱石療法。

✅ 小提醒
目前為止在南美洲最棒的冒險之一，就是從亞他加馬沙漠到玻利維亞烏尤尼鹽灘（Uyuni Salt Flats）的四輪傳動車之旅（第221頁）。請在聖佩德羅鎮訂好行程。

蒸氣從哭泣爺爺（El Tatio）間歇泉的地熱田湧出。

兩個人的冒險

從月亮谷騎馬到死亡谷 ▲▲▲
騎在馬背上快步通過月球迷宮似的紅岩洞穴、峭壁和隧道，耳邊傳來鹽晶裂開的聲音。來到突出的山壁平台用過午餐後，再朝死亡谷沙丘群奔馳而去。這是最貼近這兩處熱門景點的探索方式。

哭泣爺爺間歇泉看日出 ▲
當聖佩德羅天色未亮、氣溫仍低時，就開車去南半球最大的地熱田，欣賞地表上百個噴氣孔湧出的白色煙柱不斷翻騰，直到陽光出現後，熱度才使蒸氣漫開。閒步走在一個個淺水塘四周，讚嘆幾何地形裡的一道道彩虹。

亞他加馬鹽灘與潟湖 ▲▲
在3000平方公里的紅鶴國家保護區（Los Flamencos National Reserve）裡，地面碎裂成一幅由結晶鹽片和水塘構成的鑲嵌畫。到紅鶴鹽湖（Laguna

亞他加馬賽哈爾潟湖（Cejar Lagoon）的鹽度媲美死海。雖然湖裡浮力太強根本無法游泳，還是可以試試那種讓人歇斯底里的感覺。每一划手、每一踢水，手腳便不受控制地浮在水面，捧腹大笑更無助於前進。放棄原地轉圈後，乾脆像睡在躺椅上那般仰臥水中，對著火山風景冥想一番，順便用免費鹽巴清除角質。

在賽哈爾湖中徹底放鬆。

Chaxa）去看四種紅鶴在淺灘裡高視闊步。去薩拉達鹽湖（Laguna Salada）欣賞夕陽，以湖中的漂浮鹽片和安地斯山脈的粉紅色倒影為這一天畫下句點。

與天文學家一起觀星 ▲
亞他加馬的零溼度與零光害，使這裡擁有全世界最澄淨的天空。參加南美洲最大的公家天文台之一——天文探索（Celestial Explorations）——的星空之旅，透過那裡的高倍望遠鏡，一窺隱身於夜空中的繁星、銀河及宇宙國度。

想進一步探索這塊大陸，請查閱：
» 高山：智利，百內峰…第40頁
» 超自然：玻利維亞，波托西省…第220頁

熱氣球在埃及古老的底比斯神廟（Thebes Temple）上空飛行。

沙漠與沙丘冒險之旅

滑沙、開車衝沙,探索沙漠綠洲才有的絕美景色。

墨西哥

1. 奇瓦瓦線鐵路

走在奇瓦瓦太平洋線鐵路(El Chepe)上的,與其說是火車,倒不如說是雲霄飛車。乘車時間12至18小時,行經世界上最深的峽谷之一黃銅谷(Copper Canyon),百轉千迴,峭壁陡立,極致景觀終止於健行仙境——塔拉烏瑪拉印第安村(Tarahumara Indian village)。

埃及

2. 帝王谷(Valley of the Kings)熱氣球

飄在綠意盎然的尼羅河三角洲上空,從沙漠邊陲降下降,進入公元前16世紀的皇家墓地。欣賞占地廣大的卡奈克(Karnak)神廟和路克索(Luxor)神廟。從空中俯視法老陵寢時,更會對其精美程度讚嘆不已。

約旦

3. 徒步前往佩特拉

這條小徑全長約80公里,歷史上是阿拉伯、埃及和敘利亞腓尼基三方交會處,如今則是通往全球知名商隊城市佩特拉(Petra)的終極通道。走在狹窄的紅色峽谷中,鑿在岩石中的建築立面令人激賞,豐富的歷史底蘊更值得探討。

摩洛哥

4. 撒哈拉駱駝行腳

高坐在沙漠最傳統的交通工具上,循著古老的商隊路線,經過珊瑚沙丘、火山和頹圮的北非城堡。在市集和柏柏人(Berber)的村落處歇腳,體驗真正的撒哈拉。

美國

5. 海岸沙丘滑沙

奧勒岡沙丘國家遊覽區(Oregon Dunes National Recreation Area)的沙丘綿延超過60公里,形成一座大樂園。將滑沙板綁妥即可開車出發,幾處原本就是滑沙公園的地方都很棒,霍尼曼(Honeyman)州立公園能接觸大海與潟湖,在沙丘大師(Sand Master)公園裡則可挑戰跳躍和磨杆。

玻利維亞

6. 鹽礄酒店

在地球最大的鹽灘過夜。露娜薩拉達酒店(Luna Salada Hotel)幾乎全由白鹽礄成,包括牆壁、地面、床、書桌、手工製品等。最棒的是入住這棟建築奇蹟後,你將擁有在烏尤尼鹽灘這個超現實結晶大沙漠裡的最佳時光。

美國

7. 見證破紀錄的速度

自從汽車問世以來,猶他州柏納維爾鹽灘(Bonneville Salt Flat)的平滑賽道不斷打破速度紀錄。別錯過年度盛事「速度週(Speed Week)」,此時各式改裝老爺車、高速賽車和流線型賽車都會現身,在天然的直線加速賽道上展現動輒超過900公里時速的英姿。

蒙古

8. 在戈壁尋找恐龍蛋

探索古生物學的聖地——巴彥札格。這裡已經發現140個新的恐龍物種,也是第一批恐龍蛋的出土處。烈火危崖的遊客不多,至今仍持續露出已有8000萬年歷史的化石,因此走在絕美的南戈壁附近時,別忘了保持目光犀利。

祕魯

9. 飛越納斯卡線

想看清楚納斯卡沙漠(Nasca Desert)上的古老遺跡,非搭飛機不可。先認出地上蝕刻而成的巨大蜂鳥、蜥蜴、鯨魚和十數種其他動物,再飛往最近才發現的帕爾帕線(Palpa lines),欣賞精采程度毫不遜色的人形圖案。

阿拉伯聯合大公國

10. 衝沙

開著車卯足勁衝過沙丘,是沙漠居民最愛的消遣,只不過杜拜的汽車文化更將其發揮到極致。跳上悍馬(Hummer)或Land Cruiser,下滑、原地轉圈、彈跳,在阿拉伯沙漠裡衝出一條車徑。

紐西蘭，南阿爾卑斯山

「夜半無聲的降雪總能讓我的心甜美澄淨。」
——嶽本野薔薇（Novala Takemoto）

第八章

冰與雪

．．．．．．．．．．．．．．．．．．．．

如果天寒地凍對你而言不是問題，你就能擁抱更多的時節、更多的地點。套上合適的裝備後，降雪的森林似乎就成了健行的好去處，冰河也邀請你去攀爬，冰山湖泊則激起你划輕艇的鬥志。寒冷不過是心態的框架。無法克服怕冷的心理障礙，就會錯失天際的極光、冰河崩裂的雷鳴巨響或啃咬相機背帶的企鵝。酷冷之地的祕密彌足珍貴，那些祕密只與耐寒者分享。放牧馴鹿的薩米族（Sami）、南極的科學家和弗蒙特州的楓糖漿採集人，對於冬季之美都了然於心，更清楚如何在一天結束時，用熾熱的火焰、毛茸茸的厚毯、辛辣的燒酒與相擁入懷來馴服寒冬。不過，不一定要在惡劣天候下才能享受到冰雪的樂趣。有些冰河景點其實更適合在夏季前往，讓陽光與溫泉驅走寒意。找到一處冰涼酷勁的度假勝地，會讓你倆在各方面更加接近。

南極半島
(Antarctic Peninsula)
南極洲

□ 南極半島

南極洲

這裡是最冷、最乾燥、風勢最強、最像烏托邦的一片大陸。南極洲沒有被任一國家擁有或開發，而是由53國共享科學進步成果與人類共同利益。大自然之母在海洋、風及野生動物從旁輔佐下，全面主宰並精心打造出地球上這處絕美地點。這裡距離南美洲最南端將近1000公里，兩地之間夾著全世界最危險的海域，因此要去南極洲得經過勇者專屬航程。德瑞克海峽（Drake Passage）波濤起伏落差近8公尺，兩天下來放眼周遭完全看不到任何生命跡象，接著，突然之間，竟然出現一群座頭鯨。跟著座頭鯨群朝著冰山去，遠遠看見企鵝沿著山脊蹣跚前進，閃耀的白色大地瞬間抓住眾人目光——但這裡只是起點。無論是要搭乘星座遊輪（Zodiac cruise）前往巴布亞企鵝（gentoo penguin）棲地，在冰河如流蘇般垂落的群島間划輕艇，或是踩著極地探險家的足跡前進，一切都從這裡開始。

✕ 最佳旅遊時節
11-3月是遠征季。11、12月可從事雪地運動。1月最溫暖（均溫攝氏1.1度），也是企鵝寶寶出生的時候。2月會有鯨魚。

🏨 住宿地點
Quark Expeditions：冒險程度最高、最好玩也最平價的船隊。
One Ocean探險郵輪：兼顧冒險與環保的奢華郵輪。注意：行程大多是8到10天，從阿根廷的烏蘇懷亞（Ushuaia）或智利的旁塔阿雷納斯（Punta Arenas）出發。

♡ 浪漫情事
能走到這一步的人並不多。登上頂層甲板，準備好香檳，為愛、冰河與企鵝乾杯。

✓ 小提醒
別花全價參加行程。先訂閱遠征電子報，追蹤快閃特價訊息。11月和3月的行程可能比較便宜。在烏蘇懷亞有賣最後一分鐘的出清船票，十分划算。

海狗在奇幻島（Deception Island）岸邊玩耍

兩個人的冒險

划輕艇遊賞野生動物 ▲▲▲
輕艇是最貼近南極洲的探險方式。預訂好一週的雙人輕艇套裝行程，就能在這片祥和靜謐的白色大陸享受到更多的空間及自由度。在島嶼、冰山四周靜靜地划著槳時，你會看到企鵝橫越前方，好奇的海豹則會在一旁伴游。

極地跳水 ▲▲▲▲
跳入冰冷的大海是一項儀式，代表你來過南極。穿著泳衣站在跳板邊緣，眺望酷寒的風景，沒有人不心生猶豫。但無論如何，跳吧！攝氏零下1度的水溫瞬間振奮感官，同時賦予你吹牛一輩子的權利。

在冰山附近玩立式槳板 ▲▲▲▲
找一處有屏障的海灣，把立式槳板（SUP）滑入冰水中，找到平衡點。在藍色冰山之間操控板子，以鋸齒狀的路線前進（同時努力別再發生極地落水事件）。擁抱島嶼，觀察野生動物，陶醉在奇幻倒影中。

✣ 踏上我們的第七座大陸

我們將雙腿跨出星座號，踏上延伸到南極的土地。我們差不多跑上了陡峭的高山，對每一步滑溜溜的步伐和每一粒打在臉上的冰霰都樂在其中。在以冰河為背景的內科港（Neko Harbour）上方，我們登上一處岩石露頭，覺得自己累積四年的蜜月就在這一剎那飆到最高潮。此時此刻怎能沒有香檳。於是我們彈出瓶塞，亮晶晶的氣泡酒被風送到空中，也送到我們的鼻尖。癢癢的氣泡讓人咯咯發笑。全然的快樂，徹底的敬畏，我們在深具里程碑意義的時刻乾杯。

我們驕傲地展開南極洲洲旗

與企鵝四目相對 ▲▲
停靠在不同的企鵝棲地，就能看到巴布亞企鵝、帽帶企鵝和阿德利企鵝，有的步履蹣跚、有的以滑行前進或正在跳水，一般來說都很可愛。儘管不應該與牠們近距離接觸，但你如果跪下並保持靜止不動，好奇的企鵝寶寶往往會直接朝你走來。停泊在企鵝熙來攘往的艾丘群島（Aitcho Islands）或歷史悠久的夏科港（Port Charcot）時，別忘了祝自己好運。

想進一步探索這塊大陸，請查閱：
» 高山：智利，百內峰…第40頁
» 瀑布：阿根廷與巴西，伊瓜蘇瀑布…第46頁

西部地區 (Westland)

紐西蘭

冰河從南阿爾卑斯山最高峰流下，綿延數公里的河道朝溫帶雨林及黃金海灘奔去。如此多樣化的地形似乎不可能出現在同一座國家公園裡，但西部地區泰普提尼（Westland Tai Poutini）國家公園就是辦得到。沿著南島西海岸公路前進，羅漢松林間現出一處冰谷。福克斯冰河（Fox Glacier）的外形彷彿無數的鯊魚牙齒一行行排列下去，顏色則是珍珠白交織發光藍，跟記憶中的冰河截然不同。繼續往上開 22 公里左右，看到它的孿生兄弟法蘭士‧約瑟夫（Franz Josef）之後，你才會恍然大悟。兩條冰河都超過 12 公里長，都流入南阿爾卑斯山，也都需要出動直升機和冰爪才能一窺全貌。但這些都不是問題，冒險本應如此。法蘭士‧約瑟夫村和福克斯村裡的雪地裝備一應具全（可以攀登冰河、跳傘、冰河健行），還有溫泉等你返回後好好享受。為冰雪搭配一點海灘：取道賞景公路前往吉里斯皮斯（Gillespies）海灘，欣賞海豹棲地及紐西蘭採礦年代的遺跡。無論你們倆是否一個喜冬、一個愛夏，這裡可以同時享受到兩種季節的優點。

澳洲
紐西蘭
西部地區口

⊠ 最佳旅遊時節

日日都是好時節。若要人少、晴天多且冰況穩定，請考慮紐西蘭的冬季（6到8月），那時的氣溫通常在攝氏4～10度之間。

🏨 住宿地點

Te Waonui Forest Retreat：注重生態觀念的現代酒店，奢華程度屬附近之最。

Aspen Court Motel：重新裝修過房間，附簡易廚房，服務人員見多識廣，地點位於在法蘭士‧約瑟夫村中央。

♡ 浪漫情事

冰河熱池（Glacier Hot Pools）的雨林和水療中心有雙人熱石按摩與私人浴室等著你們去享受。

☑ 小提醒

當天報名參加冰河短遊。這麼做的風險可能是人數已滿，但你的航班和冰上徒步之旅都能在最好的天氣下進行。請向當地保育部（Department of Conservation）查詢最正確的天氣預測。

法蘭士‧約瑟夫，冰與雨林交會處

直升機飛越冰河和南阿爾卑斯山

兩個人的冒險

直升機壯遊 ▲▲
聯絡好直升機後,就可以直搗紐西蘭最雄偉的山脈及冰河心臟地帶。飛過無法穿越的福克斯、法蘭士‧約瑟夫和塔斯曼冰河(Tasman Glacier),盤旋在3600多公尺高的庫克山(Mount Cook)上空,然後降落在冰上嬉戲。你將體驗到聯合國教科文組織世界遺產蒂‧瓦希普納穆(Te Wahipounamu)公園無比純淨的地貌。

明尼哈哈螢火蟲步道 ▲
信任自己的夜視能力,穿越福克斯冰河下方的雨林,沿著長約1.6公里的步道(Minnehaha Glowworm Walk)尋寶一圈。在樹木傾倒和溝渠附近,特別容易看到數以百計的螢火蟲如繁星般閃閃發光。

攀登福克斯冰河 ▲▲▲▲
為了更親密、貼近的冰河體驗,我們爬上了冰壁和藍色冰峰。接受專家的指導訓練再備妥裝備後,搭乘直升機從森林前往福克斯的冰凍綠洲(光是這段航程就

徒步走在法蘭士‧約瑟夫的冰磧上,看見冰壁坑坑洞洞地融化成了瀑布。眼前景象在在提醒我們冰河正在大量消失的事實。自1880年起,法蘭士的長度已經縮短了大約3公里,其中的1/3始於2008年。洶湧河流與藍綠湖泊之美,或許分散了氣候變遷問題的焦點,卻也顯示融雪速度快於積雪的徵兆。十年大雪也許能帶來另一個改善階段,但我們不能除了禱告之外別無他法。我們必須盡己所能,保護這些珍貴的景觀。

位於法蘭士‧約瑟夫腳下的特瓦諾伊森林酒店

已值回票價)。一步接著一步,將冰斧與冰爪用力插入純粹的冰裡,最後終於拿到攀登者心中的金牌。

徒步旅行卡納萬丘(Canavans Knob) ▲▲
循著3.2公里長的小徑,穿過由蕨類、蘭花與布滿霧淞的藤蔓交織成的雨林。走到瞭望點,視野豁然開朗,下方看到塔斯曼海(Tasman Sea)和懷霍河(Waiho River)上漂著少許冰山。繼續往上走到第二個觀景點,與法蘭士‧約瑟夫面面相視。

想進一步探索這塊大陸,請查閱:
» 公路旅行:紐西蘭,南島…第202頁
» 超自然:紐西蘭,羅托魯亞…第228頁

搖搖擺擺的企鵝

我們停靠在布斯島（Booth Island），島上住著成千上萬的阿德利企鵝、巴布亞企鵝和帽帶企鵝。我們規規矩矩地沿路走著，但這些胖小子們卻毫無章法，從四面八方橫衝直撞而來，有的在練習腹部滑行，有的在游泳打轉，每一隻都在探索自己的人生。我們彎下身子，設法從牠們的高度來看牠們的世界，結果就被好奇的企鵝寶寶團團圍住。牠們仔細檢查我們全身上下，甚至輕咬了長褲一口，似乎希望褲子吃起來有魚味。

企鵝在南極洲的布斯島上搖擺前進

從基靈頓度假村看出去的綠山覆滿白霜。

弗蒙特州中部
(Central Vermont)
美國

北 美 洲
弗蒙特州中部
美國

弗蒙特州屬於新英格蘭地區六州之一。就野性而言或許不及巴塔哥尼亞，陡峭程度也比不上洛磯山脈，但這片土地上的楓糖漿農場和廊橋，則以千百種面貌展現活力。弗蒙特州的人口總數在全美排名倒數第二，儘管經常不受重視，但弗蒙特人其實精明的很。這裡的森林覆蓋率能維持80%絕非意外使然，健行步道的數量更比公路還多。人們高度熱中戶外活動，當大地覆上皚皚白雪時更愛往外跑。弗蒙特的降雪量是全美數一數二的多，當地人看冬季就像看知心好友般再熟悉不過。雪鞋是孩童上體育課時的學習主題之一，也是許多成年人隨時放在其速霸陸後車廂裡的必備用品。這裡有密西西比以東品質最棒的滑雪度假村，其中包括由滑雪者親自經營的狂河峽谷（Mad River Glen）以及全美罕見、可以一路開放到5月的基靈頓（Killington）。來到綠山之州，你的髮際將留下點點白雪，臉上則掛著滿滿笑容。

❌ 最佳旅遊時節
12月到4月是白色冬季，2月降雪最多。3月下旬開始春季滑雪及採收楓糖漿。

🏨 住宿地點
Mountain Top Inn：這處占地超過140公頃的湖畔度假村以溜冰、馬拉雪橇與舒適的空間擁抱冬季。
The Woodstock Inn：位於迷人的小鎮廣場上，歷史悠久，有現代化的房間、水療設施和提供雪地活動的北歐中心（Nordic center）。

💟 浪漫情事
裹好毛毯，搭乘履帶雪橇車登上基靈頓山，在Ledgewood Yurt餐廳的燭光和劈啪作響的火光旁，品嘗正式的五道菜在地精緻美食。

✅ 小提醒
盡情享受弗蒙特的一天：在最具代表性的Suicide Six雪場滑雪，去Sugarbush農場體驗採集楓糖漿，在克勞利乳酪公司（Crowley Cheese）試吃19世紀的口味，然後去長道啤酒廠（Long Trail Brewery）暢飲精釀啤酒。

伍德斯托克旅館散發迷人的弗蒙特風格。

兩個人的冒險

如果你行，就去狂河峽谷滑雪！ ▲▲▲

乘坐1940年代的單座纜車，前往全美唯一由滑雪者擁有的專業高山雪場。若要體會道地的狂河精神，請在鬆雪日或一年一度的「票價復古日（Roll Back the Clock Day）」前往，只要花3.50美元（最早的單日票價）就能滑上一整天。

米德爾堡品酒小徑（Middlebury Tasting Trail） ▲

無論是用釀造、蒸餾或浸泡法製酒，弗蒙特最精緻的酒廠都集中在這8公里長的帶狀區域。在WhistlePig的穀倉小啜裸麥威士忌，在Lincoln Peak的前廊淺嚐Starlight紅酒，再去Drop-In酒廠暢飲Sunshine and Hoppiness啤酒。

越野滑雪 ▲▲

位於齊滕登（Chittenden）的山頂度假村擁有全美歷史最悠久的越野雪場之一。雪道全長超過60公里，有時隨著地形上下起伏，有時來到湖邊，再穿越樺樹林。北歐中心裡應有盡有，包括你能想到的所有裝備、指導和熱巧克力。

鹿躍雪道（Deer Leap）雪鞋健行 ▲▲

短短幾公里的距離，就能體驗到美國最棒的兩條健行路線——阿帕拉契小徑（Appalachian Trail）和幽長小徑（Long Trail）。循著阿徑（AT）穿越雪白森林，來到柯立芝山脈（Coolidge Range）和舍伯恩山口（Sherburne Pass）。小試一下全美最古老的長距離步道，接著去McGrath's Irish Pub酒吧，用健力士啤酒燉鍋（Guinness stew）來暖暖身子。

✣ 心在弗蒙特

我們交往一個月後，麥克邀我分租他在基靈頓的滑雪屋。由於我沒去過弗蒙特，又不會滑雪，一紙長達半年的租約（以及關係）承諾或許會有風險，但我毫不猶豫地答應了。五個滑雪季過後，我們走下綠山的一條雪徑，誓言要環遊世界度蜜月。無論我們人在哪裡，或者是否安定下來，弗蒙特永遠是我們的冬季仙境。

我們在山頂度假村舉辦戶外冬季婚禮。

想進一步探索這塊大陸，請查閱：

» 野生動物遊賞：加拿大，邱吉爾鎮…第96頁
» 冰：美國與加拿大，尼加拉瀑布…第172頁

特羅姆瑟
(Tromsø)
挪威

特羅姆瑟有很多屬害的頭銜：通往北極的門戶、北地的巴黎、世界最北端的城市之一等。原本僅是北極圈內島嶼上一處邊境小城，如今卻發展得十分複雜。由於這裡與斯瓦巴（Svalbard）群島的北極熊和海象有地緣之便，不僅吸引獵人過來，也是受人敬重的探險家和科學家的集中地。挪威極地研究所（Norwegian Polar Institute）、特羅姆瑟大學加上來自 100 多國的居民，已使特羅姆瑟具有生氣勃勃的文化氛圍（人均酒吧數量據稱為全挪威之冠）。無須長途跋涉，就能接近野性的阿爾卑斯山和不可思議的峽灣。離開城中燈光，就能欣賞迸發霓虹綠紫光的極光。薩米族人放牧馴鹿，雪地摩托車是最好的交通工具。追逐北極光，駕狗拉雪橇穿過苔原，用一點北極才有的腎上腺素暖和身子。

✕ 最佳旅遊時節
11月到2月最適合追逐北極光、賞鯨及玩雪。特羅姆瑟有墨西哥灣暖流通過，所以零下溫度不會太低。

🏨 住宿地點
Thon Hotel Polar：想像力破表的時尚精品酒店，位於特羅姆瑟市中心。

Camp Tamok：屬於專門提供北極活動的 Lyngsfjord Adventure公司所有，可選擇薩米式圓錐形帳篷（lavvu）或北極小木屋，活動則有雪地摩托車、麋鹿雪橇和狗拉雪橇；距離市中心約80公里。

♡ 浪漫情事
跳上夢幻的水療船（Vulkana Spa Boat）。在芬蘭式桑拿浴或甲板上的熱海水浴池裡徹底放鬆。兩者有360度景觀饗宴。

✓ 小提醒
大部分的旅行用品店都會提供適用北極的衣物，因此不需要從家裡扛去全套滑雪裝備。但要記得帶冰爪（Yaktrax），因為特羅姆瑟街上會結冰，也要帶拍攝極光用的三角架。

北極光突然出現在特羅姆瑟島上空。

冒險天堂塔莫克營地裡的薩米式圓錐帳篷

兩個人的冒險

市區行腳 ▲

探索由18世紀木屋、靈感源自冰雪的現代建築與舒適的咖啡館構成的市容。參觀極地博物館（Polar Museum），進入北極大教堂（Arctic Cathedral），造訪歷史悠久的邁克啤酒廠（Mack Brewery），在時尚餐廳Hildr Gastro Bar用餐，再去充滿傳奇色彩的Blå Rock欣賞現場演奏。

賞鯨——座頭鯨與虎鯨 ▲

搭船航經峽灣、島嶼和積雪高山，來到鯡魚淺灘。近年來，這些溫柔的巨人會在冬季遷徙到此地享受鯡魚大餐。11月到1月之間絕對看得到座頭鯨，北極的精采景觀當然也是另一項保證。

追逐北極光 ▲▲▲

在Norway-Lights.com網站查看極光預報，提高看到極光的機率，然後預訂追光達人的行程。離開市區，在吹著太陽風的任何地點停下腳步，就有可能看到它們在空中翻騰飛舞。若能在偏僻的旅棧或海上住幾晚，追光成功的機率最高。

狗拉雪橇 ▲▲▲▲

在毛茸茸的哈士奇大隊領軍下，穿越拉普蘭苔原、雪白森林和冰封溪流。輪流駕雪橇無妨，但不管做什麼，都要記得抓穩一點！Lyngsfjord Adventure及Active Tromsø兩個團隊在戶外裝備與絕美地形方面的專業程度都令人激賞。

✧ 無拘無束的 戶外生活理念：Friluftsliv

挪威文「friluftsliv」沒有對應的中文翻譯，是指一種北歐哲學，深信應在大自然活動中追求快樂，曠野中的開闊生活才是生命的重點，去戶外就像回到家一樣輕鬆自然。我們曾經住在朋友 Paal 位於松恩菲尤達訥郡（Sogn og Fjordane）的度假小木屋，在那個沒電、沒自來水、大雪紛飛、他們自己有時還得東戳西探才找到自家屋頂的地方，我們卻愈來愈明白「friluftsliv」的意義。

得過獎的特羅姆瑟圖書館是一座文化中心。

想進一步探索這塊大陸，請查閱：

» 河流：德國，萊茵河谷…第56頁
» 海洋：挪威，挪威峽灣…第136頁

從伊魯利薩特冰灣漂出的巨大冰山。

西格陵蘭
（Western Greenland）
格陵蘭島

戴夫・布斯基爾（Dave Bouskill）與黛博拉・柯爾貝（Debra Corbeil）

格陵蘭島有 80% 的土地覆蓋在冰下，一般旅人不會將其列入夢想清單，但這正是我們來此的原因。這裡位於人跡罕至的北大西洋，擁有南極大陸以外面積最大的極地冰帽，堪稱冒險旅遊的最後一片疆土。西格陵蘭南下之旅的起點在伊魯利薩特（Ilulissat）。這個小城深入北極圈 250 公里，是聯合國教科文組織世界遺產伊魯利薩特冰灣（Ilulissat Icefjord）所在地，擁有全世界崩解最活躍冰河。來格陵蘭若能目睹壯觀的冰山，以及冰帽快速衝入海洋形成雪崩的景象，雖然於願足矣，但此地還有其他看頭。搭探險船南下的航程豐富有趣，可以乘星座號一遊冰河海灣、划輕艇前往無名峽灣、徒步穿越北極苔原、認識迷人的因紐特人。格陵蘭處處皆有美景、豐富的文化與無數的冒險機會。

❌ 最佳旅遊時節
全年皆宜。6到8月有賞鯨、帆船活動和午夜陽光。12月到3月最適合看北極光及冬季運動。

🏨 住宿地點
Quark Expeditions：搭探險船前往偏遠村落與峽灣。
Hotel Hans Egede：位於格陵蘭首府努克市（Nuuk），是自由行旅者想依喜好安排冒險旅程的最佳基地。

💟 浪漫情事
搭船前往烏納托克島（Uunartoq），泡在格陵蘭最幸福的溫泉裡，小酌香檳之餘，不忘看著冰山從眼前漂過。還有比這更浪漫的畫面嗎？

☑ 小提醒
考量格陵蘭面積遼闊且尚未開發，預訂行程時最好找能幫忙安排住宿與交通的業者。設法停留兩週以上。

兩個人的冒險

雅科布港冰河健行 ▲▲

徒步經過伊魯利薩特五顏六色的房屋和雪橇犬之城，來到聯合國教科文組織世界遺產所在地──雅科布港（Jakobshavn）。走在蜿蜒的木棧道上穿越永凍層，朝懾人的冰河前進。這裡的冰河以每天約18至30公尺的速度移動，每年注入峽灣的冰量高達350億噸。

在無名的峽灣划輕艇 ▲▲▲

耳邊聽著碎裂聲，在碎冰中划行。在托蘇卡塔克（Torsukattak）峽灣與永恆峽灣（Evighedsfjorden）處，高山環繞冰河入海，前方還有無名峽灣等著你去探索。

以格陵蘭風格四處走走 ▲▲▲

由於境內道路有限，狗拉雪橇和雪地摩托車至今仍是主要交通工具。前往凱凱塔蘇瓦克島（Qeqertarsuaq），一天之內就能欣賞到火山及令人驚艷的谷地兩種景致。在古老的格陵蘭哈士奇品種雪橇犬領軍下，滑過窮鄉僻壤，再跳上雪地摩托車去追逐北極光。

在因紐特村莊裡待久一點 ▲

去西西謬特（Sisimiut）品嘗小鬚鯨肉、海豹肉等當地美食。參觀帕謬特（Paamiut）的老教堂，再去當地魚市走走。在伊蒂里格（Itivdleq）有機會拜訪和善的耆老，並和孩子們踢足球玩。格陵蘭的原住民聚落是古老與現代匯聚而成的優雅世界。

❖ 給夫妻／情侶的建議

喜歡冒險的人經常是高成就者。他們成天忙著在夢想清單上打勾，經常憂心自己如果一陣子無所事事，就會跟不上進度。但其實結伴旅行的重點，有時候純粹只是「我在你也在」。停下腳步幾天，除了放鬆，不做任何事。欣賞大地之美；看著日昇日落，而且手中不拿相機。不衝浪、不潛水，只是到沙灘去。暫停一下，喘口氣，你會明白此時此刻你們就是要在這裡。

西西謬特附近廢棄的因紐特漁村。

想進一步探索這塊大陸，請查閱：

» 野生動物遊賞：加拿大，邱吉爾鎮…第96頁
» 雪：美國，弗蒙特州中部…第166頁

強大夫妻檔：戴夫與黛比

這對加拿大夫妻創建了ThePlanetD.com網站，至今已探索過七大洲共105個國家。兩人曾經騎自行車橫越非洲，也曾駕駛一輛小車從英格蘭開到蒙古，激勵了每個人心中的冒險魂。他們兩度獲頒美國旅行作家協會（Society of American Travel Writers）金獎，是極受敬重的冒險旅行專家，會定期出現在電視、廣播和平面媒體上。

尼加拉瀑布
(Niagara Falls)
美國與加拿大

尼加拉瀑布跨越美、加兩國，是北美洲規模最大、也是世界上造訪人次最多的瀑布，但很少人會在冬季前往。冰點低溫阻絕了觀光人潮，也是它特別之處，因為在全球所有大型瀑布（伊瓜蘇瀑布、天使瀑布、維多利亞瀑布等）中，只有尼加拉瀑布會結冰。看到串串水瀑定格在冰層裡，冰凍霧靄掩蓋了巨石，樹梢則垂掛著冰柱，如此景象已經難以置信，你們兩人獨享眼前美景的真實感就更加特別。尼加拉瀑布素有「全球蜜月之都」的稱號，從 17 世紀末起就吸引新人前來——其中包括阿龍·伯爾（Aaron Burr）及拿破崙的親戚，現在則以奢華的水療中心、一流餐廳和數十間酒莊維持浪漫美名於不墜。有些景點雖然會在冬季關閉，但無損此地的冒險程度。套上雪靴，攬緊對方，這裡的瀑布將帶給你們前所未有的全新體驗。

最佳旅遊時節
12月到1月有加拿大燈節。1月到3月結冰最多。

住宿地點
The Giacomo：緊鄰尼加拉瀑布州立公園（Niagara Falls State Park）的裝飾藝術精品酒店。
Niagara Crossing Hotel & Spa：位於紐約州迷人的路易斯頓鎮（Lewiston），酒店裡設有壁爐，還能看到尼加拉峽谷。

浪漫情事
在路易斯頓氣氛愉悅的卡美洛餐廳（Carmelo's）用餐後，閒步欣賞點亮多彩燈光、令人目眩神迷的瀑布（這一幕壯觀的夜景至少會開放到晚上11點）。

小提醒
華麗耀眼的加拿大側雖然引人注意，但還是要留點時間去逛天然的尼加拉瀑布州立公園。這是美國第一座州立公園，由佛雷德瑞克·奧姆斯特德（Frederick Law Olmsted）設計，園內有維護完善的步道，可以從探索中心（Discovery Center）一路走到山羊島（Goat Island），長度近25公里。

搭直升機在馬蹄瀑布上方飛行。

夜晚的燈光秀為瀑布增添迷幻色彩。

兩個人的冒險

搭直升機遊瀑布 ▲▲
翱翔在安大略湖、喬治堡（Fort George）、葡萄酒園與尼加拉河上空，然後繞著瀑布從各種角度享受絕美視野。從空中鳥瞰使我們對這片驚人景觀有了全新的認識，特別是直升機駕駛還身兼在地嚮導。有關冬季起飛及最長飛行時間等資訊，可洽詢直升機公司National Helicopters。

雪鞋踏訪葡萄園 ▲▲
一開始先品嘗麗絲玲白酒（Riesling）和冰酒暖暖腸胃，接著套上雪鞋，去尼加拉葡萄酒區走走，欣賞四周的葡萄、河流與森林。關於旅遊團及雪中品酒行程，可洽詢Thirty Bench Wine Makers酒莊；至於雪鞋探索自由行方面，Schulze Winery酒莊十分歡迎旅人去他們的溪畔葡萄園盡情嬉鬧。

隱藏版瀑布之旅 ▲▲
下降45公尺，來到加拿大側馬蹄瀑布（Horseshoe Falls）的岩床。走在灌著大風的隧道裡，親身感受每

❖ **尼加拉瀑布趣味知識**

使士：尼加拉瀑布聲名大噪的統計數字和奇人異事：

· 從 1859 年起就有不怕死的人前仆後繼地在尼加拉峽谷上空走鋼索。
· 史上第一個乘坐木桶滾下尼加拉瀑布的是一名 63 歲的女老師。
· 魚會從大約 60 公尺高的瀑布游下來，而且存活率達九成。
· 拜尼古拉·特斯拉（Nikola Tesla）之賜，商用水力發電的發源地就在尼加拉瀑布。

尼加拉河岸上的加拿大雁。

秒約2800公升的水量飛過被冰柱框住的入口時發出的雷鳴聲。

尼加拉瀑布烹飪學院 ▲
尼加拉瀑布烹飪學院（Niagara Falls Culinary Institute）是這個地區餐飲業蓬勃發展背後的祕密。學院空間廣達8300多平方公尺，提供免費的參觀行程，可以去學生自己經營的餐廳Savor用餐，或者挑一個晚上去學一堂調酒課或點心課。至於真正的吃貨，則不妨查詢加農烹飪劇場（Cannon Culinary Theatre）的時間表，聆聽客座名廚演說。

想進一步探索這塊大陸，請查閱：
» 島嶼：巴哈馬，伊路瑟拉島北部…第68頁
» 野生動物遊賞：加拿大，邱吉爾鎮…第96頁

藍綠色的三湖和代表性的菲茨羅伊峰。

冰河國家公園
(Los Glaciares)
阿根廷

南美洲
阿根廷
冰河國家公園

冰河國家公園夾在南安地斯山麓（Austral Andes）和全球數一數二大的冰帽之間，是愛好冬季者的天堂。公園裡有皚皚高峰、冰山湖泊和 200 多條冰河，其中包括知名的佩里托莫雷諾（Perito Moreno）冰河。當全球許多冰河正在退縮之際，強悍的莫雷諾卻以一天 3 公里的速度不斷前進。站在約 5 公里寬的冰河終點前，耳邊聽著冰山隆隆裂開，眼前看到崩解成砲彈大小的巨型冰塊掉入阿根廷湖（Lago Argentino），濺起驚人水花，堪稱南美洲最令人咋舌的體驗之一。當你正覺得感官刺激達到巔峰時，船隻已來到公園的另一側，與菲茨羅伊峰（Mount Fitz Roy）正面對視。菲茨羅伊峰是巴塔哥尼亞地區的象徵，也是同名服裝公司「巴塔哥尼亞」的品牌標誌。查爾騰鎮（El Chaltén）匯聚了戶外用品店、素食餐廳和啤酒廠，一切都是為了接近和敬拜這座「冒煙的山」而存在。鎮上各角落都有小路竄出，讓人不知不覺便沿路走下去。巴塔哥尼亞的美有一股力量，驅使身體比過去走得更遠、更累。你的肌肉或許會怨聲載道，但內在那個背包魂將永遠對你感懷在心。

✈ 最佳旅遊時節
在很難預測的巴塔哥尼亞，12月到3月可能比較溫暖、晴天較多、風較小。不怕冷的可以在4月或11月時獨擁整座公園。

🏨 住宿地點
Hostería Senderos：舒適的當代小棧，就風格水準與位於查爾騰鎮中心的地點來看，價格合理。

Los Ponchos：可自行開伙的公寓式精品酒店，位於卡拉法提（El Calafate）鎮郊，俯瞰阿根廷湖。

♡ 浪漫情事
將探索行程升等為三天的冰河至冰河郵輪之旅。登上先進的馬帕塔號郵輪（Cruceros Marpatag），一路從斯佩齊尼（Spegazzini）冰河到烏普薩拉（Upsala）冰河，都有豪華的房間、美食佳餚和數不盡的香檳盛宴等著你們。另外也有郵輪一日遊行程可供選擇。

✅ 小提醒
去巴塔哥尼亞之前先把身體練好。一看到壯麗的山脈和雄偉冰河，你會希望自己能永不停止地一直走下去。在自家附近規畫幾條超過15公里的路線，供平日健行訓練用。

徒步前往不斷擴大的佩里托莫雷諾冰河。

兩個人的冒險

佩里托莫雷諾大冰河徒步之旅 ▲▲▲▲

跳過那些「接觸」式的冰河健行，直搗這片冰原的心臟。將基地陽光拋在身後，進入冰河成長階段必經的野性微氣候區。摸索走過裂縫迷宮，彎身進入藍色冰洞，用冰爪和腎上腺素征服崎嶇的地形。

過夜健行到三湖 (Laguna de Los Tres) ▲▲▲▲

走到菲茨羅伊的花崗岩山峰和綠松石湖泊基地的路途，堪稱世界上最棒的一日健行——兩天更好。如果在Camp Poincenot營地過夜，就有時間等待雲開（菲茨羅伊峰又名「冒煙的山」其來有自），看見山峰閃耀日出日落的光芒，還能探索附近的Rio Eléctrico河谷和冰河。

烏普薩拉冰河冒險 ▲

一開始先搭船欣賞阿根廷湖附近的冰山，接著去烏普薩拉冰河，看冰河崩解的壯觀景象，然後取道運河，抵達自1914年起就屹立在冰雪中的山林旅館Estancia Cristina。在這裡享用餐廳美食並參觀牛仔博物館後，還可以徒步、開四輪傳動車或騎馬去更高的烏普薩拉觀景點。

托雷湖 (Laguna Torre) 徒步旅行 ▲▲

穿越查爾騰鎮南邊的山毛櫸森林，朝3100多公尺高的托雷峰（Cerro Torre）走去。外型如巨塔般的托雷峰（譯：西語torre意為「高塔」）是四座指標性連續山峰中最高的。捕捉湖中皚皚山峰的倒影，再走到視野更好的麥斯特里觀景點（Mirador Maestri）仔細觀察冰帽。對於相對輕鬆的12公里多路程來說，這一趟保證收穫滿滿。

❖ 踏破鐵鞋無覓處的花生醬

那是第107天、第四個國家、也是我們HoneyTrek第22次嘗試，想要在南美洲找到這種口感綿密、富含蛋白質又不需要冷藏、卻一直遍尋不著的健行終極食品。我們踏入查爾騰鎮上一間店裡，心中祈禱這個嬉皮小鎮能了解我們買不到東西的煎熬。問店家說，「Tiene mantequilla de cacahuete?（有花生醬嗎?）」一聽到他回答，「Por supuesto,（當然有啊，）」我們立刻像小學生般尖叫起來，還興奮地大力擁抱他。接著二話不說，三罐健行者黃金食品直接入袋。

在花生醬貨架前笑到合不攏嘴。

想進一步探索這塊大陸，請查閱：

》高山：智利，百內峰…第40頁

》瀑布：阿根廷與巴西，伊瓜蘇瀑布…第46頁

日本名花之里的數百萬盞LED燈

終極冬季嘉年華

用兼具娛樂與文化特色的慶典活動溫暖寒冬。

加拿大
1. 魁北克冬季嘉年華

魁北克冬季嘉年華（Carnaval de Québec）的規模在全世界數一數二。慶典的主角是一個巨型雪人，名字就叫「人（Bonhomme）」。開幕儀式在一間300噸重的冰宮舉行，隨後有以熱葡萄酒為提神飲料的遊行，以及招牌的冰上獨木舟比賽，看50支隊伍如何快速躍過冰山。

日本
2. 名花之里冬季燈節Nabana no Sato Winter Light Festival

桑名市以800多萬盞LED燈，將原本在冬季休眠的植物園賦予新生命，充分展現出日本對細節處令人無法置信的專注程度。從迷幻的燈光隧道到「晨光下的富士山」等雕塑作品，處處召喚人們前來感受一場璀璨的饗宴。

3. 費爾拉治皮草節

皮草節（Fur Rondy）早從安克拉治鎮上只有礦工與捕獸人的時代便已開始，傳承了這個都市的拓荒精神。透過馴鹿賽跑、狗拉雪橇、雪地壘球、戶外廁所滑雪比賽和鬍鬚造型錦標賽等，打造出舉世無雙的阿拉斯加慶典。

4. 莫斯科冬季嘉年華

這個首都城市用嗨到最高點的燈光、冰雕、三駕雪橇馬車、溜冰、耶誕市集和革命廣場與伊茲麥洛娃公園（Izmaylovo Park）裡的表演，盛大迎接假期到來。這個歡慶俄羅斯文化的冬季盛會將讓你隱約感受大地之母的存在。

匈牙利
5. 布索節

布索節（Busójárás Festival）已被聯合國教科文組織列為世界文化遺產，起源於1526年，當時的村民裝扮成怪獸模樣，想要嚇退鄂圖曼土耳其軍隊，至今則演變為嚇跑寒冬的歡樂活動。村民扮成毛茸茸的怪獸在多瑙河上泛舟，乘坐華麗馬車在街上狂歡遊行，再喝下帕林卡（pálinka）白蘭地，將寒冬擋在港灣之外。

美國與加拿大
6. 滑越冰池比賽

這項古怪的春季滑雪傳統是在滑雪坡道的盡頭打造一座水池，參賽者必須精心裝扮並設法滑越水池，現在已公認為正式比賽。北美洲分區賽結束後，各滑雪度假村就會將自己的最佳選手送去參加世界盃（Pond Skimming Cup）。屆時在這場盛大的坡道滑雪派對裡競逐的就不光是能否成功滑越水池，還要計入時尚分數。

瑞士
7. 雪地自行車嘉年華

登山自行車好手和雪地運動瘋狂者齊聚一堂，參加這場超級厲害的冬季自行車嘉年華。每年1月時，車手們騎著車胎較寬、胎紋較深的愛車，在阿爾卑斯山上的格施塔德鎮（Gstaad）參加四階段競速、下坡淘汰賽和翻天覆地的狂歡。

中國
8. 哈爾濱國際冰雪節

每年1月，哈爾濱用冰磚打造一座占地60公頃的城市，將冰雕提升到中國巨型都會的規模。高達15層樓的建物從大笨鐘到佛寺應有盡有，個個精雕細琢。在這冰雕世界裡除了閒步欣賞外，還能玩高山滑雪或看北極熊游泳。

祕魯
9. 太陽祭（Inti Raymi）

這一項印加至慶典曾因遭到西班牙人鎮壓禁止而轉成地下祕密活動，直到20世紀中期才重見天日，如今則已是庫斯科市（Cusco）最盛大的安地斯節慶。遊行隊伍穿著打扮成各種角色，行經古代堡壘薩克塞華曼（Sacsayhuamán），全鎮上下都沉浸在歡樂的派對氣氛裡。

德國
10. 羅騰堡耶誕市集

這個中世紀村落從15世紀開始舉辦耶誕市集。村裡的房屋具有應景的薑餅屋風格，是選購手作寶物、啜飲熱葡萄酒和聯繫耶誕老人的好去處。

厄瓜多，亞蘇尼

> 「深入研究大自然，就更能理解萬物。」
>
> ——愛因斯坦（Albert Einstein）

第九章

叢林和雨林

∿∿∿∿∿∿∿∿∿∿∿∿∿∿∿∿∿∿∿∿∿∿

穿過古老的雨林，身旁的蕨類和針葉樹從恐龍時代繁衍至今。抬頭凝視披掛著苔蘚植物的參天紅檜。目光拉近一點。光這一棵樹就撐起鳳梨科植物、蛙、鳥和其他數百個物種。雨林的內部運作處處讓人驚奇。雨林裡的原住民和致力於研究雨林的博物學家，都了解它的祕密，也是我們學習的對象。嗡嗡蟲鳴、唧喳鳥叫和沙沙作響的樹葉聲，一開始聽似雜音，但很快就變成交響曲。有些跡象可能會領著你看到一隻羽色鮮明的格查爾鳥（quetzal）、一群蜘蛛猴或一群粉紅色的淡水豚。喚醒自己的感官，包括冒險的感官，你會發現充滿無限奇蹟的地方。在沼澤森林中划船，爬上高聳樹冠，日夜徒步旅行。我們珍貴的雨林正如困獸般令人心痛。請給它們應得的愛。

古老雨林與大堡礁相遇。

丹特里 (Daintree)
澳洲

丹 特里的年紀已超過 1 億歲，
是世界上最古老的雨林之一。當澳洲大部分地
區變得乾旱之際，位於昆士蘭一角的丹特里國
家公園裡卻青翠如昔，園中保留了古老的蕨類、針葉樹和
原始開花科植物（地球上 19 個原始開花科植物中，這裡
就有 12 個）。雖然丹特里如此特別的原因在於當地特有
品種，但這裡動植物群的種類也十分繁多。（光昆蟲就有
1 萬 2000 個物種！）身為博伊德森林蜥（Boyd's forest
dragon）、盧氏樹袋鼠（Lumholtz's tree kangaroo）和
南方食火雞（一種約 180 公分高、80 多公斤重的大鳥）
的家鄉，用「罕見」和「不尋常」來形容丹特里再貼切不
過。此外，這裡的原住民除了擁有豐富的歷史外，還肩負
起守護丹特里的責任。澳洲原住民是世界上最古老且持續
存在的文化，庫庫雅蘭尼族（Kuku Yalanji）透過巡守員、
嚮導和藝術家等角色，分享他們的傳統。來這裡參觀的另
一個原因是：丹特里毗鄰大堡礁，二者都是聯合國教科文
組織世界遺產所在地。雨林與海灘相遇，再遇見文化。丹
特里能滿足任何一對佳偶對旅行的渴望。

最佳旅遊時節
雨季過後，5月到9月天清氣朗也較涼
爽，平均氣溫約攝氏25度。

住宿地點
Daintree EcoLodge & Spa：注重
永續精神的15間豪華樹屋別墅。

Cape Tribulation Beach House：
雨林海邊的平價小屋，能讓人放鬆心
情。

浪漫情事
在雨林瀑布旁享受按摩，或是進去瀑布
裡來一場水療將會更棒。丹特里生態旅
舍的一日水療，運用原住民的植物知識
和神聖的環境進行幸福的療癒。

小提醒
澳洲的水母和鱷魚絕不是開玩笑的。如
果想要安心地游泳，可以去莫斯曼峽谷
（Mossman Gorge）的河水池和梅森商
店（Mason's Store）後面的天然水塘。

舉止優雅但喜怒無常的南方食火雞。

兩個人的冒險

杜布吉步道（Dubuji Boardwalk）▲
在華盛頓椰遮蔭下，走向三種不同棲地：雨林、淡水沼澤和紅樹林。這一趟45分鐘的徒步終點在米亞爾海灘（Myall Beach），那裡有纖弱的紅樹林、礁石圍成的水池及一望無際的海岸線。

莫斯曼峽谷「夢世紀」之行（Dreamtime Walks）▲
莫斯曼河在公園最南端流過巨石，在這裡你可以透過原住民庫庫雅蘭尼族的雙眼體驗雨林。90分鐘的大自然健行中，一名原住民長者會分享叢林在醫藥、實用領域及心靈方面的知識。

布盧姆菲爾德路徑（Bloomfield Track）四驅探險 ▲▲▲
澳洲探險程度最高的路線之一，非四輪傳動車勿入。30公里長的路徑交織在海岸和雨林間，從苦難角

✧ 一拍即合

✧ 一拍即合

我們在旅館的早餐吧遇到一對德國夫妻。一份鬆餅、兩杯咖啡加上笑聲不斷，我們很快就一起規畫出從凱恩斯開車到丹特里的旅程。認識不到 24 小時，我們已經整裝坐上他們 1994 年的 Toyota Camry，出發探索野性昆士蘭。白浪拍岸、叢林跋涉、池塘戲水、營火旁說故事，那真是個難忘的週末。沒錯，與素昧平生的人同行的確心臟要夠強，但未知本身就是冒險真正的起點。

和新朋友在杜布吉步道散步。

到庫克鎮（Cooktown）的野性之旅一路跋山涉水，途經幽靜的海灘、山區觀景點、瀑布和小溪。

丹特里河賞鳥看鱷魚 ▲▲
此區有400種鳥類，搭船順流而下可以看到其中一些，重點包括體型嬌小的翠鳥、大嘴蒼鷺、巴布亞蟆口鴟（Papuan frogmouth），幸運的話還能見到食火雞的巨大身影。如果抓準時間在低潮時搭船，河岸上會有鹹水鱷正在享受日光浴。

想進一步探索這塊大陸，請查閱：
» 野生動物遊賞：澳洲，北端…第86頁
» 冰：紐西蘭，西部地區…第162頁

考索 (Khao Sok)
泰國

起伏的喀斯特溶岩峰從考索國家公園的湖泊和雨林中升起。在這片古老珊瑚地形的最高處有蓊鬱林木，洞穴更是鬼斧神工，因此成為泰國明信片上的招牌地點之一。引人注目經的孤立巨岩腳下綿延著1億年之久的常綠雨林，年代久遠是同類雨林之最。罕見的棕櫚、野生山竹、絞殺榕與木質藤蔓植物，交織成豐富的生態系統，成為虎、象以及貘的家鄉。公園面積近740平方公里，明確區分為兩區：考索村是通往「陸側」的門戶，拉查普拉法水壩（Ratchaprapha Dam）則是前往「水側」、也就是秋蘭湖（Cheow Lan Lake）的入口。藍綠色的湖泊被100多處石灰岩露頭和六條主要支流環繞，為古老的考索雨林增添晶瑩色彩。乘坐長尾船去各個小灣探索喀斯特島嶼、巨大的洞穴及野生動物保護區。划獨木舟或輪胎內胎順著美麗的考索河而下。夜宿浮式木屋、樹屋或大象保護區內。在古老的雨林中享受稀有的島嶼涼意。

最佳旅遊時節
12月到4月是最乾燥的月分。季風期間雖然有些步道和洞穴會關閉，但可以看到較多的哺乳動物和較少的人類。

住宿地點
Our Jungle House：位於考索村內10公頃河濱地正中央的樹屋。
Elephant Hills：位於偏遠地區的豪華帳篷營地，附近有大象保護區（目的是照顧大象而不是騎大象）。KhaoSok Lake.com：當地旅行社，可體驗不同價位的浮式木屋。

浪漫情事
正宗的泰式按摩通常被稱為輔助瑜伽，是最吸引人的身體理療方式之一。無論在室內或戶外進行，都能有神清氣爽的效果。

小提醒
努力抗拒提前預訂行程的衝動。抵達之後評估各種選項，才能確保拿到最棒的健行和遊湖行程，而且費用會更划算。

長尾船繫泊在秋蘭湖上的浮式木屋旁。

Khlong Saeng野生動物保護區裡的大象正在洗澡。

兩個人的冒險

全日遊湖之旅 ▲

預訂好經典的遊湖行程，前往Klong Long、Klong Ka 或Klong Pey。一早出發可以欣賞晨霧環繞喀斯特群峰，還能看到動物出外覓食。乘坐長尾船沿著峭壁前進，會經過一處可以下水游泳的絕美景點——三兄弟島（Three Brothers islands）。在水上浮屋稍微休息用過午餐後，划輕艇出去晃晃，接著再往叢林去洞穴健行。注意：如果只有一天能待在湖上，就走Klong Pey路線去探索Tham Nam Thalu洞穴。

Tham Nam Thalu洞穴 ▲▲▲▲

徒步穿過雨林、涉水過河，來到考索最瘋狂的冒險地點之一。只憑自己的力氣和幾根繩索進行洞穴探險，穿過地下河，爬高，再游到遠遠的石筍處。整段經歷保證你畢生難忘。

偏僻雨林徒步之旅 ▲▲

這裡有好幾條漂亮的健行路線，穿過竹林、高低不一的瀑布和長著大王花（raffesia，據稱是世界上最大的花，又名屍花）的山腰。有些步道可以自行前往，若想深入的話最好找位嚮導，帶著你們去走地點最恰當、季節適合也最符合你們興趣的路線。

Khlong Saeng野生動物保護區 ▲▲▲

Khlong Saeng遠在湖泊東北角，是泰國最棒的野生動物保護區之一。雲豹、馬來貘、野象、眼鏡王蛇和馬來熊等罕見的亞洲物種，至今仍在這片棲地上漫步。夜宿原始浮式木屋（理想是住三夜），在白手長臂猿家族的叫聲中醒來，然後跟著巡邏員徒步走入雨林，尋找震撼人心的悸動。

✥ 與其他夫妻共遊

我們和一群朋友共遊考索，而且大家都很開心。我們成功的祕訣如下：

- 確定每個人的旅遊目標和期望。
- 勤做功課（包括住宿、活動、餐飲、交通等等）。
- 每個人都寫下自己最想做的前三件事。
- 一起進行共同活動，但也別忘了，偶爾分道揚鑣也無妨。
- 安排一個夜晚讓每對夫妻／情侶做點特別的事。這樣不僅能為浪漫程度加分，還可以跟大家分享不同的故事。
- 順勢而為，好好去玩！

與其他夫妻檔／情侶檔好友共遊。

想進一步探索這塊大陸，請查閱：

» 海灘：泰國，萊利…第74頁
» 建築：緬甸，蒲甘…第106頁

我們天不怕地不怕的巴西嚮導在烏魯布河上划槳。

求生技能

在嚮導克里斯多佛（Cristóvāo）的帶領下，我們把木槳插入、拉回，劃過烏魯木河（Rio Urubu）的黑水。他在亞馬遜雨林中長大，一舉一動看似毫不費力——以一把開山刀蓋出遮雨棚、用手線釣魚、取棕櫚葉編出側背包、航向未知之處。他的生活與我們大不相同，但我們從他身上學到了太多太多。與他在沼澤森林共同生活的那五天裡，他教我們如何適應環境、尋找資源、保持耐心。那時候，我們以為他教的是叢林的求生之道。後來才明白，我們學到的教訓都是在為瘋狂的環球之旅做準備。

吊橋串起雲霧森林的樹冠。

蒙泰維爾德
（Monteverde）
哥斯大黎加

北美洲

哥斯大黎加

蒙泰維爾德

蒙泰維爾德坐落在大陸分水嶺（Continental Divide）的山脊上，距離海洋僅 25 公里，獨特的地理位置使來自太平洋和加勒比海的暖空氣在涼爽山區中凝結，形成令人驚嘆的雲霧森林，也是生物多樣性的終極滋養系統，擁有大約 2500 種植物、400 種鳥類、100 種哺乳動物，蘭花的數量更號稱全球之冠。這裡的生命如此豐厚，以至於有時候難以深入欣賞其錯綜複雜的細節。就算跟著當地嚮導一起走，眼前仍可能如變魔術般出現一隻三趾樹懶和鮮豔奪目的格查爾鳥。生物適應了雲霧森林裡的聲響、氣味和感覺，也為這生態夢想之地編織出豐富多彩的故事。聖埃倫娜（Santa Elena）是此地一處熱鬧的村莊，通往一大堆自然保護區、生態旅棧、日間水療中心和冒險用品店。想要靜謐安詳或活力躍動？全看你怎麼選。

✈ 最佳旅遊時節
魔幻雲霧全年都有，但最好避開極端潮溼的8到10月。

🛏 住宿地點
Monteverde Lodge & Gardens：位於聖埃倫娜，十分安靜，食物、庭園和嚮導都是上上之選。
Los Pinos：設備完善的木屋，有步道、山景和菜園。

♡ 浪漫情事
從咖啡豆到松露，全程了解製作巧克力的藝術。在卡布雷（Caburé）露天咖啡館用過午餐後，參加他們的互動式旅遊，再親手妝點你自己的甜點。

☑ 小提醒
別為了省錢而不請嚮導。嚮導的專業級視野、鳥語能力和訓練成熟的眼力及聽力，將是你野外體驗的無價之寶（請唸出來：沒有嚮導，就看不到格查爾鳥）。

蒙泰維爾德旅棧及花園裡與大自然融為一體的泳池

兩個人的冒險

蒙泰維爾德雲霧森林保護區 ▲

心中那幅披掛著苔蘚、鳳梨花盛開、雲霧繚繞的夢幻森林就是這般景象嗎？沒錯，就是這裡了。參加橫跨蒙泰維爾德六個生態區的導覽健行，設法一瞥肉垂鍾傘鳥（three-wattled bellbird）和美洲豹貓的身影，或看到紅頂侏儒鳥（redcapped manakin）正努力跳著牠的月球漫步求偶舞。

吊橋與流籠索具 ▲▲▲

90%的生命存在於雨林樹冠層……那還猶豫什麼？上去吧！探險運動公司（Sky Adventures和Selvatura兩家都很棒）在聖埃倫娜雲霧森林保護區附近，用吊橋和流籠索具串起各處樹頂，不僅能讓人們享受獨特視野，刺激度更是破表。

孩童的永恆雨林 ▲

為了替未來世代保存哥斯大黎加最純淨的雨林，44個國家聯手打造出這片面積廣達2萬多公頃的私人保護區。保護區內的Bajo del Tigre區域裡有可愛的步道、教育中心、聲音之旅，而且不分日夜都提供嚮導健行。

蒙泰維爾德蝴蝶花園 ▲

別被這間看似毫不起眼的蟲蟲博物館給騙了；這裡的遊程引人入勝，就連患有蜘蛛恐懼症的人也無法抗拒。認識園內大約50種獨一無二的昆蟲，漫步在翩翩飛舞的大藍閃蝶之間，觀看蠶蛹各階段的精采變化，再體會手握一隻獨角仙的悸動。

✧ 昆蟲趣味知識

哥斯大黎加有超過30萬種昆蟲。以下是我們的最愛：

金絲蛛（golden orb weaver）：雌蛛體型是雄蛛的十倍，吐出的蛛絲強度比鋼還高五倍。

切葉蟻（leaf-cutter ant）：可以打造出一座籃球場大小的地下城堡。

鐵錠甲蟲（ironclad beetle）：甲殼堅固到連汽車都無法壓傷。

子彈蟻（bullet ant）：被子彈蟻螫到的疼痛程度據說是被黃胡蜂螫到的30倍。

紅帶袖蝶（postman butterfly，又名郵差蝴蝶）：每天會按照一成不變的順序，一朵花接著一朵採蜜去（週日和假日或許例外）。

勤奮的紅帶袖蝶正循著早晨的固定路線採蜜

想進一步探索這塊大陸，請查閱：
» 野生動物遊賞：哥斯大黎加，托爾圖格羅…第100頁
» 海洋：貝里斯，中美洲堡礁…第126頁

奧林匹克半島
(Olympic Peninsula)
美國

北美洲
奧林匹克半島
美國

華盛頓州西部的天氣不好眾所周知，但奧林匹克國家公園的雨林使這一切有了價值。3650到4250毫米的年降雨量，讓奧林匹克山脈擁有披掛著苔蘚的茂密香柏、參天雲杉和雲霧繚繞間的洋松，有些高度超過90公尺。雨林在美國境內相對稀有的事實使這個公園備具魅力，不過那僅是滿手好牌的其中一張而已。除了神祕的霍河與奎諾特（Hoh & Quinault）溫帶雨林外，這座心形半島上還有覆蓋著冰河的高山、遍地野花的草原、13條青綠河流和長達110多公里的崎嶇海岸線。如此驚人的生態多樣性已使此地成為國際性的生物圈保留區（Biosphere Reserve）和聯合國教科文組織世界遺產。理論上說，一天之內可以在半島上完成攀冰、海灘淘寶、山區健行、飛蠅釣魚和泡火山溫泉等活動，而且我們希望你真的去試一試。無論興趣在哪方面，這座範圍廣達數十萬公頃的國家公園，以及總長將近1000公里的步道絕對能讓你感到無比刺激。

✕ 最佳旅遊時節
身強體壯者全年都能在奧林匹克國家公園玩得盡興。期待日照時間長的人，應該選6到9月間來。4、5月時山徑比較安靜，可能會看到麋鹿。

🏨 住宿地點
Lake Quinault Lodge：園區內歷史悠久且設備齊全的木屋旅館；直奔船屋而去就對了。
Kalaloch Lodge：想擁有大海景觀的，可以試試這些蓋在迎風懸崖上的舒適木屋。

♥ 浪漫情事
走波德溪步道（Boulder Creek Trail）去泡天然溫泉。泉池四周環繞森林，一共有七池，其中幾池的溫度可達攝氏48度。（僅供參考：裸泳很普遍，別大驚小怪。）

✓ 小提醒
就算不是露營族，也應該在年代久遠的森林裡至少住上一晚。事先訂好霍河營地（Hoh Campground），河畔位置最棒，或者當天早一點去靜謐的格瑞福茲溪（Graves Creek）營地訂位。

霍河雨林裡詭異的苔蘚殿堂步道。

生氣盎然的奧林匹克國家公園海岸側。

兩個人的冒險

颶風嶺 ▲▲

奧林匹克國家公園裡最容易登頂，也是景色最壯觀、最能欣賞到公園無垠視野的山峰之一。開車27公里，就能以360度將整個半島、胡安德富卡海峽（Strait of Juan de Fuca）及奧林匹克山脈的冰河群峰盡收眼底。颶風嶺（Hurricane Ridge）有適合各種體能程度的步道。

神木谷 ▲

奎諾特山谷擁有世界上最大的鐵杉、洋松、美國西部扁柏和1000年之久的美國西川雲杉，令人望而生畏。以饒富教育意義的奎諾特雨林自然圈（Quinault Rain Forest Nature Loop）為起點，透過800公尺左右的步道，實地認識教科書裡的溫帶雨林範例。然後可以往不同的步道繼續走，或是改以開車環湖，距離大約50公里，在絕美湖景中沉澱心靈。

從霍河徒步去五哩島 ▲▲▲

徒步走完知名的苔蘚殿堂（Hall of Mosses）步道後，甩開人群，沿著冰河藍的霍河來到五哩島（Five Mile Island）。活了數百年的香柏樹冠交織在一起，

❖ 雨林公路旅行：溫哥華島

對更加神祕的溫帶雨林有興趣的人，請繼續前往加拿大溫哥華島。從奧林匹克國家公園開車到安吉利斯港（Port Angeles），再搭渡輪抵達迷人的殖民風城市維多利亞，然後沿著東海岸往北 160 公里，到麥克米蘭省立公園（MacMillan Provincial Park）的聖殿森林（Cathedral Grove）後，在古老的洋松林裡展開徒步之旅。然後繼續往西南方開 100 公里左右，就是太平洋海濱國家公園（Pacific Rim National Park），那裡有衝浪沙灘及號稱是卑詩省最美的雨林。

通往溫哥華島雨林的門戶——維多利亞市。

林中地面是蕨類鋪成的地毯，愈往深處去會看到成群的羅斯福麋鹿出現在眼前。這一段16公里的徒步之旅因為地勢平坦，加上數千年來大多不曾改變的自然美景，走來輕鬆愉悅彷彿瞬眼即過。

造訪4號海灘的潮池 ▲▲

卡拉洛奇4號海灘地形崎嶇，大型漂流木、海蝕柱頂長出的樹木、受褶皺作用形成的波浪狀岩石齊聚一地成為美景，低潮時來探索更讓人驚豔不已。躡腳走在潮池邊，一窺夕陽映照下的大綠海葵和海星，附近還有海獺戲水。

想進一步探索這塊大陸，請查閱：

» 沙漠：美國，莫亞布...第142頁
» 高山：美國，雷尼爾峰...第34頁

聖露西亞 (St. Lucia)

小安地列斯群島

奈特・史密斯（Nat Smith）與
裘蒂・本漢（Jodie Burnham）

北美洲

聖露西亞

聖露西亞是位於東加勒比海的島國，以戲劇性的海岸雙峰——筆桶山（Pitons）——聞名於世。這兩座火山尖峰的出水高度超過 750 公尺，吸睛程度自然不在話下，但我們最愛的還是受到它們庇護的熱帶雨林。聖露西亞的森林面積占國土 77%，各種野生蘭花和巨型蕨類之間交織出許多健行步道。車子沿著西海岸公路前進，蓊鬱山脈和果園交相出現。從雲霧繚繞的山谷望去對面，再遠眺生命力旺盛的湛藍大海，各種景觀都令人屏息讚嘆。罕見的熱帶鳥類——聖露西亞亞馬遜鸚鵡（St. Lucia Amazon parrot，又名 Jacquot）是島上特有種。受到早年法國與英國統治的影響，安地列斯與歐洲文化在這個獨立島國合而為一，形成自己輕鬆獨特的鮮明風格。請來欣賞它那怎麼拍都上相的山脈、生氣盎然的珊瑚礁，以及加勒比區最青翠的雨林。

⊠ 最佳旅遊時節

12月到4月是旺季。雨季開始前的5、6月陽光普照，而且費用比較低廉。所謂的「颶風季」通常只是午後一場驟雨。

🏨 住宿地點

Crystals St. Lucia：生態友善的樹屋旅館，既新奇又不失精緻，景觀令人歎為觀止。
Ladera Resort：聯合國教科文組織所列的筆桶山區內唯一一間、也是全島最奢華的酒店。

♡ 浪漫情事

在米戈城堡（Chateau Mygo）的露臺上啜飲蘭姆雞尾酒，同時欣賞馬里戈特灣（Marigot Bay）的夕陽餘暉，此情此景常被稱為加勒比海最美畫面。

☑ 小提醒

前往荷瓦娜拉機場（Hewanorra Airport）途中，在礁石灘咖啡館（The Reef Beach Café）稍事停歇，來一杯筆桶山啤酒。搭機時務必選靠窗的位置，才能欣賞到小安地列斯群島的壯麗景觀。

筆桶山聳立於蘇弗里耶爾灣。

兩個人的冒險

開車直搗火山與硫磺溫泉 ▲▲

開車直搗世界上少數幾座允許開車進入的火山——蘇弗里耶爾（La Soufrière）火山，以及活躍的地熱公園。溫泉數量極多，稍微泡一下後，就去泡泡泥漿池將全身塗滿能舒緩皮膚的礦物質，然後一路跳池到鑽石瀑布植物園（Diamond Falls Botanical Gardens）。

島嶼西北的食物與趣事 ▲

在鴿島國家公園（Pigeon Island National Park）的山腳、沙灘和18世紀碉堡裡悠遊漫步。（沒試過木腿咖啡廳（Jambe de Bois café）的烤肉不能離開。）國士壘區的週五夜街趴（Gros Islet Friday Night Street Party）有炸魚、音樂和舞蹈，讓你們繼續吃、繼續玩。

雨林空中纜車及流籠索具 ▲▲▲

從卡斯翠水廠（Castries Waterworks）的樹冠層飛過，這裡是島上最古老的雨林保護區。參加雨林冒險公司（Rainforest Adventures）知識豐富的導覽活動，搭乘四方通風的纜車（建造時未砍伐一棵樹），或像泰山那樣用滑索在大樹間擺盪。

從筆桶山頂到海灘 ▲▲

徒步挑戰大筆桶山（Gros Piton）步道，才能真正欣賞到鄰國法屬馬丁尼克（Martinique）和聖文森（St. Vincent）的絕美風光。（這段四小時的路程不能沒有導覽。）辛苦健行後，犒賞自己的方式就是到附近被兩座筆桶山峰包圍起來的佳露西海灘（Jalousie，又名糖海灘）游泳，保證神清氣爽。

✣ 給夫妻／情侶的建議

出外旅行可能會有壓力，重要的是請記住同行伙伴對壓力的反應或許跟在舒適圈裡時不太一樣。保持同理心與通暢的溝通管道，事情進展不順利時更應如此。當下大發脾氣或感到沮喪於事無補，因此要先讓情緒過去，事後如有必要再把話說開來。疲倦或飢餓是旅途中最脆弱的兩大時刻，此時的情緒可能會迅速飆高，所以彼此要溫柔以待，千萬別對人不對事。

步行過橋，深入充滿探險機會的雨林。

想進一步探索這塊大陸，請查閱：

» 島嶼：巴哈馬，伊路瑟拉島北部…第68頁
» 公路旅行：古巴西部…第214頁

強大夫妻檔：奈特與裘蒂

奈特和裘蒂從2013年開始成為全職旅人，至今已透過臨時代管住宅，在中東、歐洲、美洲和澳大拉西亞等地共17個國家居住過，過著當地人的生活。兩人在 NatnJodie.com 網站分享自身經驗，鼓勵大家慢遊與沉浸式旅遊，其生活型態與臨時代管住宅計畫已經啟發了全世界。

隱身在納波河畔蓊鬱叢林裡的客棧。

亞蘇尼（Yasuní）
厄瓜多

在亞馬遜與安地斯山脈交會處，冷冽山水與赤道豔陽相遇，造就出地球上生物多樣性最豐富的地點之一——亞蘇尼國家公園。在 750 萬平方公里的亞馬遜盆地中，這個聯合國教科文組織生物圈保留區的面積雖然不到 1 萬平方公里，但園區內的物種密度之高，他處均無法望其項背，僅僅 1 公頃範圍內就有超過 10 萬種昆蟲（比整個北美洲還多）。在這占地不到亞馬遜陸地總面積 0.2% 的地方，卻住了盆地裡 33% 以上的鳥類和爬蟲類物種。儘管如此，乍到園區的門戶城市科卡（Coca）時，仍可能懷疑自己是不是走錯了地方。科卡是厄瓜多的原油之都，進入園區之前，鑽油塔和煉油廠遍布各處。但別被這景象嚇跑，反之應該激勵自己更加支持此行目的地的珍貴。搭船順著納波河（Napo River）而下，進入受到保護的生物圈。叢林靠著柳樹、木棉樹和風鈴木，逐漸奪回河岸主權，熱帶鳥類則在其間穿梭巡邏。這裡的美無庸置疑，而且距離愈近愈美。請盡情享受森林中的吱喳細語，定睛觀看蜘蛛結網，抬頭凝視橫跨南北半球的星座，同時放慢動作。每一步的腳下都有生命存在。

厄瓜多 □亞蘇尼

南美洲

✈ 最佳旅遊時節
溫暖、陽光、潮溼，是這裡的典型氣候。任何時候都可以來；只要做好心理準備，偶爾要迎接叢林驟雨。

🏨 住宿地點
以下戶外用品公司均提供包含住宿、用餐和嚮導活動在內的多日遊行程。

Manatee Amazon Explorer：備有輕艇及動力獨木舟的精品河船，將探險樂趣無限擴大。

Napo Wildlife Center：園區內唯一一間也是厄瓜多最精緻的旅棧之一。

Amazon Dolphin Lodge：位於潘納寇查生物走廊（Paña-cocha Biological Corridor）的傳統茅屋。

❤ 浪漫情事
尋一處舒服的位置，躺下觀星。你身在赤道沿線，所以南北半球的星座都看得到。找一找北極星、南十字星，還有你自己的星座。

✅ 小提醒
野性十足的亞蘇尼並沒有太多基礎建設可供獨立探險使用。能前往哪些區域、哪些活動可行，大多取決於戶外用品公司，因此要挑選最能符合自己時間及預算規畫者。

鸚鵡瘋狂地舔舐黏土。

兩個人的冒險

看鸚鵡舔黏土 ▲

每天早晨，數百隻黃冠亞馬遜鸚鵡和鈷翅鸚鵡會聚集在河邊富含礦物質的峭壁上，爭先恐後地鼓動多彩翅膀，努力占到一個用餐席位。早一點搭船出發，才能看到這驚人的儀式如何展開。

潘納寇查生物走廊 ▲▲▲

探索這黑水流域及河中的漂浮森林和豐富的野生動物。划獨木舟穿梭林中，再徒步踏過土地。留意各種動物的身影，有粉紅淡水豚、白凱門鱷、樹懶、吼猴、大嘴鳥和食人魚。

夜行遊賞野生動物 ▲▲▲

發掘夜行動物及亞蘇尼驚人的昆蟲多樣性。緩步慢行，用手電筒照射一棵棵樹木，就能聚焦看到雨林的微觀奇景。可能會找到樹蛙、螽斯、螳螂以及其他許多驚喜。

克丘亞村（Kichwa Village）▲

薩尼（Sani）、阿娘古（Añangu）等幾處原住民社區都很歡迎遊客進入他們的日常生活。閒步走在茅屋、異國風情的農場和學校建築之間，還可以試嚐傳統餐點，例如吳郭魚配上檳榔心、小麥啤酒和肥美的烤軟蟲（美味比名稱厲害得多）。

⟡ 警世之聲

搭船回科卡途中，看著身邊河水潺潺，樹林一片綠意，這一週來與野生動物邂逅的畫面一幕幕在我們腦海裡倒帶……潛水的淡水豚、跳躍的猴子、俯衝而下的金剛鸚鵡……接著，一艘油駁船轟隆隆地超越我們這條船。亞蘇尼需要我們的幫助。觀光業並非毫無缺點，但以亞蘇尼而言，觀光客愈多，厄瓜多必須保護這一方珍貴環境的理由就愈充分。

在潘納寇查沼澤森林裡徒步旅行。

想進一步探索這塊大陸，請查閱：

» 高山：祕魯，烏魯班巴河谷…第38頁
» 公路旅行：厄瓜多，火山大道…第212頁

瑪瑙斯 (Manaus)
巴西

瑪瑙斯 巴西
南美洲

亞馬遜是世界最大的熱帶雨林，面積廣達 700 萬平方公里，橫跨八國，其中有六成都在巴西境內。這片生物多樣性高度密集的叢林向來被稱為「地球之肺」，擁有數十億棵樹木、成千上萬個物種以及古老的原住民文化。展開探險之旅時，先飛到亞馬遜首府瑪瑙斯。善加利用那裡的城市基礎建設和原創性，隨著一流嚮導參與此地才有的獨特活動，進入叢林深處。瑪瑙斯建立於 1693 年，向來主導著雨林商業的無限可能性，從葡萄牙橡膠大亨到生態觀光的拓荒者都被吸引過來。這裡有一些十分精緻的旅棧、戶外冒險用品公司及原住民文化體驗活動，就位在尼格羅河（Negro River）和蘇里摩西河（Solimões River）岸後方。此外，瑪瑙斯的奇妙之處還在於它究竟是距離最近的海洋有 1600 公里遠的港口城鎮？還是叢林中的繁華大都會？又或是被部落村莊團團包圍的歐洲建築？當周遭雨林散發無限誘惑之際，這個城市仍有許多有趣的面向值得在此多逗留幾天。

☒ 最佳旅遊時節
5月到11月是乾季，5、6月時最為理想，天空晴朗、河水水量充沛、植物也最青翠。

🏨 住宿地點
Casa Teatro：小巧精緻的B&B民宿，位在瑪瑙斯歷史街區上，屋頂露臺超讚。

Anavilhanas Jungle Lodge：沿著尼格羅河群島興建的高檔度假村，餐飲、活動和叢林導覽都是一流水準。

♡ 浪漫情事
去亞馬遜劇院（Teatro Amazonas）欣賞一齣聲光效果十足的表演。無論是歌劇、舞蹈或古典音樂，這個豪華的場域都能讓約會之夜充滿迷人魅力（當日盡早入場的話還可以免費欣賞）。

☑ 小提醒
盡量多品嚐各式異國水果。因為出了瑪瑙斯，可能再也吃不到！對於沒看過的美食也別心生畏懼，而且一定要試試口感超級綿密的古布阿蘇（cupuaçu）。

世界上最大的黑水河──尼格羅河。

混合了部落風、殖民風和當代風的市中心。

兩個人的冒險

兩河交會 ▲

Encontro das Águas（譯註：葡文意為兩河交會處）地如其名，暗黑的尼格羅河和奶白的蘇里摩西河在此匯流。由於溫度不同，兩邊的河水無法一開始就合而為一，於是形成一段長達數公里的雙色河流。想目睹這項奇觀和嬉鬧的粉紅淡水豚，可以搭巴士到塞阿澤（Ceasa）渡輪站包船前往。（比參加套裝行程便宜又好玩。）

叢林求生ABC ▲▲▲▲

學習如何在森林中覓食、用棕櫚葉搭造棚子、削出一把吹箭、捕捉食人魚當晚餐，以及像瓦比夏那（Wapixana）原住民般在叢林中茁壯成長。家族經營的亞馬遜河印第安旅行社（Amazonas Indian Turismo）有徒步加獨木舟多日遊程，結束後你將有能力迎接各種考驗。

✣ 那可是一片叢林

我們的環球之旅始於飛往巴西瑪瑙斯的那趟單程飛行。我們徒步深入雨林、睡在樹上、捕魚當晚餐、在食人魚出沒的河中洗澡，不禁思考：「自己是不是還沒準備好？」五天後，經歷過各種想像得到的恐懼，我們走出了叢林，感覺自己可以迎接世界上的任何挑戰。

亞馬遜河印第安旅行社創辦人蘇亞雷斯（Soares）。

獨木舟划過沼澤森林 ▲▲

亞馬遜河全年的水位變化高達1.5公尺之多，整座森林都可能沒入水下。清晨或黃昏時在樹林間划槳前進。富含單寧酸的河水會映照出超現實景象。

爬上老樹頂 ▲▲▲

學會爬樹技巧後，爬上60公尺高的斑檀木（Angelim tree）樹冠。鳥兒鳴唱、鳳梨花和吊床，都在上面等著你。這項活動可以是從瑪瑙斯出發的一日遊，也可以列入多日探險行程內。

想進一步探索這塊大陸，請查閱：

» 瀑布：阿根廷與巴西，伊瓜蘇瀑布…第46頁
» 沙丘：巴西，傑里科科拉…第150頁

泰國的BEES大象保護園區裡深受喜愛的大象。

在叢林及雨林擔任志工的機會

深入現場與這些受人敬重的保育提倡者共事

馬來西亞

1. 紅毛猩猩庇護中心

在獲獎的馬當野生動物中心（Matang Wildlife Centre）照顧受傷或失怙的紅毛猩猩。協助團隊提升飼養標準，使這些聰慧的靈長類動物更加健康，並為牠們打造正面的環境，以便有朝一日能野放回婆羅洲。

波多黎各

2. 復育雨林

培育受到濫伐威脅的原生硬木樹種。在帕帝亞斯（Patillas）山區，面積超過400公頃的叢林之屋（Casas de la Selva）保護區工作，種植苗木、測量樹木生長情形、復育土地，使其成為永續林業的典範。

印尼

3. 追蹤蘇門答臘虎

與世界野生生物基金會（World Wildlife Fund）聯手調查瀕危的蘇門答臘虎的雨林棲地。在林邦巴陵野生生物走廊（Rimbang Baling Wildlife Corridor）尋找老虎及其足跡、獵食痕跡和排遺，蒐集數據並架設野外動態自動相機，進行有意義的研究。

祕魯

4. 亞馬遜巡邏員

巡邏河流、記錄非法活動證據、蒐集動植物群數據、維護步道，並加入非營利組織ARCAmazon巡山員的行列，保護馬德雷德迪奧斯（Madre de Dios，譯：意為上帝之母）雨林。分析各種發現，使植物及野生動物更加健康。

瓜地馬拉

5. 拯救野生動物

協助馬雅森林瀕危物種的復育和野放。馬雅森林是美洲第二大熱帶雨林。在位於佩滕（Petén）的ARCAS野生動物救援中心裡，病患包括美洲豹、長尾虎貓、蜜熊、紅金剛鸚鵡和吼猴等。

馬達加斯加

6. 洛柯貝（Lokobe）雨林田野研究

在美麗的貝島（Nosy Be Island）上進行的四到十週的計畫。馬達加斯加研究保育中心會提供訓練，讓你在低地雨林進行田野調查，並實施各種不同的捕放方式，針對狐猴、蝴蝶、爬蟲類、特有鳥類及其他許多生物進行研究。

泰國

7. 照顧大象

大膽前往清邁南部山區，支持原本在伐木業和觀光業工作的大象。協助社區型的BEES保護園餵食大象、幫忙洗澡，並種植草和樹木來保護牠們的環境。

哥斯大黎加

8. 保護瀕危海龜

調查托爾圖格羅（Tortuguero）海灘巢穴裡數千枚綠蠵龜卵的情形。蒐集新生革龜的數據，並協助海龜保育中心對這四種以加勒比海區為家的物種進行研究和保育。

美國

9. 根除入侵的熱帶植物

與寇基資源保護計畫（Koke'e Resource Conservation Program）一起保護夏威夷本土植物群。花幾天時間待在考艾島（Kaua'i）的雨林裡，為平衡生態而除去破壞性及有害植物。住宿免費，工作有彈性，參與活動也完全免費。

喀麥隆

10. 協助瀕危猿類

參與克羅斯河大猩猩計畫（Cross River Gorilla Program）的前線保護工作，調查山地雨林棲地情況，架設動作感應相機，同時教育當地社區有關克羅斯河大猩猩與奈及利亞-喀麥隆黑猩猩存活下去的重要性。

紐西蘭，奧塔哥（Otago）

「無處可去處處去，繁星之下路未盡。」

——傑克·凱魯亞克（Jack Kerouac）

第十章

公路旅行

打開車窗，扭開音樂，冒險的機會永無止盡──唯獨公路旅行能道盡自由自在的真諦。方向盤掌控在你手中，旅遊不再只是由甲地到乙地，還包括途中每一朵音符及每一段變奏曲。發掘遊覽車路線以外的無名地點，與當地人在農產小攤上攀談，轉個彎就能找到新奇刺激。想去哪裡就去哪裡，當美國西南部的燻烤肉香撲鼻而來，或北愛爾蘭的民俗音樂節樂音響起，想停就停。提前計畫或隨興所至，沒什麼不可以。

本書中介紹的地方很多都可能是某一趟精采的公路旅行的起點。我們選中這些地點的原因是整體而言，這些目的地和沿途都能充分展現該地區的多樣性與特色，將旅程提升到另一層次。備妥你最喜歡的音樂、點心、手機應用程式和車內空氣清新劑，迎接即將到來的瘋狂之旅。

從桌山山頂鳥瞰開普半島

西開普省
(Western Cape)
南非

非洲

西開普省 □ 南非

變化多端的海岸線、古老山脈、葡萄酒鄉、歐風建築、部落文化和野生企鵝——非洲西南角真的很猛。這裡的發展以開普敦為起點，早自1652年起就是南非第一座國際港。豐富多元的文化塑造出活力十足、充滿異國情調的城市。開普敦身為一個大都會，市中心卻穩坐著地標級的平頂山峰——桌山。如此美景從都市網格中拔地而起，吸引所有遊客登上戲劇性的山頂，以360度欣賞崎嶇海岸線和連綿起伏的葡萄園。看到這般景觀時，你就會知道為什麼非得走一趟公路旅行不可。

半島西側末端是傳奇的好望角，大西洋與印度洋就在那裡激情相遇。從賽門鎮（Simon's Town）沿著迷人的海灘繼續走，則是賞鯨聖地赫曼努斯（Hermanus）。口渴了嗎？跟著羅盤指針朝北去，就會開進酒鄉（Winelands），數不盡的葡萄園和世界頂尖餐廳都在那兒等你。這段不到500公里的路程，將讓你體驗到三種不同的奇妙世界。

最佳旅遊時節
12月到3月間，海灘天氣晴朗。8、9月氣溫暖和，最適合賞鯨。

住宿地點
Grand Daddy Hotel：位於開普敦一棟古老建築裡，屋頂有極具設計感的Airstream露營車公園。
Quayside Hotel：價格划算，位置濱海，就坐落在博德斯海灘（Boulders Beach）附近。
Le Franschhoek Hotel & Spa：豪奢的莊園，位於酒鄉歷史悠久的法國村裡。

浪漫情事
在開普敦饒富異國情調的非洲咖啡館（Africa Café）用餐，品嚐來自馬拉威、坦尚尼亞、伊索匹亞等多國美食。飯後到晶晶（Tjing Tjing）屋頂酒吧小酌，好好享受約會之夜。

小提醒
大部分的「萬用轉換插頭」在這裡都不適用。只有南非專用機型才能讓你隨時接上230伏特電源。

斯朗科普燈塔（Slangkop Lighthouse）周圍的紅蘆薈花。

兩個人的冒險

開普敦：藝術與美食 ▲
伍茲塔克（Woodstock）加上舊餅乾市集（The Old Biscuit Mill）之旅，一趟行程就體驗到濃縮版的開普敦文化精華。早先是餅乾工廠的舊餅乾市集已華麗轉身為文創園區，只在星期六營業，裡面有100多間流行小店及小吃攤，絕對不能錯過油炸荷蘭人（Frying Dutchman）和路克瑞士薯餅（Luke's Rostis）。

桌山：開普敦之心 ▲▲
乘坐纜車或徒步登上世界最古老的山脈之一，漫步於高原上，將那些驚人的花朵（1470種左右，其中七成都是當地特有種！）記在筆記裡，以360度開闊視野欣賞開普敦風光。

博德斯灣：企鵝棲地 ▲
距離拍照重點好望角大約24公里處，數千隻非洲企鵝在附近搖來晃去。狐狸海灘有最佳觀景平臺，而且還能游泳（當然要遠離企鵝）。

開普敦賞鯨路線：貝蒂灣（Betty's Bay）到赫曼努斯 ▲
座頭鯨、南露脊鯨和布氏鯨（Bryde's whale）的繁殖地都在福爾斯灣（False Bay）及附近漁村，因此

✧ 歡迎進入成人世界

「**想**體驗一下成年禮嗎？」飛塵背包客旅棧（Mdumbi Backpackers Lodge）的老闆問。我們抵達南非野性海岸邊這處科薩族（Xhosa）村落才不過十分鐘，就收到這份邀請。「當然想囉，」我們說，但其實不知道自己將看到什麼。四名十幾歲的男孩為了準備迎接成年禮，赤身裸體地住在林子裡三週，今天就是他們行割禮的大日子。鼓聲隆隆，一隻羊被宰了。男孩們從林中出現，全身包著毯子，等著被人餵食——被我們餵食。我們成了極度私密的部落儀式中的一分子，真的永生難忘。繼續開車上路，最重要的是，繼續保持心胸開放。下一份邀請是什麼？你永遠無法預知。

科薩族男孩等待他們的成年禮。

這些地方也是全世界最棒的陸上賞鯨點。

合斯呼特山口（Helshoogte Pass）：酒鄉後巷 ▲
取道史泰倫波什（Stellenbosch）與法蘭區霍克（Franschhoek）兩處葡萄酒鄉之間的R310山路，沿途欣賞明媚的田園風光。中途在波香道爾（Boschendal）的開普荷蘭風格農莊和德萊爾葛拉芙（Delaire Graff）的現代酒莊停車休息，品嚐本區各種風味與不同年分的美酒。

....
想進一步探索這塊大陸，請查閱：
» 瀑布：尚比亞，利文斯頓…第54頁
» 沙漠：納米比亞，納米比沙漠…第152頁

南島 (South Island)
紐西蘭

想像一下，來到一個冰河湖畔，環湖盡是明亮的鵝掌楸（俗稱黃楊木）和白頭群山，然後說，「我們到家了。」這正是紐西蘭露營人的心聲。每天晚上都在自己挑選的美麗地點過夜，享用一頓自製餐點，再配一杯馬爾堡（Marlborough）葡萄酒。第二天早晨一睜開眼睛就看到無敵美景。

　　南島是公路旅行的天堂，有冰河、冰河峽灣、火山、葡萄園、電影魔戒式的森林、無可挑剔的道路品質，而且用路人非常少。南島人口僅 100 萬，居住在相當於紐約州大小的土地上，大部分地區都尚未開發，因此與大自然的關係十分緊密。在「大都市」基督城裡挑好露營車（或汽車，如果非得如此的話），直接穿越南阿爾卑斯山的中心，然後沿著絕美的西海岸悠閒前進，蜿蜒於雄偉山脈之間，朝閃爍著光芒的皇后鎮湖區開去，最後停在谷地會被海水淹沒的冰河峽灣（Fiordland）國家公園。這條路線約 950 公里長，是我們的最愛，但說真的，在這不平凡的國度，旅程才剛要開始。請繼續開下去，能開多遠就到多遠。

☒ 最佳旅遊時節
想看秋葉的人，請在3、4月時過來。10月到11月間野花怒放。12月到2月天氣晴朗，遊客如織。

⌂ 住宿地點
Matakauri：羅萊夏朵（Relais & Châteaux）集團下的旅棧，無出其右的風格與餐飲水準，加上瓦卡蒂普湖（Lake Wakatipu）的無敵景觀，絕對值得你揮霍。

Deer Flat Campsite：冰河峽灣國家公園裡優美的河邊平地。

Maui Motorhomes：奢華的車輛住宅，自由露營的完美選擇。

♡ 浪漫情事
包好野餐，騎上單車，走皇后鎮的吉布斯頓河步道（Gibbston River Trail），穿過果園、淘金熱時的遺跡與世界一流的葡萄園。遊隼酒莊（Peregrine Winery）和吉布斯頓谷酒窖（Gibbston Valley Wine Cave）都可補充水分。

☑ 小提醒
下載紐西蘭觀光電臺（Tourism Radio）的應用程式。這個應用程式是運用GPS，在你開車時提供所在地點的歷史、旅遊要點和深度解說。（若不是它提供資訊，我們差點就錯過一處泡湯祕境！）

從皇后鎮往天堂（Paradise）的路。

我們在瓦哈波湖（Lake Wahapo）營地的日出早餐。

兩個人的冒險

亞瑟山口（Arthur's Pass）：越過南阿爾卑斯山 ▲▲

這裡不僅是從基督城到西海岸的走廊，還是一處令人驚艷的國家公園，園內有許多對公路旅行友善（重點是距離短）的健行步道，例如城堡丘（Castle Hill）和惡魔湯碗（Devil's Punchbowl）。

帕帕羅瓦國家公園（Paparoa National Park）：野性海岸徒步之旅 ▲▲

徒步走上杜魯門小徑（Truman Track），穿越一小段亞熱帶森林後，來到遼闊的石灰岩灣，看瀑布豪放地傾瀉在沙灘上。路的前方，歷經3000萬年侵蝕的普納凱基（Punakaiki），成就出高聳的「煎餅岩（pancake rock）」、潟湖和噴水孔。

法蘭士‧約瑟夫與福克斯冰河：直升機壯遊 ▲▲

飛越兩條壯觀崎嶇的冰河，前往紐西蘭兩座最高峰。詳見第162頁。

令人著迷的哈威亞湖與瓦納卡湖 ▲▲

這兩座攣生湖泊都有群山環繞，兩湖之間僅靠一條小溪相通。瓦納卡（Wanaka）湖區可進行多樣活動：

輕艇、鐵索攀岩、單車之旅等；哈威亞（Hawea）則以寧靜安詳為特色。

皇后鎮：冒險之都 ▲▲▲

搭乘空中纜車，以最佳角度輕鬆飽覽瓦卡蒂普湖和卓越山脈（Remarkables mountain range）美景後，接著去玩大耗體力的太空球、水上飛板、噴射快艇、飛越峽谷或高空彈跳。

冰河峽灣國家公園：峽灣之家 ▲▲▲

在傳奇的米佛峽灣划著輕艇，走過查斯姆峽谷步道（Chasm Walk），拍下鏡湖（Mirror Lake）上下顛倒的畫面，還要設法數清楚米佛公路沿線到底有幾道瀑布。

❖ 繼續開：從南島到北島

我們花了一個月的時間，以公路旅行的方式玩遍這兩座雄偉島嶼，想要分享的實在很多：卡特林斯（Catlins）羅漢松林健行、奧塔哥半島看野生動物、摩拉奇大圓石（Moeraki Boulders）奇景、凱庫拉（Kaikoura）賞鯨、馬爾堡峽灣渡輪、東加里羅高山山口（Tongariro Alpine Crossing）健行、坐船鑽進懷托摩洞穴（Waitomo Caves）、懷西基島（Waiheke Island）品酒，以及向友善的紐西蘭人詢問他們最愛的活動！

嚮導帶著我們通過米佛峽灣（Milford Sound）。

想進一步探索這塊大陸，請查閱：

» 海洋：紐西蘭，塔斯曼區…第124頁

» 雨林：澳洲，丹特里…第180頁

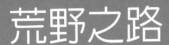

荒野之路

駛離世界上最長的葡萄酒鄉之路，眼前迎來南非曲折的海岸線。我們正朝著荒野鎮（Wilderness）開去，前往一間名叫野性農莊（Wild Farm）的旅館。這兩個地方對我們而言都很陌生，不過一聽名字就覺得氣味相投。柏油路逐漸消失，一路變得塵土飛揚，蜿蜒上山又開了15分鐘。心裡剛開始納悶，怎麼有人把房子蓋在這麼高的地方時，就來到了山頂。迷人的農舍，360度海洋全景。於是我們將牢記在心，主流之外的一切自會漸入佳境。

沒有什麼比一輛福斯敞篷巴士更能道盡自由的真諦。南非荒野鎮。

維爾京河（Virgin River）切割過猶他州的錫安峽谷。

西南部 (The Southwest)
美國

北美洲
西南部
口 美國

月球、火星、幻想天地——科羅拉多高原及其四周已經被拿來跟許多事物相比，而且那些東西都不屬於我們生活的這個世界。沿著高聳入雲的峭壁行駛，徒步走過低谷，時光彷彿一步步倒流。來自侏羅紀時期的沙丘逐漸變回岩石，然後由風、水、冰接手，鬼斧神工地把岩石雕成抽象藝術品。追溯至數千年前的文明，納瓦霍族、阿帕契族、西班牙人、摩門教徒、水晶占卜師和腎上腺素成癮者，前仆後繼創造出西南部獨有的多元文化組合。駛離拉斯維加斯這個霓虹燈大都會後沒多久，城市的主要景觀轉由國家公園和聯合國教科文組織世界遺產擔任主角，包括美國最具代表性的紅岩、錫安、布萊斯和大峽谷國家公園等，全部交織在這一圈宏偉的公路上。儘管這些目的地或許新鮮感不足，但是改以後巷小路、偏僻觀景點和健行步道為主的旅程，將會寫下全新篇章。

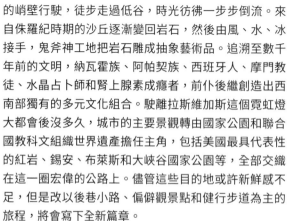
⊠ 最佳旅遊時節
除了6月到8月間天氣炎熱遊客眾多外，其他時節的沙漠一片靜謐安詳。12月到2月會看到峭壁覆上一層雪花。

🛏 住宿地點
Zion Lodge：國家公園內唯一的旅館，共有28間高檔木屋。
Bright Angel Lodge：大峽谷邊緣已獲立案的國家級歷史地標，豪華小屋裡的房間充滿鄉村風格。

💗 浪漫情事
找一處峽谷觀景點看日出兼野餐。倆人相依相偎看著光線一層層照亮山壁。

☑ 小提醒
史詩級的健行路徑（例如Narrows和Havasu Falls），夏季時大多需要提前很久去申請通行許可，其他時候則通常申請當天就能獲准。無論最後結果是否順利，別忘了還有很多令人讚嘆的小徑可供選擇。

哈瓦蘇溪朝大峽谷流去。

兩個人的冒險

內華達州紅岩峽谷：超現實的砂岩 ▲▲

夕陽餘暉下，莫哈維沙漠裡出現300公尺高的峭壁，令人訝異的是這裡竟與拉斯維加斯賭城大道如此接近。先在風景圈道路上開將近25公里，再手腳並用爬過冰盒峽谷（Ice Box Canyon）裡的岩石後，就會看到瀑布；或者也可以走卡利科山（Calico Hills）步道健行。

猶他州錫安：震懾人心的峽谷和懸崖 ▲▲▲▲

徒步走在狹窄的峭壁步道，去天使降臨（Angel's Landing）欣賞遼闊風景。用繩索降到奧德維爾（Orderville）狹縫型峽谷後，在清澈碧綠的池中游泳，這是峽谷溪降一日短遊的探險刺激行程。往北行駛到科羅布峽谷（Kolob Canyons），有風光絕美且遊客較少的小徑。

猶他州布萊斯峽谷：奇形岩天堂 ▲▲▲

從遊客中心出發，將近30公里的景觀道路旁共有十多處觀景點，奇形岩、高地與超現實地形，無一不令人咋舌。仙境環道（Fairyland Loop）約12公里長，怪誕美景絕對值得付出體力到此一遊。滿月的夜晚，可以跟布萊斯的天文嚮導（Astronomy Ranger）一起去探索公園。

亞利桑那州大峽谷：西南部的地標 ▲▲

定睛凝視地殼剖面，1600公尺深的地質已歷經20億年日昇日落。徒步下行11公里左右，即可抵達骷髏點（Skeleton Point），黃昏時分漫步環崖步道（Rim Trail）則可360度欣賞經典全景。

亞利桑那州塞多納：沙漠文化 ▲

從活力充沛的塞多納（Sedona）市中心到紅岩州立公園（Red Rock State Park），一路飽覽自然之美。特拉克帕克藝術村（Tlaquepaque Arts & Crafts Village）加上國家級的蒙特祖瑪城堡遺址（Montezuma Castle National Monument），絕對能灌飽你的文化細胞。

✧ 小鎮瑰寶

我們看到一塊手繪招牌，上頭寫著，「恩尼斯特・雪莉岩石店」，就毫不遲疑地把車停在路邊。店裡頭是布滿灰塵的寶庫，有石化木、三葉蟲化石、黑曜石和數千種神祕石頭。擺著石英的櫥櫃後方，雪莉阿嬤午覺剛睡醒，對著我們指了指院子。一排排的岩石，有些可以追溯到25億年前，我們彷彿進入一處以檯燈為照明的霸王龍股骨「展示間」。進門前我們對地質的興趣普普，離開時卻帶著糞化石和瑪瑙杯墊，還前所未有地喜歡上奇石採集者。

猶他州的恩尼斯特・雪莉岩石店是漢克斯維爾（Hanksville）的鎮中瑰寶。

想進一步探索這塊大陸，請查閱：

愛爾蘭與北愛爾蘭

北海岸

北海岸　北愛爾蘭（英國）
愛爾蘭　歐洲

儘管旅人多會在北愛爾蘭和愛爾蘭共和國交界處停下腳步，但在強風掃過的美景眼裡，何謂國界？很多人在著名的野性大西洋之路（Wild Atlantic Way）上開了上千公里後筋疲力盡，以至於無法繼續前往令人讚嘆的多尼戈爾（Donegal），更別提跨過國界，進入英國的北愛爾蘭。你們的愛爾蘭公路旅行，請別從搭飛機抵達都柏林之後才開始，而應以精采的貝爾法斯特市為起點。穿過巴利馬尼（Ballymoney）市內由山毛櫸交織而成的綠色隧道，然後順著火山峭壁，經過威士忌酒廠和中世紀城堡，前往地質奇觀——巨人堤道（Giant's Causeway）。整天下來，海岸線的颯颯風聲和洶湧海浪都成為背景配樂。也就是說，當你聽到一絲小提琴樂音從某間石頭酒吧飄出時，這一天的路程才算結束。開懷大笑加健力士啤酒組成的快樂時光，就像一股強大海流般，從多尼戈爾一路湧向梅奧郡（County Mayo）。繼續往南開，大西洋海岸仍然壯觀無比，因此可以的話，請繼續播放這段配樂。無論旅程長短，到頭來你都會慶幸自己曾為「兩個愛爾蘭」的北部地區騰出時間。

✈ 最佳旅遊時節
5月到9月間造訪愛爾蘭，陽光露臉、天氣溫暖的機率比較高。

🏨 住宿地點
The Bushmills Inn：以煤氣燈照明、泥炭蘚生火，還有私人威士忌酒桶，巨人堤道最舒適的住宿選擇就在這裡。
Lough Eske Castle：符合多尼戈爾皇家歷史的古老居所。
Bunk Campers露營車：在貝爾法斯特挑好附有廚房的戰車後，任它到天涯海角或任何無名之處都能隨意過夜。

♥ 浪漫情事
在著名的多尼戈爾鑽石區裡最棒的餐廳就是老城堡酒吧（The Old Castle Bar）。訂位時記得要求壁爐邊或有城堡景觀的位子。

✅ 小提醒
愛爾蘭人很喜歡過節。查詢DiscoverIreland.ie和DiscoverNorthernIreland.com這兩個網站，隨時可得知開車路線上有哪些活動。

巨人堤道奇特的海岸線

凱莉的酒窖（Kelly's Cellars）是貝爾法斯特最老的酒吧之一

兩個人的冒險

巨人堤道：地質奇觀 ▲▲
探索海中懸崖、數以千計的六角石柱以及高聳的煙囪石等地質奇觀。早點抵達，可以享受到這片名列聯合國教科文組織世界遺產的超現實海灘的靜謐感。

鄧路斯城堡（Dunluce Castle）：中世紀的愛爾蘭 ▲
先在老布什米爾酒坊（Old Bushmills Distillery）淺酌威士忌，接著往岩石露頭面積巨大到成為前維京碉堡的所在地，同時也是北愛爾蘭風景最秀麗的遺址之一。

法納德角：經典燈塔 ▲
地形窄仄、植物蓊鬱的半島四周都是嶙峋峭壁，最頂端立著一座19世紀初期的燈塔。法納德角（Fanad Head）這裡正是許多愛爾蘭故事書的靈感來源。

多尼戈爾海蝕柱：攀岩 ▲▲▲▲
與位於法爾卡拉（Falcarragh）的非凡上升（Unique Ascent）團隊會合後，揚帆前往陡直高嶼，進行獨一無二的攀岩活動。150條路線任你探索，享受海風自背後徐來，浪花在腳下洶湧的刺激感。

斯利夫里格半島（Sliabh Liag Peninsula）：蓋爾人之鄉 ▲▲▲
在格倫科倫基爾民俗村博物館（Glencolmcille Folk Village Museum）認識愛爾蘭傳統生活後，徒步走到

✤ 浪漫喜劇

為了去莫赫懸崖（Cliffs of Moher）欣賞日落，我準備好野餐，想要給安一個驚喜。風沒停過，但氣氛還算浪漫，一直到我想幫安倒酒那一刻，一陣強風吹來，黑皮諾紅酒（pinot noir）就這樣潑得我們全身都是。才剛用毛巾擦去酒漬，想要舒服坐著欣賞美景時，她的帽子被風捲走了，而且是朝 100 多公尺高的懸崖邊緣飛去。我撲向帽子，她死命拉我回頭，帽子轉眼消失，我們只能對那頂毛帽無言致哀。十秒鐘後，眼角似乎瞥見一個粉紅色、毛茸茸的東西，猛然竄升到我們頭上。毛帽竟然乘著莫赫的上升氣流回來找主人！！若從景觀、戲劇效果和出其不意的喜劇感等角度綜合考量，沒有其他地方比愛爾蘭的懸崖更適合野餐。

在莫赫懸崖大膽又浪漫的午餐

歐洲最高的幾座海中懸崖。先用斯利夫里格景觀步道來測試膽量，再帶著平衡感（和神經）到驚險的單人山口（One Man's Pass）。

後依拉半島（Cúil Irra Peninsula）：古老的愛爾蘭 ▲
在喀洛摩爾巨石墓園（Carrowmore Megalithic Cemetery）探索公元前4600年的斯萊戈郡（County Sligo）的墓室、環形堡壘（ring fort）和通道式墳墓。納克奈瑞亞山丘（Knocknarea hill）上則有獻給愛爾蘭神祕女王的巨型石堆。

想進一步探索這塊大陸，請查閱：
» 高山：瑞士，勞特布龍嫩谷…第32頁
» 建築：比利時，根特…第116頁

納里卡拉碉堡（Narikala fortress）自4世紀起就矗立在提比里西上方。

喬治亞中部
(Central Georgia)
喬治亞共和國

麗莎・岡特（Lisa Gant）與艾歷克斯・培林（Alex Pelling）

地處歐亞交界的十字路口，喬治亞有一種不同於我們在世界各地公路旅行經歷過的真誠與魅力。從首都提比里西（Tbilisi）開始，古老的浴場和未來主義建築已使人陶醉。取道著名的喬治亞軍用公路（Georgian Military Highway），往5000公尺高的卡茲別克山（Mount Kazbek）開去，沿路想像著往日商人循著這條蜿蜒小徑，穿梭在兩個世界之間的情景。往西走，到波若米（Borjomi）認識這個國家生氣勃發的文化融合，並體驗世界上最古老的葡萄酒產區之一，品嚐阿札爾（Adjarian）美酒。前往永恆的山城斯瓦內堤（Svaneti）之前，可以先去觸摸黑海，漫步於巴統（Batumi）的浪漫藝術長廊。每個轉彎處都可能有冒險活動：泛舟、騎馬、直升機滑雪、製作乳酪、試喝蜂蜜等等。喬治亞可能是我們去過的最友善的國家，而「客人是上帝的禮物」正是喬治亞人恪守的座右銘。

✕ 最佳旅遊時節
7月到9月的氣候宜人，氣溫會隨高度不同劇烈變化。

🏨 住宿地點
Vinotel：以葡萄酒為主題的精品酒店，房間豪華，餐飲也十分美味。
Castello Mare：坐落於巴統市外海崖上的水療養生酒店。
注意：也可以住在當地民宿、雨林營地或巴統植物園（Batumi Botanical Garden）裡。

♡ 浪漫情事
騎著單車走巴統的臨海自行車道去「愛的雕像（Statue of Love）」。相依相偎看著會動的傳說人物阿里和妮諾（Ali and Nino）如何走向對方合為一體。

✓ 小提醒
隨時張開雙耳，聽到即興複調小夜曲後，依主持人的提示，舉杯高喊「Gaumarjos（乾杯）」，就能祝福生命中最重要的九件事。

兩個人的冒險

提比里西：冷熱交替之都 ▲
跟著絲路的蹤跡去城裡歷史悠久的阿巴諾圖巴尼（Abanotubani）浴場區。貼有馬賽克磁磚的圓頂下瀰漫著含有硫磺的蒸氣。全身又刷又磨後，整個人會感到煥然一新。想要涼快一下的，可以去和平橋（Bridge of Peace）散步，橋上有數千盞LED燈營造藝術氛圍。

從波若米到瓦爾奇亞：時光流轉數百年 ▲
在19世紀的波若米礦泉水公園（Borjomi Mineral Water Park）當場接飲泉水，園區建築呈現喬治亞最大出口產品與文化融合的特色。接著到瓦爾奇亞（Vardzia）的12世紀洞窟修道院。洞窟分布範圍廣達19層，共計有12處禮拜堂和25間酒窖，現在仍有修士住在洞裡。

阿札爾：葡萄酒的前世今生 ▲
蓋在18世紀釀酒坊遺址上的阿札爾酒莊（Adjarian Wine House），以恢復喬治亞8000年歷史的葡萄栽培傳統為職志。他們運用古法和不同品種，重現原汁原味的Porto Franco葡萄酒及很好喝的渣渣（chacha）伏特加。

斯瓦內堤：永恆的山城 ▲
因谷里河谷（Enguri Gorge）上游有一個由四個村落組成的烏樹故里（Ushguli）社區，隱身於高加索山脈中，是全歐洲持續有人居住的最高點，已被聯合國教科文組織認可為世界遺產。迷人的教堂可追溯到9世紀，內外都有溼壁畫裝飾，山城的維護工作也因此更加急迫。

⁜ 給夫妻／情侶的建議

吃 睡都窩在不到 5 公尺長的露營車裡，對任何一對快樂佳偶而言可能都是挑戰。我們的處理方式是在每天晚餐時一起回想當天的經歷，談談那些讓我們驚豔不已或跳脫常軌的事，為什麼迷路了 800 次，明天該怎麼做才能更順利等等。我們很快便發覺到，只要是進入城市時暮色已降、肚子餓得咕嚕叫、手邊卻只有一張加油站地圖時，非常容易鬥嘴。這個故事的啟發是：別讓自己餓到發脾氣，有話要直說。

在克瓦雷利湖度假村喝下午茶小歇

想進一步探索這塊大陸，請查閱：

» 海洋：希臘，基克拉哲思群島…第134頁
» 超自然：土耳其，棉堡…第224頁

強大夫妻檔：麗莎與艾歷克斯

這 對佳偶在訂了婚、共同創建了 2people1life.com 網站後，在 2011 年開著露營車出發尋找最完美的結婚地點。五年的世界公路旅行中，他們共開了 24 萬多公里，去過 70 個國家，舉辦了 70 次婚禮，其中包括祕魯、摩洛哥、伊朗、馬來西亞和喬治亞境內人跡罕至的道路。

火山大道
(Volcano Avenue)
厄瓜多

傳奇的泛美公路北起阿拉斯加、南止火地島。取道這條公路來到厄瓜多中部，兩側分別是冰河蓋頂的高山和冒著煙的火山。接著改循峽谷中的蜿蜒山路開去，會看到一面湛藍的火山口湖或6000多公尺山峰的基地營。這裡的莊嚴之美會縈繞腦海且令人深感謙卑。就在你以為只有駱馬和天竺鼠才有辦法在此地生存時，立刻隱約看到山邊有一間土埆厝，還有一名身穿天鵝絨裙子、戴著禮帽的原住民婦女正在田裡耕作。

旅人來火山大道的旅遊型態通常是哥多伯西（Cotopaxi）火山或通古拉瓦（Tungurahua）火山一日遊，但這類地質奇觀真的需要多安排幾天冒險行程。自行開車的無價自由度在臨時路邊停車跑去看火山冒煙、隨意彎進一條迷人小徑或吃路邊攤的烤天竺鼠時發揮到極致。將你最棒的風衣和毛線帽打包好，慢慢遊覽火山大道的時候到了。

⊠ 最佳旅遊時節
赤道附近的氣候雖然變化不大，但11月到2月間的風勢還是比較和緩。

🏨 住宿地點
Hotel Samari Spa：巴諾斯（Baños）城裡具有安地斯風情的高檔酒店。

Hacienda el Porvenir：哥多伯西山腳下一間已經營五代的牧場，房間迷人又經濟實惠。

Hacienda Pinsaqui：位於奧塔瓦洛（Otavalo）的殖民風B&B民宿，房客名單中不乏知名人士，包括西蒙·玻利瓦（Simón Bolívar，譯：拉丁美洲的革命家、政治家和思想家）。

♡ 浪漫情事
從Luna Runtun溫泉俯瞰巴諾斯的山景，或是到艾爾雷富吉水療花園酒店（El Refugio Spa Garden）試試傳統的蒸氣浴。

☑ 小提醒
原住民社區居民每天會到火山大道不同市集販賣一些小東西。將你的公路之旅行程對照一下他們的時間表，至少要去一次。

阿勞西附近的火山大道南段

哥多伯西：一座非常活躍的神聖火山

兩個人的冒險

奧塔瓦洛：從原住民市集到湖泊 ▲▲
以三座火山環繞四周、大規模手工藝品市集和薩滿祭祀儀式著稱的奧塔瓦洛，是一個以原住民為主的繁華城市。早一點起床去龐丘斯廣場（Plaza de los Ponchos）採購，然後在又名「眾神的潟湖」的奎科恰（Cuicocha）火山口湖步道走一圈。

哥多伯西：火山巨星 ▲▲▲
煙霧繚繞的哥多伯西火山高度逼近5900公尺，是全世界最高的活火山之一。徒步探索時可以去看最近爆發時散落一地的巨石，或者從埃爾坡文尼爾民宿騎馬去欣賞這座冒煙巨人及其附近其他火山的全景。

基洛托阿火山：從河谷到火山口湖 ▲
沿著蜿蜒道路爬升到鬼斧神工的杜阿奇河谷（Toachi River Valley）。再徒步一小段到基洛托阿（Quilotoa）火口緣，就會看到寶石般的湖泊及對比鮮明的黃色硫磺湖岸。

巴諾斯：厄瓜多冒險之都 ▲▲▲
在驚險程度第4級（譯註：泛舟活動分為1至6級，第1級最安全，第6級最危險）的帕斯塔薩河（Pastaza River）泛舟，搭乘當地的交通工具塔拉比塔（tarabita，空中纜車）去新娘面紗瀑布（Bridal Veil Falls），試試「在世界盡頭盪鞦韆（Swing at the End of the World）」的感覺，去「魔鬼大釜（Devil's Cauldron）」瀑布後方游泳，然後在這個位於通古拉瓦火山腳下的城鎮，好好犒賞一下你的腎上腺素。

欽博拉索（Chimborazo）：爬升到基地營 ▲▲
朝厄瓜多最高的火山開去，在其鐵紅斜坡和崎嶇冰河之間，看著導航系統上的高度表衝破4876公尺。去巡山站喝一杯熱可可，順便看看登山客如何整裝準備征服下一段高度——1386公尺。

阿勞西（Alausí）：魔鬼的鼻子（Devil's Nose）鐵路線 ▲
搭乘厄瓜多骨董級火車，走在之字形鐵道一路下行到谷底。這一項19世紀初期的工程奇蹟曾經是通往海岸最危險的路線，如今則成為兩個小時的愉快旅程。

⁕ 厄瓜多的主食

安地斯菜餚混合了豐富的肉類和異國食材。我們的最愛有：

Fritada：豬肉醃過再炸，搭配玉米粥、料理用的大香蕉（plantain）和烤玉米。

Llapingacho：厚實且帶有乳酪風味的馬鈴薯煎餅，搭配非常好吃的花生醬汁。

Cevichocho：由羽扇豆做的素食版酸桔汁醃魚（ceviche），佐炸香蕉片。

Locro：口感綿密的馬鈴薯湯或安地斯南瓜湯，最上面會放酪梨。

Ají：由辣椒、洋蔥、香菜、萊姆汁和樹番茄組成的莎莎醬。

安在世界的盡頭盪鞦韆

想進一步探索這塊大陸，請查閱：

» 湖泊：玻利維亞與祕魯，的的喀喀湖…第52頁
» 野生動物遊賞：厄瓜多，加拉巴哥群島…第84頁

千里達是本次公路旅行中，聯合國教科文組織列名的三處世界遺產之一。

古巴西部
(Western Cuba)
古巴

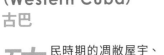

北美洲

古巴西部 古巴

殖民時期的凋敝屋宇、1950年代的經典汽車、非洲古巴（Afro-Cuban）爵士樂的節拍脈動以及曾經是好萊塢遊樂場的歷史特色，讓哈瓦那數十年來吸引了無數遊客（合法和非法都有）。但由於公辦旅遊的限制，加上共產制度的曖昧不明，沒幾個人會自行離開首都出外遊蕩。他們不知道自己錯過了什麼。將巴拉德羅（Varadero）的觀光客拋在塵囂之後，驅車開往西南，菸葉田裡有比尼亞萊斯山谷（Viñales Valley）的喀斯特山脈。豬玀灣（Bay of Pigs）是加勒比海地區最棒的浮潛地點之一，而不再只是美國歷史中的悲慘篇章。千里達（Trinidad）與西恩富戈斯（Cienfuegos）兩個城市裡登峰造極的知名建築，已被聯合國教科文組織列為世界遺產。政治上的隔閡將因民宿（casa particular）裡的雞肉飯（arroz con pollo）而逐漸淡化。你也會對路上的水窪與牛群淡然處之，因為這就是真實的古巴生活——古巴人的歡樂天性可以弭平任何不順。

🗺 **最佳旅遊時節**
11月到4月陽光普照，但12月到1月最熱鬧。

🏨 **住宿地點**
Ridel y Claribel：經典的家庭式民宿，提供一個房間、傳統美食以及夕陽照在比尼亞萊斯山谷的美景。
Hotel La Union：西恩富戈斯主廣場旁的新古典建築，有游泳池和屋頂酒吧。
El Arcangel：由一整個可愛家族經營的高檔民宿，位於千里達市中心。

💗 **浪漫情事**
離開哈瓦那之前要去上一次舞蹈課，這麼一來，後續在跑遍全古巴感到悶熱（或性感）時，你就能隨著非洲古巴爵士的樂音翩翩起舞。

✅ **小提醒**
盡量提早把車子租妥。下載伽利略離線地圖（Galileo Offline Map），再拿一份紙本的古巴道路指南（Guía de Carreteras）。古巴的旅遊規定經常改變。請查詢最新的旅遊指南。

兩個人的冒險

比尼亞萊斯山谷：雪茄之鄉 ▲▲
在喀斯特地形的山脈間騎馬慢遊，遇到洞穴和菸葉園就停下腳步探索一番。跟數代種植菸葉的菸農聊天，並享受一支現捲雪茄。

豬獵灣（Bahía de Cochinos）的真面目 ▲
完成了參觀戰爭博物館的義務後，請發掘這個惡名昭彰之地的真面目：Caleta Buena浮潛、薩帕塔溼地（Zapata's wetlands）賞鳥、探索魅力漁村Playa Girón。

西恩富戈斯：南方明珠 ▲
閒步走在何塞馬蒂公園（Parque José Martí）附近的街上，這個聯合國教科文組織世界遺產城市的新古典光華會讓人忘記身在何處。一窺雄偉的托馬斯特里劇院（Tomás Terry theater），接著去摩爾式建築的巴利宮（Palacio de Valle）喝一杯海邊雞尾酒。

Topes de Collantes國家公園：瀑布洗禮 ▲▲
在林木蓊鬱的石灰岩艾斯坎布雷山脈（Escambray Mountains）健行，前往園區裡的瀑布群。試試尼丘（El Nicho）、卡布尼（Salto del Caburní）或者大維加斯（Vegas Grande）等瀑布步道，沿途美景及清

卡布尼瀑布與天然泳池。

涼的天然泳池絕對值得你付出腳程。

千里達：魅力殖民風 ▲
千里達的神奇魔力來自於它色彩柔和的房屋、鵝卵石街道、馬車、老婦人織出的蕾絲花邊和即興舞會。街上悠閒漫步後，登上坎特羅宮（Palacio Cantero）的塔樓，以最佳角度欣賞全城景觀。

想進一步探索這塊大陸，請查閱：
» 海灘：多明尼加，沙馬納…第78頁
» 雨林：聖露西亞…第190頁

切·格拉瓦（Che Guevara）在古巴人的心中及公路上都永垂不朽。

義大利斯泰爾維奧山口75處髮夾彎的其中幾個

野性公路

獨一無二的公路、景觀公路與後巷小路，使道路本身變成旅行的目的地。

馬達加斯加

1. 猢猻樹大道Avenue of the Baobabs

樹齡800年的猢猻樹羅列在穆龍達瓦（Morondava）到貝羅西希賓納（Belon'i Tsiribihina）的道路兩旁，為全世界生物多樣性最豐富的國家之一增添迷人色彩。驅車從這些「森林之母」特有樹種下方駛過，接著去欣賞知名的戀人猢猻樹（Baobab Amoureux），看兩棵樹如何交纏擁抱。

加拿大

2. 冰原大道Icefields Parkway

加拿大洛磯山脈中的這條兩線道景觀公路沿途經過路易斯湖、班夫和賈斯珀，堪稱加拿大最美國家公園的伸展臺。全長180多公里，兩旁高山綿延，山頭冰河皚皚，山谷間安坐著一面面翡翠色的湖泊。開車時要注意灰熊、麋鹿、大角羊和北美馴鹿出沒。

南非

3. 薩尼山口Sani Pass

這條碎石路在大約8公里的距離內爬升900多公尺，斜度高達1:3，僅適合四輪傳動車和冒險者前往。耐心撐過之字形山路後，犒賞包括令人屏息的美景，以及在美麗的賴索托王國境內、號稱非洲最高酒吧（2819公尺）裡享受沁涼啤酒。

荷蘭

4. 賞花路線Flower Route

沒有人能像荷蘭人這樣善用春光。荷蘭人從1593年開始培育鬱金香，在其園藝與審美能力經營下，成就了從哈倫（Haarlem）到萊登（Leiden）長達40公里的花海。開車經過時請放下車窗，讓嗅覺與視覺都沉浸在這片美好盛宴裡。

義大利

5. 斯泰爾維奧山口Stelvio Pass

從瑞士到義大利阿爾卑斯山的這段道路很像彈珠檯上給彈珠跑的路線。從高度2757公尺開始下坡，總共要經過75個髮夾彎才能抵達山下。沿途要留意那些自認身懷絕技的自行車騎士。

挪威

6. 大西洋海濱公路Atlantic Ocean Road

這條公路穿越默勒-魯姆斯達爾郡（Møre og Romsdal county），以堤道、高架橋和8座橋梁一路蜿蜒通過群島上方，堪稱是海邊的雲霄飛車。若要體會真正的刺激感，請在暴風雨時行駛這條「挪威世紀建築」，衝破滔天巨浪。

玻利維亞

7. 北永加斯路North Yungas Road

從拉巴斯（La Paz）白雪覆頂的高山，蜿蜒下行到科羅伊科（Coroico）的雨林，這條沿著峭壁的公路會讓人停止呼吸——永遠停止呼吸。「雙線」山路寬度僅3公尺，向來被冠以「死亡公路（Death Road）」之名，每年都會奪走數百條生命。現在另有一條替代路線已興建完成，交通事故與死亡人數得以減少，行駛北永加斯變得比較安全，但刺激度不減。注意：這條公路也是stellar自行車路線。

美國

8. 走私者的隧道Smugglers' Tunnel

人口少到僅有一組郵遞區號的弗蒙特州，卻有辦法吸引全球各地的觀光客前來欣賞這裡壯觀的秋葉美景。從9月下旬到10月初，道路兩旁暗紅、亮橘和琥珀色的樹葉彷彿怒火燃燒，其中尤以走私者山凹（Smugglers' Notch）的「秋林隧道（Autumn Tree Tunnel）」景象最出色。

印度

9. 馬那山口Mana Pass

馬那從印度與西藏之間爬升上喜馬拉雅山脈，是世界上高度最高且可供通行的公路之一。5400多公尺處空氣稀薄，景觀遼闊。這條西藏貿易古道歷史悠久，最近剛「升級」為碎石泥土路。

美洲

10. 泛美公路Pan-American Highway

全世界最長的車行公路，從阿拉斯加到火地島，是所有公路旅行的源頭。全長超過3萬公里，行經17國，沿途的文化、氣候、景觀均屬畢生難得的體驗。

「只要我們用心觀察，就會發現大自然日復一日為我們繪出
無限美麗的畫面。」

——約翰・羅斯金（John Ruskin）

第十一章

超自然

∴∴∴∴∴∴∴∴∴∴∴

以下地點除了美之外，還會讓人著魔到開始質疑現實。噴發中的泥漿池、彩虹紋山脈和顏色千變萬化的火山口湖，都是深具創造力且喜怒無常的大自然傑作。它可以一時興起命令火山爆發，帶來滿目瘡痍，但當塵埃落定後，一切又常比它創造之初還要美。

對擁有冒險魂的旅人來說，這些超自然目的地因為能與危險共舞而更加誘人。高海拔、長距離和狹窄的山口在你眼裡都不算什麼；挑戰只會提高回饋的甜美程度。不過，如果知道恰當的觀景點，有些令人心生敬畏的地方其實得來並不費工夫。在羅托魯亞（Rotorua）泡瀑布溫泉，爬上棉堡雪白的石灰華，看著薄霧翻騰而過「阿凡達森林」。從印度到玻利維亞，這些地點都超越了最瘋狂的夢想。你不必盡信我們說的，自己去體驗，然後掐自己一下，就知道是真是幻。

波托西省
(Department Of Potosí)
玻利維亞

玻利維亞
波托西省
南美洲

火山條件加上高海拔與少量降雨的完美組合，使玻利維亞西南部的阿提普拉諾（Altiplano）從不宜前往之處變出華麗美景。從智利跨過邊境後，除了少數幾個適應力強的部落和 Eduardo Avaroa 安地斯國家動物保護區的照護人員外，幾天之內都見不到文明。循著先前四輪傳動車幾乎消失的輪胎痕跡，經過霓虹色的湖泊、沸騰的泥漿池和冒煙的火山，停駐在海拔 4200 多公尺的科羅拉達湖（Laguna Colorada）。環繞這面粉紅湖泊漫步，盯著湖鏡映照出數百隻火鶴的畫面，高海拔的不適感瞬間全被拋在腦後。在四輪傳動露營車內捱過寒夜後，繼續朝名符其實的薩爾瓦多達利沙漠（Salvador Dalí Desert）開去，經過尖塔石花園，直奔此行主要目的地：烏尤尼鹽灘（Salar de Uyuni）。這片全世界最大的鹽灘堪稱視覺幻象之地。如果運氣夠好，剛好在陣雨後抵達，鹽灘會變成一大面反射出雲、製鹽工人以及仙人掌島（Incahuasi Island，島上有仙人掌林）的大鏡子。做好準備，安地斯山脈之美就要進入另一個全新境界。

最佳旅遊時節

全年風強、氣候乾燥，9月到11月會暖和一點。1月到4月偶有陣雨，使烏尤尼反射出超現實的景象。

住宿地點

Kanoo Tours：基本設施，提供從亞他加馬聖佩德羅鎮（San Pedro de Atacama）到烏尤尼（單程或來回都有）的小團體多日旅遊。

Luna Salada：全部由鹽做成的獨特酒店，位在烏尤尼鹽灘邊上，是日出日落時分欣賞鹽灘由雪白轉為粉紅的絕佳地點。

浪漫情事

在私人嚮導、司機、廚師和豪華的 Airstream 露營車協力下，探索烏尤尼鹽灘。在偏僻的鹽灘一角享受除了鹽與星空外，別無他物的夜晚。

小提醒

四輪傳動之旅啟程前，先待在亞他加馬聖佩德羅鎮適應幾天，古柯茶（coca tea）要喝到足量。到了阿提普拉諾要大量喝水、咀嚼古柯葉，一切慢慢來。

數千隻火鶴聚集到科羅拉達湖。

兩個人的冒險

明日太陽（Sol de Mañana）泥漿噴泉 ▲▲
踮著腳走在海拔約4800公尺處，土地皸裂，泥漿沸騰。眼睛盯著地熱池；壓力會使泡沫變成爆破藝術。早一點抵達才看得到蒸氣噴發到最誇張的高度（超過45公尺）。

維德湖、布蘭卡湖和科羅拉達湖 ▲▲
山形呈完美錐狀的利坎卡伯火山（Licancabur Volcano）將近5800公尺高，水質富含砷的維德湖（Laguna Verde）就在山下閃耀著藍綠色光芒。先繞去看它的孿生湖——乳白色的布蘭卡湖（Laguna Blanca），然後朝北去科羅拉達湖。由於紅藻之故，湖水呈燒焦般的黃褐色，數千隻詹姆斯火鶴（James's flamingo）的羽色也因此變得更為粉紅。觀察這些長腿美女好幾個小時也不覺枯燥。

烏尤尼鹽灘 ▲
開車穿越結晶範圍超過1萬平方公里的史前湖泊區。鹽灘在亮晶晶的白色晶體、極致平整的表面與偶而出現的水層組合下，呈現出一種另類的現實感。拍一些會成為網紅的照片、玩玩景深、與道具合影、抓住多

✥ 旅行盟友

巴西人、挪威人、英國人、德國人各一個，加上我們這兩個美國人，塞進一輛 Toyota Land Cruiser，朝阿提普拉諾冒險去。在科羅拉達湖山屋的第一晚，我們圍著桌子吃 pique macho（熱狗和馬鈴薯切碎做成的玻利維亞特有食物），不停地分享旅遊故事，在零度以下的住宿地點相互取暖。笑聲在當晚和接下來那三天裡從未停歇。多年以後，這一群四輪傳動團員依舊保持聯繫。當你們彼此共享非比尋常的旅途經歷時，即使只有共處短短幾天也能成為一輩子的盟友。

爬上烏尤尼火車墳場裡的車廂。

雲天空的反射影像，你就會明白為什麼這裡被稱為「天空之鏡」。

遼闊的岩石城鎮 ▲▲
一開上阿羅塔鎮（Villa Alota）之前的鋪面道路，放眼望去尖形岩矗立一片毫無盡頭。這些由古代火山岩漿形成的石化迷宮瞬間變成叢林式健身房。捉迷藏、攀爬大石、研究奇岩外形到底像哪些動物，好像回到童年時光。

想進一步探索這塊大陸，請查閱：
» 沙漠：智利，亞他加馬沙漠…第154頁
» 雨林：厄瓜多，亞蘇尼…第192頁

弗羅雷斯島中部
(Central Flores)
印尼

亞洲

印尼

弗羅雷斯島中部

旅 途中都希望擁有這樣的魔法——騎著摩托車穿越一處青綠山口，竟來到一處不知歲月的桃花源村；跟村人聊天後，竟到人家的茅草屋頂房裡共進晚餐；音樂聽著聽著，竟上起一堂傳統舞蹈課；而且任何語言障礙都被笑聲打破。弗羅雷斯正是如此。這個島嶼位於印尼的努沙登加拉（Nusa Tenggara）群島，島上有會變色的火山口湖、僻靜的沙灘、未受科技污染的原始村莊以及地球上最友善的人，這些都是使一趟冒險畢生難忘的必要元素。不過，耐心與開放的心胸仍不可或缺。這裡的「公路」平均時速不到30公里，強大的 Wi-Fi 只是傳說中的巨獸，想洗熱水澡很可能需要先找到柴火。不過，一旦抓到了弗羅雷斯的節奏，蝸步公車就會變成沉浸鄉間的大好機會，而且沿路都能朝一張張笑臉揮手致意。有人說，弗羅雷斯很像 1970 年代的峇里島，也是印尼下一個大好機會。這地方特殊到讓你想要私藏起來，但又愛到不能不與眾人分享。

✕ 最佳旅遊時節
雨季結束後，4月到9月有朗朗青天。全年氣溫都在攝氏30度上下。

🏠 住宿地點
Eco Eden Resort：位於里翁（Riung）村外一處寧靜海灘上的竹搭平房，主人會幫忙規畫島上的旅遊行程。
Kelimutu Crater Lakes Ecolodge：莫尼（Moni）村裡高檔的河濱小屋，可以看到火山。
民宿：住在恩加達（Ngada）人家裡，實地體驗弗羅雷斯的生活。必須在巴賈瓦鎮（Bajawa）詢問相關資訊。

♥ 浪漫情事
從莫尼村往南閒步走到穆龍道瀑布（Murondao Waterfall），80公尺高的水簾沖到一窪天然泳池裡。記得帶上泳衣、毯子和幾瓶 Bintang 啤酒。

✓ 小提醒
搭乘往來巴賈瓦和莫尼之間的公車（十分真實的文化體驗，車頂常有山羊）。然後租一輛摩托車去探索附近村落及鄉間美景。

隨著柯利姆途火山心情好壞而變色的湖泊

陡直的茅草屋頂是恩加達村莊的標誌。

兩個人的冒險

融入恩加達的村莊 ▲▲▲

伊涅里（Inerie）火山山坡上有十幾個天主教和萬物有靈論並存的美麗村莊。恩加達村莊超凡脫俗，以石頭祭壇為中心與超自然王國建立聯繫。日常生活體驗方面包括觀看婦女如何編織伊卡（ikat）、陪孩童玩球以及欣賞耆老表演收割祭儀式等。在巴賈瓦租一輛摩托車（或僱請當地嚮導）後，開始貝拉村（Bela）的環狀行程，接著繼續前往魯巴村（Luba），當晚可住在貝納村（Bena）的民家裡。

航行17島國家公園 ▲▲

勇敢征服起伏不平的道路，前往寧靜的漁村里翁。從這個通往棕櫚樹天堂的門戶出發，一島航過一島，與熱帶魚並肩浮潛，看蝙蝠睡滿樹上的驚人景象，吃剛上岸的新鮮漁獲，去沙灘挖沙錢，且幾乎看不到人跡。

馬蘭尼溫泉（Malanage Hot Springs）洗澡 ▲▲

黃昏時分，當地人會到溫泉和河水匯流處洗澡。別害羞，請加入舒緩全身的泡澡活動和令人歇斯底里的在地交流。（注意：女性應著沙龍入水。）往上游走去

有一條漂亮的瀑布，另外也可以騎摩托車到蒸氣迷濛、綠波粼粼的支流去。

柯利姆途三色湖徒步之旅 ▲▲

徒步走上步道，30分鐘後就能看到朝陽照亮三座火山口湖。湖水顏色依水中礦物質與火山氣體之間最近一次發生的化學變化而定，由明亮的土耳其藍、森林綠、燒焦赭、巧克力棕或乳白等組成獨特的三種湖色。

✥ 全村出動

我們騎摩托車去一個恩加達村莊尋找Ridho。理論上這個人會接待旅人。找到他的家人後，他們請我們進屋吃麵條，一個晚上就在比手畫腳、跟孩子們玩捉鬼遊戲後結束。隔天醒來時，我們看到村民個個都在頭上頂著石頭走路，於是就跟著一起去幫忙。一名婦女在安的頭上纏了沙龍，然後放一塊將近7公斤重的石頭上去。她接著對我笑了笑，指指地上那一大堆石頭。我們來回走了幾十趟，協助他們幫一對新婚夫妻蓋好新房。

安正在運石頭幫忙村裡蓋新房。

想進一步探索這塊大陸，請查閱：
» 高山：菲律賓，中央山脈…第26頁
» 海洋：印尼，科莫多島…第132頁

棉堡
(Pamukkale)
土耳其

棉堡
土耳其　亞洲

羅馬遺址和石灰華階地各自精采，但合在一起呢？簡直舉世難尋。雖然門德雷斯（Menderes）河水中所含的碳酸鈣沉積物讓現代遊客讚嘆不已，但早在公元前 2 世紀時，羅馬人就已經被河谷溫泉的療效吸引而來。這條流經高山的河流數千年來潺潺不斷，富含礦物質的河水已經硬化成石灰岩，而且像詭異的五月暴風雪般披掛在山上，再融化成土耳其藍的水窪。土耳其語 Pamukkale 的意思是「棉花城堡」，而古老建築和鈣化山脈名符其實地只是這處幻境的起點。附近村莊裡的石灰華轉變成冒著泡泡的紅色水池，然後流入地下深處形成絕美洞穴。令人印象深刻的羅馬廢墟（一些已開挖，一些仍被掩埋著）則分布在周圍整片區域。透過徒步旅行、泡溫泉和滑翔翼飛行來了解這個擁有西亞最棒溫泉的超自然地點。

✈ 最佳旅遊時節
人潮和高溫會在2到5月和9到11月間逐漸退去。

🏨 住宿地點
Venus Suite：剛整修好的家族式酒店，裝潢、花園和泳池都有奧圖曼風格，位在郊區。

Ayapam：空間寬敞的現代化酒店，可以看到石灰華景觀，水療中心規模很大。

💜 浪漫情事
在月光下探索棉堡。涉過溫暖的池水，沐浴山區光芒下。很少有人會在晚上參觀棉堡，所以可以保有隱私，而且想待多久就待多久（只要確保在收票員晚上下班前進入裡面就沒問題了）。

✅ 小提醒
雖然走在石灰華上不能穿鞋，但去山頂探索時還是需要一雙好穿耐用的鞋子，因此包包要能裝得下球鞋、午餐、很多水、防晒用品和泳衣，才能盡情享受水池和古人入浴的樂趣。

溫水一階階傾洩在石灰華上。

兩個人的冒險

熱門景點希拉波利斯（Hierapolis） ▲
探索這個羅馬古城，想像一下當年羅馬市集的榮景，在1萬2000個座位的圓形劇場裡上演的戲劇，還有身穿寬鬆長袍、在石頭鋪成的弗朗蒂努斯大街（Frontinus Street）上漫步的公民。繼續走去保存完好的墓地，共有1200座石灰石雕刻墓室。結束探索前，去埃及豔后克麗歐佩特拉的古代浴池泡水，溫泉池裡有好多大理石遺跡，泉水就像香檳般不斷湧出泡泡。

紅色和白色的石灰華 ▲
棉堡的鈣化高山的質地、蒸氣和土耳其藍的水色深具誘惑力，會讓人涉過一池又一池，永不停止地拍照。指標性的白色石灰華應搭配富含鐵質的紅色溫泉才稱得上完整體驗，地點就在卡拉海伊特村（Karahayit village）。在泥漿裡盡情體驗既有療效又令人愉快的在地水療。

卡克立克岩洞（Kaklik Cave）與廢墟道路之旅 ▲▲
這些洞穴通常被稱為地下棉堡，具有類似棉堡的地質構造和水質特性，不過由於天然封閉之故使其密度更高。你的四周都是球狀岩石，穿過狹窄的通道時，瀑布回聲不斷。這個目的地可以和令人印象深刻的兩處羅馬廢墟——阿芙蘿迪西亞（Aphrodisias）及老底嘉（Laodicea）——安排在同一天，成為完整的一日遊。

古代世界上空的飛行傘 ▲▲▲▲
雙人飛行傘整裝完畢，從300公尺高的炸藥丘（Dinamit Hill）往下跑，然後任憑熱氣流灌飽傘翼，翱翔在羅馬城市、鈣化山和安納托利亞鄉間上空長達30分鐘。土耳其這個區域保有飛行傘最長飛行時間的紀錄，風景也最動人。

✥ 我們在土耳其最愛的一餐

去野餐的路上，一間骨董店抓住了我們的目光。店裡擺滿了部落風格的地毯、鑲著穗邊的靠枕和各種引人好奇的彩色物品。我們詢問老闆一只單肩扁包的來歷，他就邀我們喝茶。聊著安納托利亞游牧民族以及不同主題圖案的象徵意義時，對話被我肚子發出的咕嚕聲打斷了。「你餓了嗎？」穆拉特問，「我這裡有乳酪跟蜂蜜。」我們剛剛才買到麵包、番茄和橄欖，於是就有了這一頓與新朋友共享的完美大餐。

我們與骨董店老闆的即興午餐。

想進一步探索這塊大陸，請查閱：
» 歷史：土耳其，卡帕多西亞…第108頁
» 公路旅行：喬治亞中部…第210頁

阿根廷奇特的七彩山（Cerro de los Siete Colores）

明信片般的唯美風景

在阿根廷北部一間禮品店閒逛時，我們發現一張印著一座多彩雄偉山峰的明信片。「Donde esta（這在哪裡）?」麥克問櫃檯處的一位女性。她告訴我們，這是普爾馬馬卡鎮（Purmamarca）和七彩山，往北185公里就到了。於是我們改變行程，徒步走來這處觀景點，欣賞一道道橙、粉紅、紫、白、紅、紫紅和綠色岩層在朝陽照射下的無敵美景。

羅托魯亞
（Rotorua）
紐西蘭

澳洲
羅托魯亞
紐西蘭

羅托魯亞地處環太平洋火山帶最不穩定的區域之一，又坐落在破火山口盆地中，所以冒險無處不在。地熱點正上方因四周火山環繞的確有其風險，但只要泡進了森林溫泉，一切擔憂立刻煙消雲散。維多利亞時代的人聞到羅托魯亞的氣味（它的綽號是硫磺城市），紛紛湧來此地求其恢復精力的功效。鎮中心是舊日伊莉莎白風格的澡堂和政府花園，裡頭有寬闊的草地滾球場、槌球草坪和長長的浮石步道。高硫成分的水質使羅托魯亞湖的水色乳白帶藍，湖岸則是高低起伏的硬殼狀。蒸氣從地面噴出，使泥漿池如同孩童用吸管喝巧克力牛奶時那樣不斷冒泡。沿著海岸線會到一個毛利村莊，村人至今仍同數百年前一樣，利用地熱能煮飯、沐浴和取暖。毛利人占羅托魯亞人口的 1/3 以上，是全紐西蘭毛利人密度最高的地區之一。透過傳統的地灶大餐（hangi feast）認識獨特的波里尼西亞文化，參觀神聖的綠湖（Green Lake），在此地數不清的活動中挑幾樣嘗試看看，希望自己也能獲得那種無限能量。

最佳旅遊時節
12月到2月天氣最暖和但也人最多。折衷的話，可以考慮3、4月與10、11月。採洋蔥式穿衣法，以因應每天的溫差。

住宿地點
The Princes Gate Hotel：源自19世紀的高檔酒店，深具歷史魅力，地點理想，位於鎮中心。
Koura Lodge：B&B，共10個房間，擁有僻靜的湖畔、通風的開放空間和水上活動。

浪漫情事
搭纜車到火山丘（Volcanic Hills）品酒室，享受羅托魯亞的無敵美景與一流的紐西蘭葡萄酒。

小提醒
羅托魯亞的旅遊行程很多，預訂任何一項之前請記得，火山美景舉目皆是，而且觀光性質最低的景點其實不用花一毛錢。上網搜尋「free Rotorua activities」（羅托魯亞免費活動），會發現有好幾十種不可思議又確實存在的選項，可以節省支出。

懷歐塔普地熱仙境的香檳池（Champagne Pool）。

毛利的藝術與文化在羅托魯亞發光發熱。

兩個人的冒險

地熱仙境 ▲▲

沸騰的雪泥色池水溫度超過攝氏150度，塌陷的隕石坑都成了熱水池，也成就懷歐塔普地熱仙境（Waiotapu Thermal Wonderland）的美名。在噴發的間歇泉和泥坑之間有一條鋪面步道供人漫步，至於那些想在更原始的環境中深入探索的人，建議以徒步或乘船的方式遊覽全世界最年輕的地熱生態系統——懷芒谷（Waimangu）。這個擁有熱氣騰騰的火山口湖和七彩河流的山谷，在1886年火山噴發才出現。

活生生的毛利文化 ▲

在傳統的毛利村奧海因姆圖（Ohinemutu）閒晃，村人至今仍用滾燙的地下水管上方烹煮食物，淋浴用的熱水也是引自地下。參觀雕刻華麗的會議廳，去位於湖畔的聖菲斯教堂（St. Faith's Church）聽雙語講道。當地人雖有提供旅遊行程，但地點跟一般的觀光景點大不相同，都是真實的毛利生活。華卡雷瓦雷瓦毛利實境村（Whakarewarewa Living Maori Village）的「經典」文化饗宴包括地灶大餐與哈卡戰舞（haka）表演，呈現最真實的生活內容。

溫泉系列完整版 ▲▲

完整的羅托魯亞體驗一定要包括原始版和奢華版的溫泉組合。划獨木舟去羅托伊蒂湖熱水池（Lake Rotoiti Hot Pools），當地人也會去那裡聊天聚會，進出只能

➕ 樂趣加倍

麥克和我很少各自去做什麼事（就算平日採買也都一起去），但羅托魯亞的活動實在太多，我們必須分頭進行才能一一征服。我們以懷歐塔普地熱仙境外的汩汩泥坑為起點，然後分道揚鑣。我留在懷歐塔普，徒步去看藝術家的調色盤（Artist's Palette）和間歇泉噴發，他則出發去懷芒谷熱氣蒸騰的煎鍋湖（Frying Pan Lake）健行。兩人會合後好像多日不見，急著跟對方分享好多照片和故事。

政府花園裡的草地滾球和澡堂。

靠船。徒步走去煤油溪（Kerosene Creek），滾燙熱水、沁涼溪流與瀑布在此相遇。在享譽全球的玻里尼西亞水療中心（Polynesian Spa）盡情與水同歡，共有26座礦物池，包括成人池和湖畔的私人池。

華卡雷瓦雷瓦森林（Whakarewa-rewa Forest）騎自行車 ▲▲

在紅木森林裡騎自行車，經過閃耀著迷幻光澤的小溪和多彩湖泊。這是紐西蘭第一座異國風森林，擁有紐國最古老且範圍最大的山地自行車網路，曾主辦多次世界錦標賽。車徑全長約90公里，難度不同，適合各種技巧等級。

想進一步探索這塊大陸，請查閱：

» 冰：紐西蘭，西部地區…第162頁
» 公路旅行：紐西蘭，南島…第202頁

從香提佛塔（Shanti Stupa）看河水刻蝕的印度河谷與列城

拉達克（Ladakh）
印度

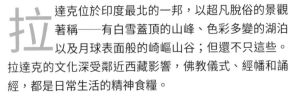

莎薇・夢嘉爾（Savi Munjal）與
韋迪特・塔內加（Vidit Taneja）

拉達克位於印度最北的一邦，以超凡脫俗的景觀著稱——有白雪蓋頂的山峰、色彩多變的湖泊以及月球表面般的崎嶇山谷；但還不只這些。拉達克的文化深受鄰近西藏影響，佛教儀式、經幡和誦經，都是日常生活的精神食糧。

　　沿著古絲路開去，貧瘠的高原上點綴著色彩繽紛的寺院，讓人有一種夢想成真的感動。此外，由於取道卡敦拉（Khardung La）這條世界上可通行汽車的最高道路之一，這一趟旅程還賺到了日後吹牛的本錢。一早起床後，伴隨著鼓聲和梵音吟唱在提克西寺（Thiksey Monastery）晨禱，開車穿越如月球表面地貌的奴布拉河谷（Nubra Valley），在狂野的印度河泛舟，與友善的拉達克當地人一起喝酥油茶。此地提供遊客將真實文化與極限運動、頹廢奢華融為一體的難得機會。蛇形山口偶爾會變得顛簸難行，但勇敢走過這一遭之後，拉達克在我們心中已占有一席特別之地。

✖ 最佳旅遊時節
7月到10月很理想。以9月的拉達克節（Ladakh Festival）為目標。避開11月到5月，此時道路常因大雪封閉。

🏨 住宿地點
Chamba Camp：升級版的豪華露營，營地內有富麗堂皇的帳篷和24小時管家，俯瞰提克西寺。

Lchang Nang Retreat：奴布拉河谷果園裡的小村舍，可以看到喜馬拉雅山。

♥ 浪漫情事
漢德爾（Hunder）沙丘觀星。全身裹好毛毯，躺下，欣賞繁星閃爍天際，讚嘆拉達克清朗天空中的美麗銀河。

✓ 小提醒
外國人必須申請到內線許可證（Inner Line Permit，當天在列城副主委辦公室預約）並備妥交通工具，才能進出偏僻的拉達克。在列城（Leh）僱好司機；司機對當地的了解是無價資源。

兩個人的冒險

騎自行車進入空氣稀薄地帶 ▲▲▲

參加有組織的自行車之旅，取道自稱為「全世界可通行汽車的最高道路」，從卡敦拉騎到列城。起點為海拔5359公尺高，全長40公里，挑戰與收穫同樣精彩。

印度河泛舟 ▲▲▲▲

切入湍急水流之際，別忘了欣賞贊斯卡（Zanskar）山脈和拉達克河畔村莊的壯麗景色。艾爾吉村（Alchi）到卡札村（Khaltse）之間的流速令人血脈賁張毛髮直豎，膽小勿試。泛舟路線從第2級到第5級都有，可依各人冒險需求選擇。

彩虹湖 ▲

遊客多以一日遊的方式參觀班公湖（Pangong Lake）。過夜的話可以看到華麗的星辰和令人屏息的日出。根據光線與角度的不同，這座略帶鹹味的高海拔湖泊似乎會出現藍、土耳其藍、綠、藍紫等顏色的混合變化。在4200多公尺高的地方野餐，一邊啃著咖哩角（samosas），一邊凝視著河水往西藏緩緩流去。

從拉瑪玉如（Lamayuru）徒步到嘿密寺（Hemis Monastery） ▲▲▲▲

這條步道每隔一段距離就設有茶館可補充體力。穿過貧瘠的高原、綠草茂盛的牧場和色彩繽紛的紀念碑，忠實呈現拉達克的多樣面貌。步道高度從3000公尺爬升到5100多公尺，跨越贊斯卡山脈，頗具挑戰性的多日徒步之旅在嘿密寺（Hemis Gompa）達到最高潮，這裡也是拉達克令人印象最深刻的佛寺之一。

✤ 給夫妻／情侶的建議

在人生地不熟的環境裡，請給對方縱情享受新鮮事物的驚喜。另一半如果是文化飢渴者，可以幫他／她規畫去知名博物館沉浸一整天，或招待美食控來一趟美食之旅，或為美酒鑑賞家安排參觀葡萄園的行程。細心呵護彼此的興趣，就能真心享受到愉悅浪漫的旅遊。此外，這些短遊行程還可能讓你們從不一樣的角度認識新地方。

奢華的昌巴營地與白雪皚皚的贊卡山脈

想進一步探索這塊大陸，請查閱：

» 高山：尼泊爾，安納布爾納保護區…第24頁
» 歷史：中國，鳳凰縣…第112頁

強大夫妻檔：*韋迪與莎薇*

追隨心中對另類奢華旅遊的熱愛，這對佳偶至今已去過70國共500多個城市。他們全職經營部落格BruisedPassports.com，探索頻道、赫芬頓郵報（Huffington Post）等主流媒體也會刊登他們的冒險故事與照片。身為狂熱的公路旅行家，他們最近才橫跨十幾個國家，共開了3萬2000多公里的路程。

暹粒市
(Siem Reap)
柬埔寨

亞洲

暹粒市 柬埔寨

荷 花池中映出吳哥窟蜂巢狀高塔的景象，就算無法代表整個東南亞地區，也是柬埔寨最具指標性的景觀之一。但那樣一座雄偉又保存完好的寺廟，實在無法道盡吳哥考古園區的無窮魅力。暹粒市內遍布數百座9至13世紀的寺廟，其雜草叢生、斷垣殘壁間透露的美感，比起吳哥窟毫不遜色。高棉帝國於1430年代瓦解後數百年間，遭棄的暹粒市幾乎完全被叢林吞噬，一直到19世紀才被歐洲考古學家挖掘出來。在範圍400平方公里的園區內，雜草大多受到控制，但有些錯綜複雜的絞殺植物已交織成建築不可或缺的一部分。雖然寺廟應否徹底修復備受各界爭議，但從攝影和超自然的角度來看，我們要說：留下樹木！這個園區與大多數西方古蹟不同之處在於幾乎沒有圍欄，也沒有參觀規則。廢墟任你漫步，斷垣任你攀爬，想從殘壁上方一窺寺內模樣也行。屬於你的冒險由你自己選擇。吳哥寺廟群對考古學家或探索者都一視同仁。

🗙 **最佳旅遊時節**

11月到3月比較涼爽乾燥。6到10月雖然是雨季，但此時的清晨多半晴朗且遊客較少。

🏨 **住宿地點**

Sofitel Angkor Phokeethra Resort： 這間法國殖民風格的度假飯店位於寺廟群和市中心之間，以游泳池、水療和高檔服務著稱。

Viroth's Hotel： 暹粒市中心的20世紀中期現代珍寶，餐廳十分精采。

♡ **浪漫情事**

去巴揚（Bayon）廟看夕陽。廟裡有216座巨型石像，面東而立，因此黃昏時分的粉紅色天空最能凸顯石像的輪廓，卻少有遊客在這個時段前來欣賞。

☑ **小提醒**

很可惜，寺廟附近有好多小孩在兜售紀念品。無論他們多麼堅持或有多可愛，請不要支持這類童工現象。租用白色自行車可以小額捐助給非營利組織White Bicycles，供學校獎學金之用。

叢林與建築在聖劍寺糾纏在一起。

佛教徒為廢墟注入生命。

兩個人的冒險

包載客摩托車去羅洛士遺址區（Roluos Group）▲

考古探險之旅就依歷史先後順序，包一輛remork（加掛乘客車廂的摩托車），從16公里外吳哥最早的寺廟群開始。這些九世紀的結構雖然設計比較簡單，卻為高棉風格定調，也讓你更能理解並欣賞接下去較新、較繁複的建築群。巴孔寺（Bakong）的階梯式金字塔與寬廣的神牛寺（Preah Ko）要多安排一些時間細看。

巴揚叢林寺廟群 ▲▲

騎自行車到園區中心雜草最多的寺廟。塔普倫寺奇幻詭異到連電影《古墓奇兵》也讓它軋上一角。至於遊客較少的達松寺（Ta Som）和聖劍寺（Preah Khan）則跟電影演的一樣，有壓碎石塊的榕樹和蔓延的絞殺無花果樹。沿著搖搖欲墜的走廊，從牆頭往裡窺探，可以發現被佛教徒重新找回的聖地。

在崩密列（Beng Mealea）做在地人 ▲▲

這區偏僻的12世紀建築群一直到最近幾十年才出土，其平面配置與主題圖案都跟吳哥窟類似，只因大部分被叢林吞沒而罕為人知。傍晚時分，待遊覽車都離開後再抵達此地，與附近的孩子們一起爬上廢墟，再跟當地家庭共度夜晚。

千陽河River of a Thousand Lingas ▲▲

白色水簾的後方，吳哥時代的設計被刻在高布斯濱河（Kbal Spean）的河床上。上游砂岩處可以看到毘溼奴神（Vishnu）與動物圖案的雕刻，往下游去則出現數百根陽具浮雕。美麗與新奇共處一地，非常適合健行和野餐，瀑布在雨季時也是個游泳的好地方。

> ❖ 河流完勝公路

沒錯，從法國殖民城市馬德望（Battambang）到暹粒市，走公路當然比較容易，關在巴士裡三個小時就到了。但我們卻刻意坐八小時的木頭船過去，而且船上都是硬座。小船緩緩駛過洞里薩湖（Tonlé Sap lake）與河流，沿途看到水上竹屋、婦女在大石上刷洗衣褲、男人拋撒手作魚網、孩童划著獨木舟去上學，這是一個取道公路就無從得知的世界。木船或許速度不快又不夠舒適，但這種貼近暹粒與柬埔寨文化的方式最令人難忘。

洞里薩湖上的孩子自己划船去上學。

想進一步探索這塊大陸，請查閱：
>> 海灘：馬來西亞，刁曼島…第76頁
>> 沙丘：越南，美奈…第144頁

張家界國家森林區裡密布數千座岩峰。

中國

武陵源

還記得電影《阿凡達》中，綠樹成蔭、住滿龍形怪物、漂浮在半空中的聖山嗎？這部科幻電影背後的關鍵靈感來自中國湖南一個小地方。張家界國家森林公園擁有 3000 多座石英砂岩峰，大樹與灌木緊貼著岩峰的懸崖峭壁。當谷底布滿雲霧時，岩峰的底部就消失無蹤，因此不難了解導演詹姆斯‧喀麥隆的點子從何而來。（或許他根本沒用到那麼多特效？）張家界本身在很多方面已經極度精采，不過，它只是構成武陵源風景區與聯合國教科文組織世界遺產的四個公園其中之一。這裡以擁有 560 個景點為傲，從中國最大的洞穴之一到世界上最長的玻璃橋，橋下峽谷裡滿是陡峭岩峰。往南走可以搭乘 7455 公尺長的纜車，穿過喀斯特地貌，到達天門山頂，那裡有「天堂之門」及其他許多凡塵難見的驚喜等著你。此地的自然奇景似乎因為都市化的中國而受到高度熱情與讚嘆。雖然我們有時候並不需要燈光秀、歌唱和紀念品，但很難不對這裡的地質與文化現象感到震撼。

亞洲
武陵源

✕ 最佳旅遊時節

沒人能保證何時沒有霧、不下雨或沒有人群。話雖如此，5到10月的天氣還是比較晴朗，而且次旺季月分時的遊客也較少。

🏨 住宿地點

袁家界中天國際青年旅社：張家界國家森林區裡少數幾處住宿之一，設備雖然基本，但地點好、團客少就值得慶幸。

張家界京武鉑爾曼酒店：奢華的雅高酒店集團（Accor Hotel）旗下之一，有游泳池和澡堂，地點對武陵源各國家公園來說都很完美。

♡ 浪漫情事

當所有遊客都在張家界與天齊高的步道上漫遊時，請朝森林底層走去。在大石迷宮裡閒晃，再找一處適合野餐的私房地點。

☑ 小提醒

儘管武陵源公園的門票是兩日票，還是很難走過看過所有美景。把自己想去的地方排好先後順序，利用公園巴士系統，發揮時間的最大效益。如果能給自己三天時間當然更好。

寶峰湖上一座中國傳統風格的碼頭。

兩個人的冒險

橋比天高 ▲▲

張家界國家森林公園裡除了岩峰林外，還有各座跨越時代的精采大橋。先去看4億年前的石拱橋「天下第一橋」（世界上第一座橋），再去走全世界最新、最長也最高的玻璃橋。抓好扶手，穩下腳步，因為兩座橋都超過300公尺高。

砂刀溝健行 ▲▲▲

沿著知名的金鞭溪步道前行，周圍環繞著陡峭的喀斯特石峰、濃密樹林，還有在林間擺盪的猴群。這一段華麗的山道有很多中國遊客併行。如果繞個路過橋去砂刀溝的話，天堂幾乎由你獨享。

索溪峪自然保護區 ▲

保護區裡有好幾處天然奇景，例如十里畫廊峰林、黃龍洞和寶峰湖。所有景點的確值得一看，但不能錯過本區的原因是要把握搭船探索武陵源的難得機會。船行湖中，清澈湖面映照插天岩峰，美景頓時多了一倍。

✧ 立意良善

找不到張家界公車站的時候，我們用很破的中文問一名婦人：「泥鎖英穩麻？」她瘋了似地猛搖頭，舉起雙手，掉頭就走。我們當下都想：「哇，這樣有點沒禮貌欸，」然後呆站原地，覺得自己好像永遠到不了下一個目的地。接下來，有一位十幾歲的男孩輕拍麥克肩膀：「May I assist you？（我可以幫你嗎？）」原來那位看似不太友善的婦女叫來了一位會說英語的人。她用她所知最好的方式對我們伸出援手。

橫跨張家界大峽谷的玻璃橋。

天門山的天堂之門 ▲▲

貼著懸崖絕壁興建的棧道距離地面1402公尺，使天門山堪稱湖南最具代表性的山峰。（敬告腎上腺素成癮者：千萬別錯過那幾處會引發眩暈現象的玻璃棧道區。）拾級而上，抵達象徵著峰頂王冠的景點——天堂之門。天門洞高度約131.5公尺，以山為框，將藍天浮雲嵌入洞門裡。天門山寺則為此地增添一分空靈之氣。

想進一步探索這塊大陸，請查閱：

» 中國，峨嵋山…第28頁

» 河流：寮國，南烏河谷…第60頁

加拿大亞伯拉罕湖結冰時，被困在湖裡的氣泡。

超自然現象

最壯觀又最短暫的自然現象，有機會就好好把握。

委內瑞拉
1. 電光石火
卡塔通博河（Catatumbo River）注入馬拉開波湖（Lake Maracaibo）的地方，一年裡有半年以上天天出現閃電風暴。湖泊三面環山，山風掃過河面產生的電荷導致每小時閃電達280次，一天可持續10小時之久。

英格蘭
2. 塞汶河大潮衝浪
塞汶河（River Severn）與古意盎然的格洛斯特郡（Gloucestershire）村莊平行，是一處意想不到的衝浪天堂。當大西洋海潮衝向河的上游，到達河面最窄的區段時，兩股力量碰撞互捲成一道波浪，滾滾而去可達近50公里遠。根據潮汐表算好時間去，就可以看到衝浪手把握這種每月一次的現象。

北美洲
3. 帝王蝶大遷徙
為了避開寒冬，帝王蝶每年會上演一場從加拿大到墨西哥的4800公里接力。看著這些數以百萬計的橙色美女拍翅飛過、或在沿途的樹上聚集，也可以到位於墨西哥米卻肯州（Michoacán）的終點線跟它們見面，那裡是聯合國教科文組織的帝王蝶生物圈保護區。

馬爾地夫
4. 藍眼淚海灘
7月到2月期間最漆黑的夜晚裡，很多海灘布滿螢藍色的浮游植物。當這些小東西撞到岸邊時，會激發體內的生物螢光，形成一幅天文畫面。此時漫步海灘就像走入銀河系那般夢幻。

加拿大
5. 可燃的冰氣泡
亞伯拉罕湖（Abraham Lake）就像熔岩燈中的構造一樣迷人。湖裡有機物質分解產生的甲烷氣體全年持續釋放氣泡，但冬季時氣泡會被困在冰層下方，形成一座充滿藝術氣息的溜冰場。

土庫曼
6. 地獄之門
1971年，蘇聯一場鑽探事故導致一口天然氣井坍塌，留下一個巨大的火山口。他們為了阻止甲烷擴散而在上面放火，於是火焰從那時起就不曾熄滅過。近70公尺寬的火海十分壯觀，而且隨時可能熄滅。早一點去吧。

坦尚尼亞
7. 會移位的沙丘
這一堆火山灰以每年將近5公尺的速度爬過塞倫蓋蒂平原。早該煙消雲散的火山灰因為本身的磁性而團結在一起。抓起一把沙子朝空中扔去，觀察沙粒如何互相結合。沿著沙丘邊上望去，可能會發現馬賽人正拿著供品祭拜這座神聖的沙丘。

馬來西亞
8. 難以捉摸的大王花
大王花是世界上最大的花，可能需要9個月才能綻放花朵，但花期卻只有幾天。這一種90公分寬、9公斤重、紅色帶圓點的巨型寄生花可見於東南亞一些叢林裡，其中以京那巴魯山（Mount Kinabalu）分布最密，也最容易看到。

哥倫比亞
9. 五彩河
水晶河（Caño Cristales）有曜石黑的岩石、綠藻、黃沙及水藍色的激流，本身已是色彩豐富活力四射。到了9月至11月期間，河床上的Macarenia clavigera植物會綻放出鮮紅色的花朵，使河流變得更加夢幻。徒步穿越洞穴，就能看到這些水池幻化成液態彩虹。

美國
10. 岩漿遇見大海
發光的岩漿流經數公里的黑色熔岩，終於來到海崖處，傾洩海中時形成嘶嘶作響、目不暇給的壯觀景象。自1980年代以來，夏威夷火山國家公園每隔幾年就會出現一次這種現象。徒步、搭直升機或乘船，都能目睹這幅奇景。

南極，柯達峽谷

聰明旅遊

列出一生必遊的目的地清單後，你應該有所行動！讓自己成為旅遊方面的財務、交通、住宿及打包行李的專家。找到創新的方法融入當地，探聽到最棒的價格、規畫出令人難忘的路線，而且一路都產生正面影響。以下就是聰明旅遊的訣竅。

一生的旅行規畫

世界很大，但生命短暫！將假期運用到極限，轉職空檔多給自己留點時間，充分利用意料之外的休假。如果不知如何享受，即使有了空檔，驚喜之餘也是枉然。請把這些步驟視為更容易實現旅遊夢的方法，同時融入生活裡，成為你生命中不可或缺的一部分。

啟動旅遊基金

旅行是自我投資。它可能看似奢侈，手頭緊的時候，往往是被槓掉的項目。試試這個辦法：開一個旅遊基金帳戶，並將 5% 的薪水直接存入該帳戶。未來在你需要吃一帖冒險藥、浪漫藥或呼吸一口新鮮空氣時，金錢將不再是障礙。

工具準備齊全

儘管最後一分鐘大降價之類的划算交易的確常見，但擁有輕鬆又負擔得起的旅遊長期策略總是件好事。如何開始：加入航空公司和酒店的忠誠計畫，並使用對日常開支提供回饋的信用卡（243頁）。加入共享經濟網站及社群（250頁）。訂閱旅遊電子報，追蹤部落格，尤其是本書中的強大夫妻檔（246頁）。自己愈沉浸在旅遊社群，機會就會愈多。排除潛在路障，你才能活在當下。

排好夢想清單的先後順序

別將旅遊夢想留到以後再實現。列出清單，再排一份寬鬆的時間表。冒險程度最高的排在最上面（膝蓋及生命可能都無法預料）。堅持下去，每年至少完成一項目標。在行事曆上一串串日期之間，創造出一段空白方塊，供一個月以上的旅遊行程使用。那不僅僅是一段假期，更是一個寶貴的機會，讓你跳脫日常生活，鳥瞰審視生命，而且還有超出你想像的刺激、歡笑和回憶。

　　不要只想著下一次的假期規畫，還要思考自己一生想獲得哪些經歷，以及如何落實那些目標。

泰國萊利半島，請參閱我們的〈從海灘到菩薩〉行程介紹。

夢幻行程

讓思考跳脫國界與十天旅遊，深入了解我們最喜歡的地區。透過史詩級的行程探索七大洲。

從海灘到菩薩

曼谷開心一遊後，從城市叢林轉進考索國家公園的常綠雨林（182 頁）。繼續南行到普吉島，搭乘渡輪前往喀斯特地形的萊利半島（74 頁）。離泰之前，先去海崖攀岩和發光水域浮潛，再搭機從甲米飛往緬甸仰光。花幾天探索這個英國殖民城市，世界上最古老的佛塔之一就在這裡。繼續前往恬靜的茵萊湖（48 頁），有純樸的山地部落和浮島村莊。如果想為此行寫下雄偉結局，可以往西去蒲甘（106 頁）欣賞 2000 多座古老寺廟。

終極大洋洲

在紐西蘭基督城租一輛露營車，以公路旅行南島的方式探索冰河、雨林和峽灣（202 頁）。在塔斯曼區（124 頁）停留幾天，體驗划輕艇、徒步旅行、騎自行車和品嚐葡萄酒等活動。跳上飛機，前往雪梨度過興奮的一夜，或直奔通往大堡礁與古老的丹特里雨林的門戶──凱恩斯（180 頁）。還沒瘋狂一遊內陸地區之前，不要離開澳洲。乘坐那種車頂可以打開、方便遊客探頭出去觀看的獵遊車去北端（86 頁），專程去看沙袋鼠、鹹水鱷，以及由現存最古老的文化之一創作的岩石藝術。

巨大的冰

從智利旁塔阿雷納斯搭船出發，前往冰凍大陸南極洲（160 頁）。在一座座冰山之間划輕艇，去企鵝棲地上閒逛，在為期十天的航程中進行極地探險。返回旁塔阿雷納斯後，來到巴塔哥尼亞的心臟地帶，百內峰（40 頁）、W 健行路線、格雷冰河、莊園民宿騎馬，都在向你招手。越過邊境，體驗阿根廷南部明星級的冰河國家公園（174 頁）。走在不斷擴大的佩里托莫雷諾冰河步道上，仰望太陽爬上代表性的菲茨羅伊峰。

非洲亮點

克魯格國家公園（88 頁）獵遊之旅可以看到「五大動物明星」與 500 種左右的鳥類，但在此之

前，一定要去參觀約翰尼斯堡的種族隔離博物館（Apartheid Museum）。南非是史詩級公路旅行的國度，我們最愛涵蓋葡萄酒與賞鯨路線的西開普省（200 頁）。花幾天時間待在國際大都會開普敦，然後飛往尚比亞的利文斯頓（54 頁），體驗維多利亞瀑布的雷鳴。當尚比西河的急流恢復你的腎上腺功能後，就跳過水坑來到南盧安瓜國家公園（98 頁），享受豐富的野生動物及理想的徒步獵遊地形。

意料之外的歐洲

以中世紀的根特（116 頁）為起點，搭乘橫越西歐的火車。欣賞運河沿線的法蘭德斯派建築，下午散步和騎自行車，以修道院啤酒舉杯，敬你們相伴的日子。前往德國科隆，接著搭火車或觀光河船前往呂德斯海姆，途經萊茵河谷的城堡與葡萄園（56 頁）。陶醉在迷人的村莊，品嚐麗絲玲白酒冰淇淋。一切準備妥當後，朝瑞士阿爾卑斯山出發。在勞特布龍嫩車站下車後，繼續以徒步、搭纜車或攀爬鐵梯的方式，前往瑞士最美麗的山城（32 頁）。

從沙漠到雨林

飛到內華達州拉斯維加斯，開始公路旅行，前往西南部一些最壯觀的國家公園，包括錫安、布萊斯和大峽谷（206 頁）。在大無畏的猶他州莫亞布（142 頁）開四輪傳動車，或騎登山車體驗越野樂趣，然後在沙漠夜空下的獵遊帳篷裡一夜好眠。準備欣賞蓊鬱景觀了嗎？搭機飛去西雅圖，在奧林匹克半島（188 頁）環島，那裡有美國境內為數不多的雨林之一。漫步於千年古樹之間，探索海蝕柱與潮池，接著去泡溫泉。往東南走，有一座山頂被冰河覆蓋的活火山——雷尼爾峰（34 頁）。無論是健行、滑雪或在野花叢中嬉戲，每個季節都精采可期。

極致安地斯

飛到玻利維亞拉巴斯。在世界上最高的城市之一先待幾天，欣賞迷人的原住民市集和西班牙殖民時期的建築。往北去的的喀喀湖（52 頁），這裡是偉大的印加精神發源地，也是烏羅斯浮島所在地。繼續北走可以到馬丘比丘和烏魯班巴河谷（38 頁），或者繞向南邊去波托西省（220 頁）。開車前往世界上最大的鹽灘、藍綠色和粉紅色的火山口湖，終點則是月球表面般的亞他加馬沙漠（154 頁）。給亞他加馬聖佩德羅鎮三天時間，因為腎上腺素和奢華靈魂都能在這裡找到幸福歸宿。

若想多了解我們最喜歡的行程，請瀏覽網站 HoneyTrek.com/DreamItineraries。

〈極致安地斯〉旅途中見到的耀眼山景。

每月理想旅遊地點

1月
南極半島（160頁）
天氣暖和，白天長，還能看到很多企鵝寶寶。

2月
瑪瑙斯（194頁）
野性亞馬遜和巴西嘉年華會。

3月
尼加拉瀑布（172頁）
雄偉的瀑布凍結成冰的壯觀奇景。

4月
安納布爾納保護區（24頁）
喜馬拉雅山徑上的粉紅杜鵑花正當怒放。

5月
南島（202頁）
繽紛秋葉＋晴朗天氣－熙攘人群＝理想的公路旅行。

6月
烏魯班巴河谷（38頁）
在多采多姿的太陽祭節慶體驗印加精神。

7月
火山口高地（92頁）
數百萬隻牛羚與斑馬在塞倫蓋蒂上遷徙。

8月
愛爾蘭北海岸（208頁）
翡翠島上有陽光露臉。

9月
托爾圖格羅（100頁）
數以千計剛孵化的海龜寶寶爬向大海。

10月
挪威峽灣（136頁）
白天享受陽光，夜晚欣賞北極光。

11月
邱吉爾鎮（96頁）
在哈德遜灣目擊到北極熊的最佳時節。

12月
伊路瑟拉島北部（68頁）
以賈卡努的狂歡方式慶祝假日。

在塞倫蓋蒂上遷徙的牛羚正在吃草。

跟錢有關的大小事

規畫好花錢的方式，才能獲得最大的回報、安全性與方便性。確認錢包裡有恰當的信用卡和簽帳金融卡（debit card）。以下是我們在旅途中消費的最佳做法及如何避開那些惹人不悅的交易手續費的技巧。

旅行信用卡與簽帳金融卡的基本注意事項

如何挑選卡片以及如何在旅途中保管卡片安全。

簽帳金融卡：（1）從 ATM 提款不收附加費；（2）退還任何第三方 ATM 費用；（3）不收貨幣兌換費用；（4）不收每月服務費。

信用卡：（1）國際消費時不收貨幣兌換費用；（2）獲得 2% 的現金回饋或累積飛行哩程；（3）提供旅行優惠，例如可使用貴賓室或免費托運行李。

卡片安全：不一樣的簽帳金融卡和信用卡應各帶兩張，而且放在不同地方，以防其中一張遺失或遭竊。讓發卡銀行知道你的旅遊時間和地點，以免帳戶被凍結。

航空公司信用卡與各種計畫

大型航空公司及連鎖飯店多會提供附帶會員註冊獎勵及各種額外紅利的信用卡。一開始先加入他們的忠誠計畫（我們最喜歡的是聯合航空、西南航空與萬豪酒店）。然後申請一張或兩張新的旅遊信用卡，開始賺取積分和哩程；這是幫下一次旅費省錢的好方法。

剛抵達目的地時如何處理財務問題

剛入境時，請跳過貨幣兌換窗口，直接去 ATM 提領當地貨幣（數額方面請利用 XE Currency 應用程式協助計算）。把頭幾天需用的現金一次領足。這麼一來就有時間了解當地物價以及對信用卡的接受程度。

使用紙鈔與卡片

消費方式因國家而異。無論去哪裡，這些技巧都能

緬甸街頭美食盛宴1,600緬元（1.20美元）

讓你準備妥當。

現金消費：錢包裡放入一張信用卡與一天生活所需的當地貨幣。其餘則收妥在旅館房間的保險箱裡。在酒店櫃檯或街角小店先將大鈔換成小鈔，鎮上購物會更順利。美元與歐元留待通過邊境和緊急情況下使用。

信用卡消費：在信譽良好的企業商家，多用信用卡少用現金。卡片消費能幫你累積飛行哩程、追蹤支出狀況，如果商品或服務不符承諾時，後續也比較方便處理爭議費用。如果商家要加收 2% 到 5% 的信用卡費用，請考慮使用現金。

應該避開的地雷區

貨幣兌換小攤：小攤都有隱藏費用，你理想的 ATM 卡片則沒有。

預付型旅遊卡：若這張簽帳金融卡不好用，或會加收國外消費手續費，可想而知應會被你打入冷宮。

旅行支票：這些老骨董需要高額的兌換費用——如果有人肯收的話。

每月理想旅遊地點

預訂機位

人人都想知道在兼顧成本與便利性的前提下，何時才是預訂機位的最佳時機？航空公司透過複雜的計算方式，得以用最高價格填滿每個座位。儘管種種手法神祕令人無法摸透，但還是有不少技巧、網站和工具，可以確保你不會多花冤枉錢。

何時飛

想搭到便宜的航班有兩種方法萬無一失：週間航班和平季航班，不僅價格降幅明顯，而且選擇性更多。例如，8 月到 9 月從美國飛往葡萄牙的票價大概便宜 30%，觀光人數的降幅甚至更大，因此會有更多的餐廳、酒店客房和沙灘椅任你挑選。

花錢訂機票 vs. 哩程兌換機票

準備好飛行哩程，加上靈活運用付款方式，你的付出一定划得來。

　　使用信用卡：在想搭的航班日期之前三到四個月開始搜尋，設定票價提醒電子郵件，而且

一位馬賽戰士幫我們把行李放上小飛機。

最慢要在出發前 30 天確定買到機票。如果你的旅遊計畫彈性較大，可以等等看最後一分鐘的票價，因為航空公司會降價來填補空位。

　　使用飛行哩程：盡早預訂好哩程兌換機票。機位通常在起飛前 300 至 330 天就開放預訂。

　　打電話訂票：即使有足夠的飛行哩程，並不代表這一趟就是兌換機票的正確時機。先搜尋到最便宜的現金票，然後將該價格與累積飛行哩程的「成本」進行比較（1 英里通常用新臺幣 4.5 元（1.5 美分）估算）。請記住，哩程除了能為你留下記憶外，別無其他價值。

省錢要點

不要妥協於第一次的搜尋結果。使用訂位技巧，找出最划算的價格並好好把握。

　　留意各種費用：比較票價時，請確認所有的費用、稅、行李費等都列入計算。有些航空公司和售票網站會很陰險地把費用訊息藏在訂票流程的最後一頁（更惡劣的甚至在抵達機場後才告知你）。

　　備選機場：有些機場收取的著陸費較高，而且這筆費用會被灌到機票票價裡。請擴大航班搜尋的範圍，將附近其他機場納入比較。

　　單程優惠：如果你想搭乘聯合航空飛往倫敦，花幾週時間遊覽英國，然後搭英航從愛丁堡離開的話，只要比較一下成本和便利性即可。來回票近年來不一定比較便宜，而且單程票在不同航空公司與城市的搭配組合上會更有彈性。

　　航空公司官網：一旦在訂票網站找到機票後，請去該航空公司的官網比較兩邊票價。未來如果需要任何更改，與票源單位直接接洽會容易許多。

若想多了解我們最喜歡的航班資源，請瀏覽網站 HoneyTrek.com/FlightTips。

陸上交通工具

如果請經驗豐富的旅人聊一聊他們最棒的故事，公共交通可能都占有一席之地。從車頂上的山羊到坐在你大腿上的當地小孩，從令人驚呼聲連連的山路到野花盛開的谷地，翻開陸地旅行的篇章，內容盡是全彩畫面。此外，這種方式既便宜又有彈性，而且還很環保不會無聊。

市公車與野雞車

西方國家的公共交通固然令人激賞，但開發中國家的路網密集程度通常也不遜色（即使不那麼光鮮亮麗）。老式巴士、小巴（Jeepney）和共乘計程車（dala dala）的班次密集而且價格無敵。如果沒有其他考量，至少應該嘗試一次，才能體會刺激程度和在地笑點。

過夜巴士和長途巴士

若想在一個國家四處遊覽，長途巴士是除了搭飛機之外，另一種經濟實惠又有彈性的替代方案。其關鍵好處之一在於通常可以當天預訂座位，因此行程比較隨興。此外，全球各地長途巴士的品質都有明顯改善（我們使用過的服務從 Wi-Fi 到威士忌應有盡有）。在過夜巴士上睡覺還能節省白天的寶貴時光，使那 8 小時的地點轉換過程一晃即過。

船

如果旅遊路線上平行存在某個水域，可以查詢一下有無渡輪、單桅帆船或雙體船與你的目的地方向一致。水路與水岸線提供了深入了解一地的機會，這一點通常公路或飛機無法達到。此外，涼爽的微風和陽光能讓任何旅程都更加愉快。

摩托車

輕型摩托車和速克達在島嶼型目的地及整個東南亞都十分普遍，是探索偏遠地區以及在城鎮之間穿梭最實惠、效率最高又最好玩的工具之一。如果以前從未騎過，請先在家練習，同時要避免在大都市裡騎摩托車。

火車

空間寬敞、風景優美、行程順暢又帶懷舊感，讓火車旅行成為一大樂事。無論何時，只要有機會，請搭火車——日本的子彈列車或肯亞的殖民時期鐵路都好。預訂二等艙，可以體驗在地氛圍和最佳小吃。至於特定路線的詳細資訊，我們都是向 Seat61.com 網站的專業人士請教。

路線規畫相關資源

以下是我們最愛的應用程式與網站，能協助你從阿爾巴尼亞玩到波札那：

Rome2rio：即使非常冷門的路線，也能在這裡找到不同的轉接選擇、時間表和價格。

Google 地圖：在尋找某間家庭式小店或某條小徑的入口時，街景服務與衛星地圖的仔細程度令人無法置信。

Maps.me：免費的衛星定位應用程式，街道地圖詳盡且具搜尋功能，無須手機門號就能在全球各地使用。

火車票、巴士車票和飛機票都是很棒的紀念品。

旅遊密技大公開

以下分享各強大夫妻檔／情侶檔的旅遊絕招：

「一抵達就預約當地嚮導。我們去聖母峰基地營就這麼做。其他人花在一模一樣的徒步旅行上的費用，實在令人無法置信。我們史詩級的登山費用只有他們的 1/3，而且還支持在地經濟。」

——戴夫與黛比，The Planet D

「線上搜尋航班時，請務必查找不同國家及地區的網域名稱。將 .com 替換為 .ca、.mx、.de 等，有時候價格可能會低很多。」

——達琳與皮特，Hecktic Travels

「請當地人推薦餐廳時，務必明確問道，『請問你去哪裡用餐？』以避免對方針對觀光客提出建議，這樣你才能確實體驗到在地氛圍。」

——丹與奧黛莉，Uncornered Market

「藉由臨時幫人代管住宅這項工作，你可以在幾乎世界各地用代管房子、照顧寵物來換取免費住宿。更難得的是你有機會跟當地人一起過日子。」

——奈特與裘蒂，臨時代管住宅達人

「露營車是公路旅行的頂級交通工具。你可以離開主流路線去冷門地點，而且毫不影響生活的舒適程度。住宿費及餐費大幅下降外，還可以在充滿異國情調的當地店家採購日用雜貨。」

——麗莎與艾歷克斯，2people1life

臨時代管一間位於哥斯大黎加巴拿馬海灘區的別墅

「讓旅遊預訂網為你服務。去多個網站設定航班提醒通知，以便追蹤價格；出發前幾週就開始比價，確保自己能拿到最划算的交易。」

——麗娜與戴夫，Divergent Travelers

「乾洗髮是戶外度假、熱水供應不便時的救星。除了原本用途外，它還能當作除臭劑或鞋子清香劑使用。」

——莎薇與韋迪，Bruised Passports

「『美國運輸安全管理局預檢計畫（TSA PreCheck）』為符合條件的旅客提供機場快速安檢通道，『全球入境計畫（Global Entry）』則可減少文書作業，縮短返回美國時的入境排隊人龍。兩者組合費用為五年 100 美元，價值令人難以置信。」

——布雷特與瑪莉，Green Global Travel

「將 3 公尺長的水管膠帶纏在鉛筆上，就可以用來修理齒輪。這件小東西幾乎不占任何空間，但在緊急情況下它的功能價值卻與等重黃金不相上下。」

——克莉絲與湯姆，Travel Past 50

「務必提前辦理登機報到手續。這聽起來或許理所當然，但在一切安排都很匆忙之下，這個簡單的原則會輕易被拋在腦後。其實只要提前辦理報到，就可以閃避排隊人龍，直接去托運行李。」

——蘿倫與沃恩，The Travel Manuel

「吃當地食物。沒有人應該在異國旅遊時還吃熟悉的東西。這麼做不僅能省錢，還有可能發現鄰座的『瑪麗亞』就在拐角處教人跳騷莎舞，於是接下來那幾晚，你或許因此也盡情地跳著。」

——伊萊娜與萊利，Sailing La Vagabonde

專業打包法

大家都知道出門旅遊不應該帶太多東西，但大多數人仍放不下手。直到在艷陽下狼狽不堪地將好幾件行李奮力拖到鵝卵石街道上的那一刻才想，「我到底裝了什麼進去？」沒有效率的行李會像背後靈般一路困擾著你。風格與效率之間要找到平衡點。

做自己

打包那些穿上之後會讓你感覺良好的衣物。如果在家裡附近活動時不愛穿兩截式健行褲，請問為什麼出門後突然就願意每天穿呢？將自己最喜歡的休閒衣物一字排開，然後從中挑出用途最廣、最輕便且最耐用的。快乾衣褲不錯，特別適合徒步旅行，但一兩件就夠了。你不會希望自己以一副登山打扮在墨西哥城漫步。

打包多功能物品

不要帶只能穿一次的衣物（例如那種亮色花卉圖案的「外出用」襯衫）。打包多用途的衣服，像是可兼當裙子穿的洋裝，以及比較簡約、可以多次穿著的服裝。要帶一點首飾、圍巾和其他輕便的配件。鞋子則需要時尚、休閒與堅固耐穿的各一雙，一共三雙即可。舒服好穿、適合走上幾公里路的舊鞋最恰當，因為一小段閒逛常可能變成一整天的冒險。

要有文化意識

請記住一點，當地服裝可能比你習慣的要保守許多。即使在自由奔放的國度裡，神聖建築（通常也是令人印象最深刻的建築）也不會歡迎穿心加輕薄短褲。包包裡要準備一些沉穩莊重的單品衣物。如果打算去宗教場所，女性應該在隨身包裡放一條長裙和一件沙龍，以便快速遮住暴露部位。（安曾因短褲沒有過膝而被禁止進入吳哥窟。）訣竅：穿脫方便的鞋子在參觀各處寺廟時非常方便。

手提行李闖天下

為了讓旅行更加順暢，請將行李縮減到可以隨身攜帶的尺寸。這麼一來，你就可以繞過報到櫃檯、不花一毛托運費，財物安全無虞又方便取放，而且在行李轉盤處還能輕鬆超越機上認識的新朋友。旅途中的每個階段將因此而更有彈性、更獨立、更隨興。要避免開箱檢查行李，請將液體改裝到 100 毫升的容器中，選擇無刀片式的多功能工具，再把那種「如果…，就可以…」的裝備留在家裡。如果要去寒冷地區冒險，請把最厚重的衣物穿上飛機。

選擇合適的行李箱

挑選行李箱之前，請先考慮此行的性質。經典的輪式行李箱適合帶去都會區和豪華酒店。開發中國家及戶外活動時常見的崎嶇路面，或許需要 50 公升背包才能應付。希望兩者兼具嗎？輪式背包或許就是完美組合。任何地方都有可能蹦出長長的樓梯和碎石路，所以這個選項絕不會出錯——更何況它們的新設計都超有時尚感。

在手提行李箱方面，我們喜歡的組合是堅固耐用的全方位背包，加上適用於海灘及購物的薄 PE 材質托特包。至於錢包的款式，有肩帶、有拉鍊，而且可以平貼在身上的既穩當又安全。如果你是 3C 科技控，用相機背包的分隔襯墊將物品分門別類非常方便。

打包時刻

行李箱基本上是一個沒有抽屜的梳妝檯，用類似的組織概念加上幾個收納袋就對了。利用不同顏色的收納袋將襯衫、褲子等分類收好，就可以快速找到目標衣物。收納袋在分隔污衣和不平整的襪子與內衣褲時特別好用。大件物品或長途旅行時，最好挑選可壓縮式收納袋。如果你希望行李超輕，不想使用收納袋的話，捲摺衣物也能方便抓了就走。至於如何避免衣服皺摺，則要以行李箱長邊為基準，將衣褲摺好平放。

十大旅行配件

不分目的地、季節或場合，以下是我們每次旅行必帶的無價物品。

1. 多插型延長線
具備三組插座、兩個 USB 插孔及迷你電湧保護器的延長線，能同時幫多項裝置充電。這在插座有限的機場，以及面對外國插座卻僅有一只萬用轉接頭時特別方便。

2. 沙龍
這種既長又輕的布料有幾十種用途，可以當成洋裝、眼罩、野餐毯、為宗教因素遮掩身體、包包、日落後保暖用等等許多功能。

3. 可折疊水袋
這種容器跟金屬或硬塑膠材質的水壺不同。它的外型扁平，空的時候幾乎沒有重量。像 Nalgene 等品牌不僅材質雙倍耐用，寬口設計更方便淨化水時使用。

4. SteriPEN 淨水器
將任何自來水或溪水注入水瓶後，浸入紫外線並將其旋轉 50 秒，就能殺死 99.99% 的原蟲、細菌與病毒。我們每年因為不買水而省下 1500 多美元，還幫垃圾掩埋場與海洋減少了 1000 個塑膠瓶。

5. 隱藏式旅行用錢包
這種輕薄有拉鍊的小包可以掛在腰帶上，然後塞進褲子裡，放現金跟卡片十分隱密安全。如此一來就能把大額金錢和常用錢包分開放，在人潮擁擠處或提款後離開 ATM 時也都安心許多。

6. 冷凍袋
耐用的可重複密封塑膠袋（容量近 4 公升的 Ziploc 夾鏈袋）可以防水，使你的科技產品、文件、溼衣服、零食等都能井井有條地放心擺放。

7. Sporknife 多功能刀叉鑰匙圈工具組
這種規格統一的湯匙、刀、叉組合，對於野餐、路上用餐或在酒店房間裡吃點心時至關重要。輕量耐用的塑膠材質可重複使用多年。

8. 電纜鎖
靈活的行李箱鎖可以鎖住多條拉鍊。每只行李箱先掛上一條短的電纜鎖，再準備一條長的，以備必須將所有箱袋拴在一起或固定到一處時使用。

9. 自己的枕頭
我們都知道這個空間不容揮霍，但考慮到優質睡眠的重要性，自己的枕頭實在價值連城。無論在五星級酒店或帳篷裡過夜，只要有了它，任何地方都會像是回到家一樣。

10. 加強功能後的智慧型手機
將手機「解鎖」以便接受當地 SIM 卡，再下載這些精明能幹的應用程式後，手機就變身為旅遊忍者：XE 貨幣轉換器、Maps.me 離線衛星定位系統、Wunderground 氣象預報、Google Voice calling 語音通話及 TripIt 旅遊行程。

麥克在日本用SteriPEN淨化河水

智利巴塔哥尼亞生態露營酒店裡奢侈的巨蛋穹頂

住宿

無論是一擲千金的豪客還是時尚背包客（flashpacker），我們認為每個人都應該體驗不同等級的住宿型態。我們自己的最愛則必須兼具個人風格與區域特色。無論是細微處也不失奢華的精品酒店，或是以自宅為傲、進而提供遊客住宿的 Airbnb 都一樣。我們的指導原則是：把錢花在能帶來獨特體驗的地方（門多薩的葡萄園閣樓或愛爾蘭的城堡），至於只供躺平身子用的（機場附近的旅館）就盡量節省。每到一個國家至少要住在當地民宅一次，才能深入觀察在地文化，獲得寶貴經驗。當你在不斷變化的住宿領域四處搜尋、舉棋不定時，以下提示將有助於你獲得最佳體驗。

訂房資訊系統

線上旅行社（OTA）是網際網路上的一站式服務商店。以住宿而言，機票加酒店或租車加酒店的組合價通常最划算。Travelocity.com、Orbitz.com 等網站的套裝產品都有大幅折扣，另外還提供出發前 24 至 48 小時內的訂房比價服務。

大幅折扣網站

如果不堅持住特定酒店，而以便宜為目標的話，請試試 Hotwire.com、Priceline.com 和 HotelTonight.com。訂購最後一分鐘優惠選項，或表明你需要住宿的地點、品質評等和希望價格。這種方式雖然沒辦法在訂房完成之前明確得知會訂到哪一家酒店，但可以住到符合自己需求的地點，還能節省可觀費用。

奢華的精品酒店

有一些酒店堅信，奢華不止於外觀，還應包括感覺、當地特色、完善的設計與貼心關注個人需求。我們會從幾個重要的收藏及策展網站獲得這類酒店的相關資訊：RelaisChateaux.com、SLH.com、MrandMrsSmith.com 和 FiveStarAlliance.com 等都是我們有特別需求時的最愛。

民宿

拜 Airbnb.com 和 Homestay.com 等另類住宿網站之賜，租下當地民宅——無論是整棟別墅還是一間客房——的住宿型態日漸受歡迎。若要兼顧經濟實惠與在地交流兩大目的，就選擇跟當地人租一間客房。試試「Airbnb 體驗（Airbnb Experiences）」功能，搜尋可以教你衝浪、告訴你哪裡有地下音樂或街頭市集的屋主。

融入當地的創新方法

透過下列共享經濟平台，直接進入當地文化的核心。從布宜諾斯艾利斯一位主廚的閣樓美食晚宴，到托斯卡尼摘橄欖換得食宿，這些資源都是你想融入當地的敲門磚。

換取住宿

花幾個小時的時間，換取食宿並獲邀進入社區。

臨時代管住宅：旅行者可以透過各式各樣的網站，申請幫人臨時代管住宅，地點從法國的城堡到哥斯大黎加的海灘別墅都有，例行工作則像是遛狗或幫忙收信而已。時間長短不一，幾天或幾個月都有可能，可以快速融入當地的日常軌道。如需了解更多資訊或申請事宜，詳見 HoneyTrek.com/HousesittingTips。

WWOOF：透過 WWOOF.net（全球有機農場體驗機會組織），可以在全球 100 多個國家的有機農場裡居住，體驗異地不同文化的生活。每天至少工作四小時，為期至少一週，就能賺到食宿並學習新技能。唯一的費用是會員費。

WorkAway：透過 WorkAway.info，可以在 150 多個國家的瑜伽靜修處、烹飪學校、語言中心、野生動物保護區其他數千個機會擔任志工。工作數小時即可換取食宿並體驗緊密連結的關係。

免費住宿

這聽起來或許很瘋狂，但世界各地都有人不因任何目的、只為得到文化交流的樂趣而接待旅人。 在 Couchsurfing.com、TrustRoots.org 和 BeWelcome.org 等網站上，有 20 萬個城市、1000 多萬人加入這個旅遊社群。抱持開放的心態與平等付出的精神（如果可能擔任主人的話）置身其中，你會發現「免費」與否並非考量因素，信任、打破藩籬、與世界各地廣結善緣才是重點。

餐飲

改變例行用餐地點，而去參加晚宴。專業主廚及熱愛烹飪者在這裡打開大門，分享一個由美食與聊天組成的夜晚。可以跟著他們一起做菜，也可以和其他旅人一塊兒放鬆心情，等待美食上桌。試試去 EatWith.com 尋找美食體驗，BonAppetour.com 則提供較親密的氛圍與在地特色。

旅遊行程

尋找經典的都市行程和創新短遊——跟著經驗豐富的骨董商去逛跳蚤市場，或者由藝術家領著去看各處的塗鴉。Vayable.com 和 WithLocals.com 網站上都有值得花上一整天的城鎮行程。

交通運輸

跳上一輛駕駛經過驗證且目的地與你相同的車子。共乘網站提供經濟實惠的個人租車服務，BlaBlaCar.com 即是一例。

在里斯本的主廚家中上一堂葡萄牙菜烹飪課

正向旅遊

你耗費時間和金錢做出的選擇，可能會為你的目的地帶來正面影響。從購物、旅遊行程到志工服務，以下將說明如何做自己喜歡做的事，同時盡一己之責產生正面影響。

有益社會的觀光旅遊

如果用餐、購物和參觀等一般性旅遊活動，可以幫助非營利組織和邊緣化社區，事情就很容易了。Visit.org 這個平台將旅人與公益組織連結起來，後者提供像是安地斯編織課程等具體的短遊行程，造福幫助祕魯農村婦女的非營利組織。想要在東南亞的大都市裡吃飯或購物嗎？請選擇 Friends-International 旗下的美食餐廳或公平交易商店。這個非營利組織培訓邊緣青少年從事藝術及服務業，並將所有收益納回計畫繼續運用。無數的觀光旅遊業者所做的不僅僅是賺錢而起。請發揮一己之力盡量支持他們。

志工旅行

將健行、觀光等傳統旅遊活動與志工元素結合的旅遊型態，是兼顧利他行為及縱情度假的好方法。但要留意一點，有些戶外用品公司正搭上志工假期的順風車，打造可以販售的專案大賺其錢，卻未真正滿足社區需求，因此請先做功課了解其聲譽以及對當地區域的長期承諾。世界遠征（World Expeditions）公司的社區專案旅遊（Community Project Travel），是旅遊公司與當地領導人合作進行有意義變革的絕佳範例。

志工服務

以社會和環境為初衷而攜手合作，除了可能是最有成就感的旅行形態之一，還能讓你遠離熱門的觀光旅遊路線。首先在 Catalyst.cm 得到一些靈感，這個線上社區裡有值得讚賞的專案、部落格和論壇。LearningService.info 的影片庫，對於深具影響力的基層志工服務來說是很棒的資源。若想要跟一個值得信賴且價格合理的組織預訂某項專案，請考慮 VolunteerHQ.com，他們的團隊橫跨 30 國，對於所有計畫都親自審查。旅途中如果想以非金錢的方式有所回饋，請查詢 TheMuskoka Foundation.org，我們在巴西和越南時都在這個組織當過志工。

技能專業志工服務

發揮專業技能，幫助社會影響力組織。Moving-Worlds.org 將利他主義的旅行者、非營利組織和需要特定專業技能的共益企業（B Corps）連結起來。依照需求國家和停留時間進行搜尋，尋找已經建立履歷且願意投入社會公益的旅人。

做出明智的選擇

- 尋找當地嚮導及旅遊業者。
- 不要支持靠剝削動物來招攬觀光的景點（騎大象、看海豚游泳等）。
- 對於孤兒院志工計畫要特別謹慎。
- 直接向工匠購買正版的紀念品。
- 不要購買以動物為材料的製品（象牙、毛皮、珊瑚等）。
- 避免購買塑膠製品（回收很少）。

一張張笑臉正提醒你要支持當地社區

我們路上見

「夢想清單」通常是「有一天我會完成的夢想」的美化用語。但為什麼要等到有一天？

旅行創造的回憶在你餘生都享受得到。我們自己沒有一天不想到某個好笑的時刻、美麗的地方，或是旅途中一段頗富深意的對話。旅行拓寬了我們的視野，讓我們有機會以鳥瞰的角度審視生命。其他文化則向我們示範全新的處理方式——無論是創新的開瓶法、還是富有憐憫心的政府架構。看到一名農夫面帶微笑地坐在自家牛車上，或一名陶匠專注盯著眼前的轉盤，都提醒我們成功快樂的途徑不只一條。我們非常感恩自己現在就得知這個道理，而不是等到有一天。

積極尋找任何一項能激發旅行動機的靈感。周年紀念日和生日是個好開始，因為沒有比旅行更棒的慶祝方式了。將工作會議排在長週末之前，就有機會去新地方探索一番。要參加海外婚禮嗎？利用那趟班機去充滿異國情調的地方。天寒地凍正是尋找陽光的理由，悶熱暑氣下則更應努力追雪。充分利用假期天數，並且盡可能規畫出一段一段的時間區塊。

本書介紹了超過 75 個目的地。照單全收固然可行，但最重要的是先確定自己夢想擁有那些經歷，然後打造行程使夢想成真。我們希望書中的規畫要點與旅遊密技都已經說明，對精明的旅人而言，沒有到不了的目的地；搭乘當地巴士比豪華禮車更好玩；在懸崖峭壁邊野餐的浪漫程度，絕對不輸給一頓五道菜的晚餐；至於那些轉錯彎的時候，不過是額外的冒險機會罷了，只要你們擁有彼此。

翻到本書最後一頁之際，請著手展開你旅行生活的下一篇章。一個無法忘懷的故事正在等著由你寫下。

> 「去行動，去呼吸，去飛翔，去遊蕩，
> 付出之際你就獲得一切，
> 漫步在遠方的道路上，
> 旅行就是生活。」
> ——安徒生（Hans Christian Andersen）

土耳其，卡帕多西亞

旅遊資源

高山

尼泊爾，安納布爾納保護區
Trekking Agencies' Association of Nepal
www.TAAN.org.np
Annapurna Tips & Photos
www.HoneyTrek.com/Annapurnas

菲律賓，中央山脈
Native Village Inn
www.NativeVillage-Inn.com
Misty Lodge
MistyLodgeSagada@gmail.com
Cordillera Tips & Photos
www.HoneyTrek.com/Cordillera

中國，峨嵋山
Emeishan Hostel C
www.Facebook.com/emeishan.hostelc
Golden Summit Hotel
www.EMJDJD.com/en
Emeishan Tips & Photos
www.HoneyTrek.com/Emeishan

瑞士，勞特布龍嫩谷
Hotel Staubbach
www.Staubbach.com
Schilthorn Restaurant
www.Schilthorn.ch
Via Ferrata Mürren
www.Klettersteig-Muerren.ch
Obersteinberg Lodge
Info@Stechelberg.ch

美國，雷尼爾峰
Paradise Inn
www.MtRainierGuestServices.com
Packwood Lodge
www.PackwoodLodge.net
Crystal Mountain
www.CrystalMountainResort.com

Mount Tahoma Hut-to-Hut Trails
www.SkiMTTA.com
Mount Rainier National Park
www.NPS.gov/mora

盧安達，維倫加山脈
Sabyinyo Silverback Lodge
www.GovernorsCamp.com
Mountain Gorilla View Lodge
www.3BHotels.com
Iby' Iwacu Cultural Village
www.CBTRwanda.org
Rwanda Parks & Tourism
www.RwandaTourism.com
Rwanda Tips & Photos
www.GreenGlobalTravel.com

祕魯，烏魯班巴河谷
Hotel Andenes al Cielo
www.AndenesalCielo.com
Inkaterra Machu Picchu
www.Inkaterra.com
Andean Treks
www.AndeanTreks.com
Peru Travel Information
www.Peru.travel
Urubamba Tips & Photos
www.HoneyTrek.com/Urubamba

智利，百內峰
EcoCamp Patagonia
www.EcoCamp.travel
Hostería Pehoé
www.HosteriaPehoe.cl
Torres del Paine
www.TorresDelPaine.com
Torres del Paine Tips & Photos
www.HoneyTrek.com/TorresDelPaine

湖泊、河流與瀑布

阿根廷與巴西，伊瓜蘇瀑布
Boutique Hotel de la Fonte
www.BoutiqueHotelDeLaFonte.com
Sheraton Iguazú
www.SheratonIguazu.com
National Park & Full Moon Tour
www.IguazuArgentina.com
Iguazú Falls Tips & Photos
www.HoneyTrek.com/Iguazu

緬甸，茵萊湖
Pristine Lotus Spa Resort
www.PristineLotus.com
Nawng Kham, The Little Inn
www.Facebook.com/nawngkhamthelittleinn
Red Mountain Estate
www.RedMountain-Estate.com
Inle Lake Tips & Photos
www.HoneyTrek.com/Inle

玻利維亞與祕魯，的的喀喀湖
Hotel Rosario, Lago Titicaca
www.GrupoRosario.com
Hotel La Cúpula
www.HotelCupula.com
Inka Sailing
www.InkaSailing.com
Lake Titicaca Tips & Photos
www.HoneyTrek.com/LakeTiticaca

尚比亞，利文斯頓
Tongabezi Lodge & Livingstone Island
www.Tongabezi.com
Royal Livingstone Hotel
www.Royal-Livingstone.Anantara.com
Falls Microlight Flight
www.LivingstonesAdventure.com
Livingstone Tips & Photos
www.HoneyTrek.com/Livingstone

德國，萊茵河谷
Breuer Rüdesheimer Schloss Hotel
www.Ruedesheimer-Schloss.com
Hote Im Schulhaus
www.Hotel-Im-Schulhaus.com
Drossel Keller Wine Experiences
www.DrosselKellerei.de
Bacharach Castle, Hostel & Cafe
www.HIHostels.com/hostels/bacharach
Rhine Gorge Tips & Photos
www.UncorneredMarket.com

越南，湄公河三角洲
Nam B Boutique Hotel
www.NamBoCanTho.com
Oasis Hotel
www.BenTreHotelOasis.com
Song Xanh Sampan
www.SongXanhCruiseMekong.com
Mekong Delta Tips & Photos
www.HoneyTrek.com/Mekong

寮國，南烏河谷
Nong Kiau Riverside
www.NongKiau.com
Tiger Trail
www.Laos-Adventures.com/23765
Nam Ou River Valley Tips & Photos
www.HoneyTrek.com/NamOu

沙灘和島嶼

美國，考艾島
St. Regis Princeville Resort
www.StRegisPrinceville.com
Fern Grotto Inn
www.KauaiCottages.com
Beach House Restaurant
www.The-Beach-House.com
Island Sails Kaua ʻi
www.IslandSailsKauai.com
Jack Harter Helicopters
www.Helicopters-Kauai.com

巴哈馬，伊路瑟拉島北部
The Cove Eleuthera
www.TheCoveEleuthera.com
Coral Sands Hotel
www.CoralSands.com
The Landing
www.HarbourIslandLanding.com
Harbour Island History Tour
MartinLeeGrant@yahoo.com
Eleuthera Tips & Photos
www.HoneyTrek.com/Eleuthera

坦尚尼亞，占吉巴島
Baraza Resort and Spa
www.Baraza-Zanzibar.com
Zanzibar Coffee House
www.RiftValley-Zanzibar.com
Emerson Spice Tea House
www.EmersonSpice.com
Tangawizi Spice Farm
www.TangawiziSpiceFarm.com
The Rock Restaurant
www.TheRockRestaurantZanzibar.com
Zanzibar Tips & Photos
www.HoneyTrek.com/Zanzibar

泰國，萊利
Railay Phutawan Resort
www.RailayPhutawan.com
Rayavadee Resort
www.Rayavadee.com
Deepwater Solo Climbing
www.BaseCampTonsai.com
Railay Tips & Photos
www.HoneyTrek.com/Railay

馬來西亞，刁曼島
1511 Coconut Grove
www.1511CoconutGrove.com
Ella's Place
www.Tioman.org/ella-place.htm
Grahame Massicks's Scuba
www.Tioman-Scuba.com
Tioman Tips & Photos
www.TheTravelManuel.com

多明尼加，沙馬納
Dominican Tree House Village
www.DominicanTreeHouseVillage.com
Sublime Samana Hotel
www.SublimeSamana.com
El Cabito Restaurant
www.ElCabito.net
Samaná Zipline
www.SamanaZipline.com
Samaná Tips & Photos
www.HoneyTrek.com/Samana

野生動物遊賞

厄瓜多，加拉巴哥群島
Finch Bay Eco Hotel
www.FinchBayHotel.com
Active Adventures
www.ActiveAdventures.com
Galápagos Tips & Photos
www.HoneyTrek.com/Galapagos

澳洲，北端
Adventure Tours Australia
www.AdventureTours.com.au
Wildman Wilderness Lodge
www.WildmanWildernessLodge.com.au
Mindil Beach Sunset Market
www.Mindil.com.au
Northern Territory Visitors Center
www.NorthernTerritory.com
Top End Tips & Photos
www.HoneyTrek.com/TopEnd

南非，克魯格
Sabi Sabi Earth Lodge
www.SabiSabi.com
Mvuradona Safari Lodge
www.Mvuradona.co.za
Chalkley Treehouse
www.LionSands.com
Sweni Trek, Satara Camp, Shipandani Hide
www.SANParks.org
Kruger Tips & Photos
www.HoneyTrek.com/Kruger

坦尚尼亞，火山口高地
Nomad Serengeti Safari Camp
www.Nomad-Tanzania.com
Ndutu Safari Lodge
www.Ndutu.com
Crater Highlands Tips & Photos
www.HoneyTrek.com/CraterHighlands

肯亞，桑布魯
Elephant Bedroom Camp
www.Atua-Enkop.com
Saruni Samburu & Sera Rhino Tracking
www.SaruniSamburu.com
Joy's Camp
Info@Elewana.com
Samburu Tips & Photos

www.HoneyTrek.com/Samburu

加拿大，邱吉爾鎮
Frontiers North Adventures
www.FrontiersNorth.com
Seal River Heritage Lodge
www.ChurchillWild.com
Churchill Tips & Photos
www.HeckticTravels.com

尚比亞，南盧安瓜
Nsefu Camp
www.RobinPopeSafaris.net
Mfuwe Lodge
www.MfuweLodge.com
The Bush Spa
www.Bush-Spa.com
Zambia Parks & Adventures
www.ZambiaTourism.com
South Luangwa Tips & Photos
www.HoneyTrek.com/SouthLuangwa

哥斯大黎加，托爾圖格羅
Tortuga Lodge
www.TortugaLodge.com
Aracari Garden
www.AracariGarden.com
Sea Turtle Conservancy
www.ConserveTurtles.org
Tortuguero Tips & Photos
www.HoneyTrek.com/Tortuguero

歷史與建築
緬甸，蒲甘
The Hotel @ Tharabar Gate
www.TharabarGate.com
Bagan Thande Hotel
www.ThandeHotel.com
Balloons Over Bagan
www.BalloonsOverBagan.com
Bagan Tips & Photos
www.HoneyTrek.com/Bagan

土耳其，卡帕多西亞
Museum Hotel
www.MuseumHotel.com.tr
Kelebek Hotel
www.KelebekHotel.com

Kapadokya Hot Air Balloons
www.KapadokyaBalloons.com
Matiana Travel
www.Matiana.com.tr
Cappadocia Tips & Photos
www.HoneyTrek.com/Cappadocia

中國，鳳凰縣
Fenghuang Melody Inn
www.FenghuangMelody.com
Fengxiang Jiangbianlou Inn
349 Jinjiayuan, Fenghuang, China
Fenghuang Tips & Photos
www.HoneyTrek.com/Fenghuang

墨西哥，瓜納華托
Villa María Cristina
www.VillaMariaCristina.net
Alonso 10
www.HotelAlonso10.com.mx
Mexico Street Food Tours
www.MexicoStreetFood.com

比利時，根特
Ghent River Hotel
www.Ghent-River-Hotel.be
Ghent Marriot
www.Marriott.com
Huyghe Brewery
www.Delirium.be
Ghent Tips & Photos
www.TravelPast50.com

葡萄牙，辛特拉
Tivoli Palácio de Seteais
www.TivoliHotels.com
Sintra Bliss House
www.SintraBlissHouse.com
Tacho Real
Phone: +351 21 923 5277
Park E Bike
www.ParkEBike.com
Sintra Tips & Photos
www.HoneyTrek.com/Sintra

海洋

紐西蘭，塔斯曼區
Abel Tasman Great Walk
www.GreatWalks.co.nz
Abel Tasman Lodge
www.AbelTasmanLodge.co.nz
Wilsons Abel Tasman & Great Taste Trio
www.AbelTasman.co.nz
Gourmet Sailing
www.GourmetSailing.co.nz
Project Janszoon
www.Janszoon.org
Tasman District Tips & Photos
www.HoneyTrek.com/Tasman

貝里斯，中美洲堡礁
Colinda Cabanas
www.ColindaCabanas.com
Maya Beach Hotel
www.MayaBeachHotel.com
Raggamuffin Tours
www.RaggamuffinTours.com

菲律賓，巴拉望北部
The Birdhouse
www.TheBirdhouseElNido.com
La Natura Resort
www.LaNaturaResort.com
Tao Philippines
www.TaoPhilippines.com
Waz SUP El Nido
www.WazSupElNido.com

印尼，科莫多島
Bayview Gardens Hotel
www.Bayview-Gardens.com
Dive Komodo
www.DiveKomodo.com
Seraya Hotel
www.SerayaHotel.com
Komodo Tips & Photos
www.HoneyTrek.com/Komodo

希臘，基克拉哲思群島
AthensWas Hotel
www.AthensWas.gr
Sunsail
www.Sunsail.com
Harmony Mexican Bar and Restaurant

www.HarmonyIos.com
Visit Greece
www.VisitGreece.gr
Cyclades Tips & Photos
www.Sailing-LaVagabonde.com

挪威，挪威峽灣
Hurtigruten
www.Hurtigruten.com
G Adventures
www.GAdventures.com
Hotel Union Øye
www.UnionOye.no
Visit Norway
www.VisitNorway.com
Norwegian Fjords Tips & Photos
www.HoneyTrek.com/NorwegianFjords

沙漠與沙丘

美國，莫亞布
Moab Under Canvas
www.MoabUnderCanvas.com
Hauer Ranch & Trail Rides
www.MoabHorses.com
Castle Creek Winery
www.CastleCreekWinery.com
Redtail Air Adventures
www.FlyRedtail.com
Moab Visitors Page
www.DiscoverMoab.com

越南，美奈
Source Kiteboarding
www.SourceKiteboarding.com
Princess D' Ân Nam
www.PrincessDAnNam.com
Windchimes Kiteboarding
www.Kiteboarding-Vietnam.com
Mui Né Tips & Photos
www.HoneyTrek.com/MuiNe

墨西哥，杜藍哥州
Hostal Mexiquillo
www.HostalMexiquillo.com
Hotel Gobernador Durango
www.HotelGobernador.com.mx
Visit Durango
www.VisitaDurango.mx

巴西，傑里科科拉
La Villa Jericoacoara
www.LaVilla-Jeri.com
Baoba Jeri
www.BaobaJeri.com
Jericoacoara Tips & Photos
www.HoneyTrek.com/Jericoacoara

納米比亞，納米比沙漠
Sossusvlei Lodge
www.SossusvleiLodge.com
Namib Desert Lodge
www.Gondwana-Collection.com
Alter Action Sandboarding
www.Alter-Action.info
Namib Desert Tips & Photos
www.DivergentTravelers.com

智利，亞他加馬沙漠
Awasi
www.AwasiAtacama.com
Terrantai
www.Terrantai.com
Tierra Atacama Hotels
www.TierraHotels.com
Celestial Explorations
www.SpaceObs.com
Atacama Desert Tips & Photos
www.HoneyTrek.com/Atacama

冰與雪
南極洲，南極半島
Quark Expeditions
www.QuarkExpeditions.com
One Ocean Expeditions
www.OneOceanExpeditions.com
Antarctica Tips & Photos
www.HoneyTrek.com/Antarctica

紐西蘭，西部地區
Te Waonui Forest Retreat
www.TeWaonui.co.nz
Aspen Court
www.AspenCourtFranzJosef.co.nz
Glacier Hot Pools
www.GlacierHotPools.co.nz
Fox Franz Heliservices
www.Scenic-Flights.co.nz

Fox Glacier Guiding
www.FoxGuides.co.nz
Westland Tips & Photos
www.HoneyTrek.com/Westland

美國，弗蒙特州中部
Mountain Top Inn
www.MountainTopInn.com
Woodstock Inn
www.WoodstockInn.com
Killington Resort & Ledgewood Yurt
www.Killington.com
Mad River Glen
www.MadRiverGlen.com
Middlebury Tasting Trail
www.MiddTastingTrail.com

挪威，特羅姆瑟
Thon Hotel Polar
www.ThonHotels.com/Tromso
Lyngsfjord Adventure
www.Lyngsfjord.com
Vulkana Nautic Spa
www.Vulkana.no
Active Tromsø
www.ActiveTromso.no

格陵蘭島，西格陵蘭
Quark Expeditions
www.QuarkExpeditions.com
Hotel Hans Egede
www.HHE.gl
Siku Aput Dogsledding & Snowmobiling
www.SikuAput.gl
Greenland Tips & Photos
www.ThePlanetD.com

美國與加拿大，尼加拉瀑布
The Giacomo Hotel
www.TheGiacomo.com
Niagara Crossing Hotel & Spa
www.NiagaraCrossingHotelandSpa.com
Carmelo's Restaurant
www.Carmelos-Restaurant.com
National Helicopters
www.NationalHelicopters.com
Thirty Bench Wine Makers
www.ThirtyBench.com
Schulze Vineyards & Winery

www.SchulzeWines.com
Niagara Falls Culinary Institute
www.NFCulinary.org
Niagara Falls Tips & Photos
www.HoneyTrek.com/Niagara

阿根廷，冰河國家公園
Hostería Senderos
www.SenderosHosteria.com.ar
Los Ponchos
www.LosPonchosApart.com.ar
Cruceros Marpatag
www.CrucerosMarpatag.com
Hielo & Aventura
www.HieloyAventura.com
Estancia Cristina
www.EstanciaCristina.com
Los Glaciares Tips & Photos
www.HoneyTrek.com/LosGlaciares

叢林及雨林

澳洲，丹特里
Daintree EcoLodge & Spa
www.Daintree-EcoLodge.com.au
Cape Tribulation Beach House
www.CapeTribBeach.com.au
Dreamtime Walks
www.MossmanGorge.com.au
Visit Port Douglas & Daintree
www.PDDT.com.au
Daintree Tips & Photos
www.HoneyTrek.com/Daintree

泰國，考索
Our Jungle House
www.KhaoSokAccommodation.com
Elephant Hills Rainforest Camp
www.ElephantHills.com
Khao Sok Tips & Photos
www.HoneyTrek.com/KhaoSok

哥斯大黎加，蒙泰維爾德
Monteverde Lodge & Gardens
www.MonteverdeLodge.com
Los Pinos Cabins & Gardens
www.LosPinos.net
Café Caburé
www.Cabure.net

Sky Adventures
www.SkyAdventures.travel/monteverde
Children's Eternal Rainforest
www.ACMCR.org/content
Monteverde Butterfly Garden
www.MonteverdeButterflyGarden.com

美國，奧林匹克半島
Lake Quinault Lodge
www.OlympicNationalParks.com
Kalaloch Lodge
www.TheKalalochLodge.com
Olympic National Park & Campgrounds
www.NPS.gov/olym

小安地列斯群島，聖露西亞
Crystals Resort
www.StLuciaCrystals.com
Ladera Resort
www.Ladera.com
Chateau Mygo
www.ChateauMygo.com
Rainforest Adventures
www.RainforestAdventure.com
Diamond Falls
www.DiamondStLucia.com
Sulphur Springs
www.SoufriereFoundation.org

厄瓜多，亞蘇尼
Manatee Amazon Explorer
www.ManateeAmazonExplorer.com
Napo Wildlife Center
www.NapoWildlifeCenter.com
Amazon Dolphin Lodge
www.AmazonDolphinLodge.com
Yasuní Tips & Photos
www.HoneyTrek.com/Yasuni

巴西，瑪瑙斯
Boutique Hotel Casa Teatro
www.CasaTeatro.com.br
Anavilhanas Jungle Lodge
www.AnavilhanasLodge.com
Amazonas Indian Turismo
AmazonasIndian@hotmail.com
Tropical Tree Climbing
www.TropicalTreeClimbing.com
Manaus Tips & Photos

www.HoneyTrek.com/Manaus

公路旅行

南非，西開普省
Road Trip Route
www.goo.gl/maps/2tzryJEy4cL2
Grand Daddy Hotel
www.GrandDaddy.co.za
Quayside Hotel
www.AHA.co.za/quayside
Le Franschhoek Hotel & Spa
www.LeFranschhoek.co.za
Africa Café
www.AfricaCafe.co.za
The Old Biscuit Mill
www.TheOldBiscuitMill.co.za
South Africa Tips & Photos
www.HoneyTrek.com/SouthAfrica

紐西蘭，南島
Road Trip Route
www.goo.gl/maps/y6cqxo5irMF2
Matakauri Lodge
www.MatakauriLodge.com
Maui Campervans
www.Maui.co.nz
Tourism Radio
www.TourismRadio.co.nz
National Parks & Deer Flat Campground
www.DOC.govt.nz
South Island Tips & Photos
www.HoneyTrek.com/SouthIsland

美國，西南部
Road Trip Map
www.goo.gl/maps/bfBQvZxGrE42
Zion Lodge
www.ZionLodge.com
Bright Angel Lodge
www.GrandCanyonLodges.com
Zion, Bryce & Grand Canyon
www.NPS.gov

愛爾蘭與北愛爾蘭，北海岸
Road Trip Map
www.goo.gl/maps/TBeFcbDc4zH2
The Bushmills Inn
www.BushmillsInn.com

Lough Eske Castle
www.SolisHotels.com/lougheskecastle
Bunk Campers
www.BunkCampers.com
Olde Castle Bar
www.OldeCastleBar.com
Unique Ascent
www.UniqueAscent.ie
Glencolmcille Folk Village Museum
www.GlenFolkVillage.com

喬治亞共和國，喬治亞中部
Road Trip Map
www.goo.gl/maps/wtJSiJZFsm12
Vinotel
www.Vinotel.ge
Castello Mare
www.CastelloMare.com
Adjarian Wine House
www.AWH.ge
Georgia Tips & Photos
www.2people1life.com

厄瓜多，火山大道
Road Trip Map
www.goo.gl/maps/GctsYMXLRMs
Hotel Samari Spa Resort
www.SamariSpa.com
Hacienda el Porvenir
www.TierraDelVolcan.com
Hacienda Pinsaqui
www.HaciendaPinsaqui.com
Luna Runtun
www.LunaRuntun.com
El Refugio Spa
www.ElRefugioSpa.com
Tren Ecuador
www.TrenEcuador.com
Volcano Avenue Tips & Photos
www.HoneyTrek.com/VolcanoAvenue

古巴，古巴西部
Road Trip Map
www.goo.gl/maps/iYzvSEcFy2J2
Casa Particular Ridel y Claribel
Ridel326@gmail.com
Hotel La Unión
www.HotelLaUnion-Cuba.com
Casa Arcangel

www.Facebook.com/miguelangeltvc
Galileo Offline Maps
www.Galileo-App.com

超自然
玻利維亞，波托西省
Kanoo Salt Flats Tours
www.KanooTours.com
Hotel de Sal Luna Salada
www.LunaSaladaHotel.com.bo
Crillon Airstream Tours
www.Uyuni.travel
Department of Potosí Tips & Photos
www.HoneyTrek.com/Potosi

印尼，弗羅雷斯島中部
Eco Eden Flores
www.Facebook.com/EcoEden.Flores
Kelimutu Crater Lakes Ecolodge
www.KelimutuEcolodge.com

土耳其，棉堡
Venus Suite
www.VenusSuite.com
Ayapam Hotel
www.AyapamHotel.com
Pamukkale Hijackers Paragliding
www.PamukkaleHijackers.com

紐西蘭，羅托魯亞
Princes Gate Hotel
www.PrincesGate.co.nz
Koura Lodge
www.KouraLodge.co.nz
Volcanic Hills Winery
www.VolcanicHills.co.nz
Waiotapu Thermal Wonderland
www.Waiotapu.co.nz
Waimangu Volcanic Valley
www.Waimangu.co.nz
Whakarewarewa Living Maori Village
www.Whakarewarewa.com
Lake Rotoiti Hot Pools
www.LakeRotoitiHotPools.co.nz
Polynesian Spa
www.PolynesianSpa.co.nz
Rotorua Tips & Photos
www.HoneyTrek.com/Rotorua

印度，拉達克
Chamba Camp Thiksey
www.TUTC.com
Lchang Nang Retreat
www.LchangNang.com
River Rafting
www.SplashLadakh.com
Monastery Trek
www.DreamLadakh.com
Ladakh Tips & Photos
www.BruisedPassports.com

柬埔寨，暹粒市
Sofitel Angkor Phokeethra
www.Sofitel.com
Viroth's Hotel
www.Viroth-Hotel.com
The White Bicycles
www.TheWhiteBicycles.org
Siem Reap Tips & Photos
www.HoneyTrek.com/SiemReap

中國，武陵源
Zhongtian International Youth Hostel
www.HIHostels.com
Pullman Zhangjiajie
www.PullmanHotels.com
Wulingyuan Tips & Photos
www.HoneyTrek.com/Wulingyuan

謝誌

五年旅途下來，我們可以誠心誠意地說……因為各位，我們的旅行才如此特別。早在尚未出發之前，家人、朋友、甚至老闆的熱情支持，就已經幫我們壯好膽子。他們不但沒有說離開安穩的家太過瘋狂之類的風涼話，反而讓我們覺得自己非常勇敢。當我們說出「媽，我們要辭掉工作，去度好幾年蜜月，」心中並未預期那段對話能那麼順利。「爸，我們要做全職的旅遊部落客，」吐出這句話之前，我們其實已經假設會聽到一聲長嘆。但奇怪的是，他們經常說，對我們走自己的路深深引以為傲。感謝全家人一起培養我們的夢想。

全職旅行需要一大隊人馬的努力，對於一直支持、使 HoneyTrek 成為可能的所有人，我們除了感恩還是感恩。感謝派特霍華德（Pat Howard）照顧薩柏（Saab）、整理信件，而且對我們的愛並未因此動搖。謝謝蘿賓·柯林斯（Robin Collins）時時關心我們身在何方，定期發電子郵件寫道：「你們在哪裡？打給我！愛你們的媽媽。」謝謝派特·柯林斯（Pat Collins）從不放過我們部落格裡任何一則發文，而且還蒐集有關我們的新聞剪報。謝謝所有兄弟姐妹（Kate、Matt、Ryan、Chelsea和Will）無時無刻的支持。對於暫時讓我們借

放怪異家具的朋友們，希望各位正享受它們帶來的樂趣（哈騰斯坦全家人（Hottensteins），我們保證有一天會把沙發搬回來）。謝謝親愛的朋友、也是我們的房地產經紀人傑夫·萊德林（Jeff Radlin），只要屋子一出狀況，他都會帶著各種設備前來拯救。謝謝既能穩若泰山又可天馬行空，一起跟我們腦力激盪的安德魯·柯丘尼（Andrew Corcione）（我們會橫掃全國的！）。謝謝我們的家鄉紐約隊，只要他們待過的地方總會留下美好時光。謝謝基靈頓（Killington）工作小組成員的協助，讓我們成為更好的部落客和滑雪者。

HoneyTrek 的粉絲，我們在此深深致謝。各位的熱情、好奇心和個人故事，持續驅使我們每天出門上路，分享冒險經歷。每當渴望得到激勵時，臉書上就收到來自 Jim S.、Cindy S.、Carol L.、Rashaad J.、Wynne G.、Annie M.、Erica V.、Paal G.、Deb G.、Ken W.、Steph B.、Anna V.、Christy C. 以及其他成千上萬新朋友和老朋友的真心意見。社群媒體管道重新牽起我們與他人的關係，例如童年玩伴 Stolfis 以及前同事 Justin C. 等，也讓我與世界各地曾經相逢的朋友們保持聯繫，從我們在馬賽的嚮導 Bernard、到布宜諾斯艾利

斯的女裁縫 Purisima，後者從 2012 年以來一直用豐富的表情符號持續關注我們。

謝謝整個「見面、規畫、出發（Meet Plan Go）」及旅遊部落格社群，大家這些年來的友誼、精明建議與鼓勵一直都是無價珍寶。謝謝我們那些已完成環球壯舉的「旅遊指導（Trip Coach）」學生們，我們深深以各位為傲。謝謝在共享經濟中曾經歡迎我們到你家裡去的每個人，無論你是讓我們睡在備用臥室、幫你臨時照顧農場或者教我們做一道新菜，認識各位是我們的榮幸：Kat & Willie、Susan J.、Ro & Majo、Gareth R.、Tena & Alena、Toni L.、Dave R.、Jeanne & Bill、Neil M.、Judith & Larry 等等。

謝謝數據世界以外的朋友們，雖然你我在一起的時間可能很短暫，但你的善良和個性已使我們永不分離。當我們的摩托車在泰國叢林裡故障時，Pepitome 收留了我們兩天；Cristóvão 教我們如何抓食人魚，如何在亞馬遜存活；Kat-san 告訴我們對每一粒米飯都要心存感恩；因為 Achoma 村民，我們每想到祕魯那場命中注定的舞會時都面帶微笑。謝謝我們在 T Phìn 村的學生，以及 MovingWorlds 和 Muskoka 的導師們，我們一路行善是因為

他們的提醒。

生命就是一段蜜月旅行，感謝認同這個論點的每一位朋友！謝謝 Tom 和 Honeymoons.com 引薦各處浪漫地點，為我們提供了啟動愛情列車的平台。謝謝 Peggy 阿姨帶我們進入半個東非，還擔任我們的公關高手。謝謝 Hayes 代表羽翼未豐的愛情鳥。謝謝 Mey 和 Glamping .com 能體諒冒險與奢華是一對完美搭檔……，而且蜜月旅行必須繼續走下去！

感謝國家地理學會相信我們的故事與夫妻旅行的奇蹟：點燃火花的雷納・堅思（Rainer Jenss）；對我們永遠不離不棄的比爾・歐唐諾（Bill O'Donnell）；幫助我們順利發聲的蘇珊・史垂特（Susan Straight）；確保一切大小事務運作順暢的艾倫・紐伯恩（Ellen Neuborne）和邁克・歐康諾（Michael O'Connor）；將這本書打造得如此美麗的莎娜・阿卡（Sanáa Akkach）、妮蔻・米勒（Nicole Miller）和莫拉・哈尼（Moira Haney）。感謝曾對本書付出心力的每一對強大佳偶，你們親身證明了愛與旅行可使世界運轉。

對於本書的佳偶讀者們，謝謝大家除了在沙灘上晒得一身黑亮外，還能視旅遊為一種提升生活的體驗，更相信兩人同行比一人更棒。

波利維亞的卡拉湖。冒險和浪漫息息相關。

索引

圖片出處

除特別註明之外，所有照片皆由HoneyTrek.com的麥克與安·霍華德提供。

25 (LE), Emily Polar Photography; 34, Jeff Goulden/Getty Images; 35 (LE), Kevin Schafer/Minden Pictures; 36, Bret Love and Mary Gabbett, GreenGlobalTravel.com; 37 (UP), Bret Love and Mary Gabbett, GreenGlobalTravel.com; 37 (LO), Stefan von Bothmer; 42, Matthew Williams-Ellis/Robert Harding; 44, Hugh Sitton/Getty Images; 46, Werner Van Steen/Getty Images; 47 (LE), Alex Saberi/National Geographic Creative; 54, Kelly Cheng Travel Photography/Getty Images; 56, Audrey Scott and Daniel Noll, UncorneredMarket.com; 57 (UP), Audrey Scott and Daniel Noll, UncorneredMarket.com; 57 (LO), Audrey Scott and Daniel Noll, UncorneredMarket.com; 58, Duc Den Thui/Getty Images; 61 (UP), Cyril Eberle/Getty Images; 62, JMichl/Getty Images; 67 (RT), Dennis Frates/Alamy Stock Photo; 72, KucherAV/Shutterstock; 75 (UP), Henn Photography/Cultura Creative (RF)/Alamy Stock Photo; 76, Lauren and Vaughan McShane, TheTravelManuel.com; 77 (UP), Reinhard Dirscherl/ullstein bild via Getty Images; 77 (LO), Lauren and Vaughan McShane, TheTravelManuel.com; 85 (LE), Tui de Roy/Minden Pictures; 87 (UP), Gianpiero Ferrari/Minden Pictures; 87 (LO), roboriginal/Getty Images; 96, Pete Heck, Hecktic Travels; 97 (UP), Paul Souders/Getty Images; 97 (LO), Pete Heck, Hecktic Travels; 99 (UP), Thomas Retterath/Getty Images; 100, Javier Fernández Sánchez/Getty Images; 101 (UP), Panoramic Images/Getty Images; 102, Tui de Roy/Minden Pictures; 109 (RT), Imke Lass/Redux; 116, Christian Mueller/Shutterstock.com; 117 (UP), Tom Bartel, TravelPast50.com; 117 (LO), Tom Bartel, TravelPast50.com; 120, Laura Grier/Robert Harding; 124, Stuart Black/Robert Harding; 125 (RT), Andy White; 134, S. Borisov/Shutterstock; 135 (UP), Panos Karapanagiotis/Getty Images; 135 (LO), Riley Whitelum and Elayna Carausu, Sailing La Vagabonde; 138, Global Pics/Getty Images; 140, subman/Getty Images; 143 (UP), Justin Bailie/Getty Images; 143 (LO), Kristin Piljay/Danita Delimont. com; 150, Alex Robinson/Robert Harding; 151 (UP), Leo Sanches/Getty Images; 151 (LO), Oktay Ortakcioglu/Getty Images; 152, Gambarini Gianandrea/Shutterstock.com; 153 (UP), Lina Stock, DivergentTravelers.com; 153 (LO), Bob King; 155 (LE), Jeremy Woodhouse/Getty Images; 156, John G Ross/Getty Images; 163 (RT), Courtesy of Scenic Hotel Group; 167 (UP), Peter Frank Edwards/Redux Pictures; 167 (LO), Birke Photography; 168, Koonyongyut/Getty Images; 170, Dave Bouskill and Debra Corbeil, ThePlanetD.com; 171 (UP), ThePlanetD.com; 171 (LO), ThePlanetD.com; 173 (LE), noexcuseG/Getty Images; 173 (RT), Jonathan Nicholls/Getty Images; 175 (UP), Keith Levit/Getty Images; 176, Suttipong Sutiratanachai/Getty Images; 178, Pete Oxford/Minden Pictures; 180, David Wall/Getty Images; 181 (LE), chameleonseye/Getty Images; 182, Alex Hare/Getty Images; 183 (UP), Education Images/UIG via Getty Images; 186, Stefano Paterna/Robert Harding; 187 (LO), InVision Photography/Getty Images; 188, Konrad Wothe/Minden Pictures; 189 (LE), Dan Sherwood/Design Pics Inc/National Geographic Creative; 189 (RT), Hannamariah/Shutterstock; 190, oriredmouse/Getty Images; 191 (UP), A-Babe/Getty Images; 191 (LO), Dani Heinrich, GlobetrotterGirls.com; 193 (UP), Christian Heeb/Prisma by Dukas Presseagentur GmbH/Alamy Stock Photo; 194, Ed George/National Geographic Creative; 196, BEES Elephant Sanctuary; 210, Lisa Grant and Alex Pelling, 2people1life; 211 (UP), Lisa Grant and Alex Pelling, 2people1life; 211 (LO), Jonas Seaman Photography; 214, Anne08/Getty Images; 228, Jeremy Bright/Robert Harding; 229 (UP), Toma Babovic/laif/Redux; 229 (LO), David Wall/Danita Delimont.com; 230, Savi Munjal and Vidit Taneja, BruisedPassports.com; 231 (UP), Savi Munjal and Vidit Taneja, BruisedPassports.com; 231 (LO), Savi Munjal and Vidit Taneja, Bruised Passports.com; 235 (LE), Stefan Huwiler/imageBROKER/Alamy Stock Photo; 235 (RT), Oktay Ortakcioglu/Getty Images; 236, Kevin Schafer/Alamy Stock Photo.

國家地理終極蜜月之旅

作　　者：麥克與安·霍華德
翻　　譯：林怡德、孫曉卿
主　　編：黃正綱
資深編輯：魏靖儀
美術編輯：吳立新
行政編輯：吳怡慧

發 行 人：熊曉鴿
總 編 輯：李永適
營 運 長：蔡耀明
印務經理：蔡佩欣
圖書企畫：黃韻霖、陳俞初

出 版 者：大石國際文化有限公司
地　　址：台北市內湖區堤頂大道二段181號3樓
電　　話：（02）8797-1758
傳　　真：（02）8797-1756
印　　刷：群鋒企業有限公司

2019年（民108）7月初版
定價：新臺幣 550 元／港幣 183 元
本書正體中文版由National Geographic Partners, LLC
授權大石國際文化有限公司出版
版權所有，翻印必究
ISBN：978-957-8722-54-5（平裝）
＊ 本書如有破損、缺頁、裝訂錯誤，請寄回本公司更換

總代理：大和書報圖書股份有限公司
地　　址：新北市新莊區五工五路2 號
電　　話：（02）8990-2588
傳　　真：（02）2299-7900

國家地理合股有限公司是國家地理學會與二十一世紀福斯合資成立的企業，結合國家地理電視頻道與其他媒體資產，包括《國家地理》雜誌、國家地理影視中心、相關媒體平臺、圖書、地圖、兒童媒體，以及附屬活動如旅遊、全球體驗、圖庫銷售、授權和電商業務等。《國家地理》雜誌以 33 種語言版本，在全球 75 個國家發行，社群媒體粉絲數居全球刊物之冠，數位與社群媒體每個月有超過 3 億 5000 萬人瀏覽。國家地理合股公司會提撥收益的部分比例，透過國家地理學會用於獎助科學、探索、保育與教育計畫。

國家圖書館出版品預行編目（CIP）資料

國家地理終極蜜月之旅
麥克.霍華德(Mike Howard), 安.霍華德(Anne Howard) 作 ；林怡德、孫曉卿 翻譯. -- 初版. -- 臺北市：大石國際文化，
民108.7　272頁；17.2 x 22公分
譯自：Ultimate journeys for two : extraordinary destinations on every continent
ISBN 978-957-8722-54-5（平裝）

1.旅遊 2.世界地理
719　　　　　　　　　　　　　108010452

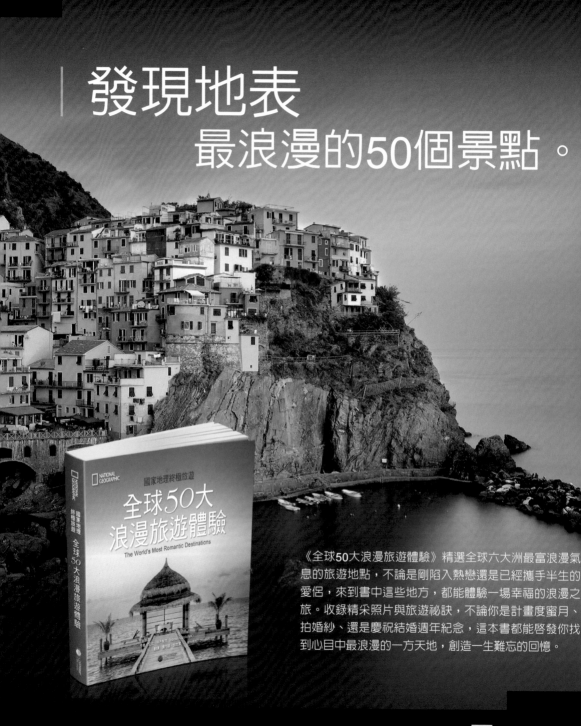

發現地表
最浪漫的50個景點。

《全球50大浪漫旅遊體驗》精選全球六大洲最富浪漫氣息的旅遊地點，不論是剛陷入熱戀還是已經攜手半生的愛侶，來到書中這些地方，都能體驗一場幸福的浪漫之旅。收錄精采照片與旅遊祕訣，不論你是計畫度蜜月、拍婚紗、還是慶祝結婚週年紀念，這本書都能啟發你找到心目中最浪漫的一方天地，創造一生難忘的回憶。